열린 마음, 행복한 노년

노래심리치료를 활용한 노인 인간관계 프로그램의 실제

은천노인복지총서 2

열린 마음, 행복한 노년

엮은이 · 은천노인복지회 ‖ **펴낸이** · 김승태

초판 1쇄 찍은 날 · 2008년 8월 10일 ‖ 초판 1쇄 펴낸 날 · 2008년 8월 15일

편집장 · 이종열 ‖ **편집** · 김지인, ‖ **본문편집디자인** · 김지인

표지 디자인 · 박한나

영업 · 변미영, 엄인휘 ‖ **물류** · 조용환, 이규로

등록번호 · 제2-1349호(1992. 3. 31) ‖ **펴낸 곳** · 예영커뮤니케이션

주소 · (110-616) 서울시 성북구 성북1동 179-56 ‖ **홈페이지** www.jeyoung.com

출판사업부 · T. (02)766-8931, F. (02)766-8934 e-mail: edit1@jeyoung.com

출판유통사업부 · T. (02)766-7912 F.(02)766-8934 e-mail: sales@jeyoung.com

Copyright ⓒ 2008 은천노인복지회

ISBN 978-89-8350-727-3 (93330)

값 12,000원

은천노인복지신서 2

열린 마음, 행복한 노년

노래심리치료를 활용한 노인 인간관계 프로그램의 실제

은천노인복지회 편
책임연구원 김선숙

예영커뮤니케이션

발간사

은천주간보호센터를 개원하여 치매와 중풍으로 인해 일상생활을 영위하는 데 불편을 격고 있는 지역사회 노인들과 함께한 시간이 두 번 강산이 변하여 20년이라는 시간이 흘렀다.

우리 주간보호센터를 이용하시는 노인들은 심신의 장애를 가지고 노년을 살아가시는 분들이시다. 즉 신체기능이 불편하나 정신기능은 건강한 뇌졸중 노인, 정신기능은 감퇴되었으나 신체기능은 건강한 치매노인들이다. 주간보호센터를 사랑방처럼 여기고 뒤뚱뒤뚱, 절룩절룩, 더듬더듬 불편한 몸을 이끌고 무엇인가를 열심히 하려고 하는 모습 속에서 삶의 소중한 가치를 느끼게 해 주시는 분들이다.

특히 음악활동 시간, 노래방이 열리면 서로 먼저 마이크를 잡고 젊은 시절에 즐겨 불렀던 흘러간 노래 속에 푹 빠져서 마냥 즐겁고 행복해 하는 모습을 보면서 느꼈다.

'그래, 몸은 불편하지만 마음이 건강하면 육체의 질병은 어느 정도 극복할 수 있겠구나!'라고 생각하고 음악을 도구로 마음의 병을 치료해 주고 싶었다.

왜냐하면 뇌졸중 노인들은 대개 우울증을 동반하여 활동이 소극적이며 대인관계에서 위축된 모습을 보인다. 이들을 하나로 통합하여 보편적 삶의 가치를 소중하게 여기는 마음을 갖고 즐겁고 행복한 노년의 삶을 열어가게 하는 도구 또한 음악이라 판단되어 연구 프로그램으로 기획해 보았다. 즉, 노졸중 노인들에게 음악을 매개로 한 심리치료를 활용하여 인관관계 프로그램을 실시하게 되었다.

이는 뇌졸중 노인들이 집단적 음악활동을 통하여 위축된 마음의 문을 열고 적극적인 대인관계 형성을 증진시키고 고립된 사회성 기능을 회복하여 궁극적으로는 우울증에서 벗어나 자존감을 향상시켜 심리·정서기능을 즐겁게 하므로 고독한 노년의 삶의 질을 향상시키고자 하는 목적을 가지고 진행하게 되었다.

지난 20년 동안 치매·중풍노인들과 함께 하면서 다양한 프로그램을 적용한 기능향상에 대해 관심을 가지고 꾸준히 관찰하였으며 결과물을 정리하여 몇 권의 책으로 출판한 바 있다.

이와 같은 맥락에서 매일 진행하는 음악활동을 활용성 있는 연구도구로 선택하여 연구목적방향을 기획하고 프로그램을 구성하여 적용하였다. 이는 뇌졸중 노인들의 집단음악활동 중에 나타나는 심리치료의 변화를 관찰하기 위한 도구였다.

본 연구는 수년 동안 우리 주간보호센터에서 웃음치료와 음악치료 프로그램을 꾸준히 진행하여 준 김선숙 선생이 6개월 동안 자료 수집과 집필에 수고하여 주었고, 한림대학교 고령화 친화전문인력육성사업단 단장 윤현숙 교수님의 연구비 지원으로 완성되게 되었다.

본 연구자료 평가 결과를 통해서 도출한 결론은 집단적 음악활동은 개인성을 통합하고 자존감을 회복하여 대인관계 속에서 상호작용이 활발하여 신체적 활동의 불편함을 극복할 수 있는 수단으로 작용한다는 것을 보았다. 이는 주간보호센터 프로그램을 이용하는 중풍노인들의 삶의 질 향상을 돕기 위해서 어떤 방향에서 프로그램을 적용해야 하는가를 제시해 준 자료로 평가하고 싶다.

끝으로 이 자료를 수집하며, 연구에 수고하신 김선숙 선생님과 연구비를 지원해 주신 한림대학교 고령친화 전문인력 육성사업단 단장 윤현숙 교수님, 6개월 동안 프로그램 활동에 참여해 주신 우리 주간보호센터 어르신들, 연구에 도움을 주신 조세희 선생님과 이영숙 도우미, 함께 수고한 우리 직원들 모두에게 고생한 노고를 위로하며 감사드립니다.

2008년 8월 15일
은천노인복지회 회장 이병만

머리말

은천노인복지회는 지난 20여년간 한국의 노인복지 분야에서 선구적인 역할을 감당해 왔다. 은천노인복지회에서 개발된 다양한 프로그램은 한국의 노인복지 정책에 여러 형태로 반영되어 왔다. 이러한 경험을 바탕으로 이제 노인복지 프로그램을 체계화하여 한국사회와 공유하고자 기획된 '은천노인복지신서'의 필자로 참여하게 된 것을 무엇보다 기쁘게 생각한다.

인간은 남성과 여성의 인간관계를 통해서 이루어지고 또한 태어나면서부터 혼자 존재할 수 없고 타인과 끊임없이 상호관계를 하면서 살다가 죽음을 맞이하게 된다. 인간은 사회적인 존재이다. 즉 인간은 태어나면서부터 성장, 교육, 사회활동, 죽음에 이르기까지 인간관계를 떠나서는 존재할 수 없다.

이와 같이 행복한 삶을 살기 위한 필수적인 요소는 원만한 인간관계에서 비롯된다고 할 수 있다. 이러한 인간관계에서 가장 중요한 요소는 먼저 자기자신을 이해하고 자신의 삶을 사랑하는 것이다. 유일무이한 자신의 독특한 기질을 이해하고 자신을 사랑하게 될 때, 비로소 나와 다른 타인을 이해하고 사랑할 수 있게 된다.

그러나 우리 사회가 산업화가 되고 도시화되는 과정에서 가족구조의 변화,

핵가족화, 여성의 사회진출로 인하여 가족간에도 소외감과 외로움, 내적 고통과 아픔을 겪는 사람들이 갈수록 많아지고 있다. 심지어 가족간에도 물질적인 가치나 눈에 보이는 성과로 가치판단을 하는 풍토가 조성되고 있다. 이로 인하여 가족간에도 서로 이해하고 사랑하는 것은 고사하고 가족이 해체되는 불행한 일이 많아지고 있다. 이와 같이 현대사회는 총체적인 인간관계의 위기라고 할 만큼 혼란스러운 상황에 처해 있다.

일본에서는 한때 '황혼이혼'이라는 말이 유행할 정도의 위기에 처해 있었지만 이제는 그 말이 남의 나라 일이 아니라 바로 우리의 현실이 되었다. 우리나라 2006년 65세 이상 인구의 이혼건수는 남자기준 3,087건, 여자기준 1,251건이었고, 10년 전(1996년)과 비교하여 여자기준 이혼건수는 6.3배 증가(전체 이혼건수는 1.6배 증가)하였다. 물론 이는 여성의 경제적인 소득보장 영향도 있겠으나, 원만한 인간관계를 맺지 못한 원인이 크다고 볼 수 있다.

또한 현대사회의 급속한 변화는 인간의 삶에 많은 변화를 가져와 우리나라는 지난 2000년 고령화 사회에 들어선 이후 세계 유례에서 찾아보기 어려울 만큼 고령화 속도가 가속화 되어 2007년 7월 1일 기준으로 이미 9.9%로 나타나 10명 중 1명이 노인인 셈이다. 이와 같은 현대사회의 구조 속에서 가장 심각하게 존재위기를 맞고 있는 층은 바로 노인들이다. 많은 노인들이 빈곤과 질병, 소외와 고독, 사회적 고립과 역할상실로 인한 고통에 시달리고 있다. 이러한 현실 속에서 최근 질병 양상의 만성화로 만성 뇌졸중 환자는 점차 늘어나고 있는 추세이다. 특히 만성 뇌졸중 환자들은 불안감 증대와 자아정체성의 혼란, 사회적인 소외 등으로 대인관계가 어렵게 되고 우울증이 생기게 된다. 나아가 이 우울증이 심하게 되면 자살을 시도하기도 하기 때문에 더욱 심리·사회적인 문제가 된다.

이와 같은 노령인구의 증가에 제반된 여러 배경 속에 많은 노인문제들로 개인이나 가족의 수준에서 해결하기 어려울 정도로 심각해져 사회적인 대처가 시급하게 되었다. 이에 노인복지정책과 고령화 추세에 알맞은 교육 프로그램이 개발, 연구되고 활성화 되어 삶의 질 향상을 위한 교육이 강력히 요구되고 있다. 물론 이미 사회일각에서도 이에 대한 관심이 증가하고 있는 것이 사실이지만 노인을 대상으로 하는 인간관계 프로그램에 대한 연구 자료가 현실적으로 매우 미흡하여 노인들의 욕구를 충족시켜 주지 못하고 있다.

인생의 마지막 발달단계인 노년기에 신체적 약함과 역할의 상실, 그리고 새로운 역할 부여 등 노년기에도 삶의 위기를 경험하게 된다. 노년기의 위기를 극복하고 원만한 인간관계를 맺으면서 성공적인 노년기를 보내는 것은 많은 사람들의 바램이다. 그러기 위한 방법으로 집단활동은 매우 유익한 방법이다. 원래 인간은 사회적인 존재로서 집단활동을 통하여 성장하고 발전한다. 만성 뇌졸중노인들이 집단활동을 통하여 자신을 발견하고 수용하면서 자아를 통합하고 나아가 타인을 이해하면서 원만한 인간관계를 맺는다면 삶의 질이 향상될 것이다.

뇌졸중노인들은 대개의 경우 우울증으로 인하여 소극적이 되며 대인관계가 위축되어 있다고 볼 수 있다. 이러한 경우 음악활동은 신체적인 기능과 심리, 정서적인 기능을 향상시키는데 능동적인 동기를 부여해 주며 이로 인하여 불안 및 우울을 감소시킬 수 있도록 돕는다. 특히 노래는 누구나 쉽게 접근할 수 있는 도구이며 집단속에서 자연스럽게 자신을 표현할 수 있는 수단이다.

따라서 본 프로그램은 뇌졸중노인들에게 노래심리치료를 활용한 인간관계 프로그램을 실시한 결과물을 책으로 엮은 것이다. 뇌졸중노인들이 집단활동을 통하여 자아통합과 자기 성장을 도모하며 궁극적으로 삶의 질 향상에 도움을 주고자 하였다. 노인교육 현장에서 인간관계 프로그램을 연구개발하고 이에 필요한 이론과 실제적인 방법을 현장감 있게 제공하고자 하는 목적으로 이 책은 집필되었다.

책임연구원으로서 프로그램을 개발하고 6개월 동안 프로그램을 실시하고 많은 시간이 지난 후에야 책으로 나올 수 있게 되었으나 많은 아쉬움이 남는다. 부족하지만 이 책이 노인교육현장에서 인간관계훈련 프로그램을 원하는 누군가의 목마름을 씻어줄 수 있는 시원한 참고자료가 되기를 간절히 소망한다.

끝으로 이 연구가 마쳐지기까지 도움을 주신 많은 분들에게 감사와 사랑의 마음을 전하고 싶다. 먼저 특히 이 프로그램을 출판할 수 있도록 기회를 주고 격려를 해 주신 은천노인복지회 이병만 회장님과 프로그램에 참여하였던 참여자 어르신들과 도우미였던 김영숙 선생님과 조세희 연구자님께 감사를 드린다. 뿐만 아니라 많은 시간을 함께 하지 못했음에도 한결같은 마음으로 지지해 주신 아버님과 어머님, 사랑하는 가족들에게 감사와 사랑을 전한다.

김선숙

차례

서론

　　현대의학의 발전과 경제성장에 따라 평균 수명의 연장으로 노인의 인구는 점점 늘어나고 있다. 특히 우리나라의 경우 세계에서 고령화 속도가 가장 빠른 것으로 나타나고 있다. 우리나라의 인구 동태 유형을 살펴보면 1960년에 고출생-고사망에서 저출생-저사망의 선진국형으로 바뀜에 따라 인구구조도 0~14세의 유년인구가 전체 인구의 40% 이상을 차지하는 피라미드형에서 현재는 모든 연령층에 인구가 고르게 분포되어 있는 종형구조로 서서히 바뀌어 가고 있다. 2016년에는 노인인구가 유년인구를 추월할 것으로 전망됐으며 2020년경에는 노년층과 중년층이 많아지는 항아리 형태로 변모될 것으로 예상되고 2030년에는 노인인구가 유년 인구의 두 배를 넘어설 것으로 관측됐다. 통계청이 2007년 10월 1일에 발표한 고령자 통계에 따르면 2007년 7월 1일 기준으로 우리나라 노인인구 비율은 9.9%로 나타났다. 인구 10명 중 1명이 노인인 셈이다. 노인인구 비율은 1990년 5.1%였던 것이 급속도로 높아져 2000년에 노인인구 비율이 7.2%로 고령사회로 진입한데 이어 2018년에는 고령화사회, 2026년에는 초고령사회로 들어갈 것으로 예측됐다. 이는 출산율은 급격히 저하되는 데 비

해 경제 발전으로 인한 생활의 개선, 의학 및 복지수준의 향상으로 평균수명은
날로 늘어나기 때문이다.

　이러한 평균수명의 증가에 수반되는 여러 사회적 배경 속에 최근 노인문
제가 가정과 사회에서 중요한 문제로 대두하게 되었다. 한국의 노인세대는 급
격한 사회변동을 겪으면서 전통사회의 가치관과 산업화 및 도시화, 핵가족화
그리고 개인주의적 가치관의 혼재로 인한 의식의 변화에서 많은 문제들이 야
기되고 있다고 볼 수 있다. 노인은 이러한 사회적인 영향뿐 아니라 개인 및 발
달상의 특성에 의하여 신체적·심리적·정서적으로 다양한 쇠퇴나 무기력화
현상을 겪게 되었다. 산업화와 도시화는 노인을 친족이나 직업 등의 조직에서
고립시키는 원인이 되었고 이로 인해 노인들이 사회적 통합이나 적응에도 어
려움이 있으며 세대간의 접촉 빈도나 친밀성의 감소에도 영향을 미치게 되었
다. 자녀들은 점점 부모를 모시기 어렵게 되거나 모시려고 하지 않는데, 사회
안전망은 부실하다. 이와 같이 현대 산업사회 속에서 노인들의 위치가 흔들리
고 권위와 영향권을 상실하게 되면서 가정에서나 사회에서 젊은이들과의 갈등
이나 세대적 단절을 겪지 않을 수 없게 되었다. 이로 인해 노인들은 자아존중
감을 유지하는데 어려움을 겪게 되었다.[1]

　평균수명이 늘면서 더불어 신체적인 노화와 함께 질병의 만성화, 성인병
환자 및 만성 뇌졸중 환자가 점차 늘어나고 있는 추세이다. 노인층에 주로 나
타나는 질환은 보통 퇴행성관절염, 골다공증, 고혈압, 뇌졸중과 치매라고 볼 수
있다. 일반적으로 노인은 특정한 질병이 없다고 하더라도 노화과정에서 신체적
·사회적·정서적인 면에서 기능의 저하를 보인다. 특히 뇌졸중노인은 갑작스
런 사고로 신체기능의 상실뿐 아니라, 뇌손상으로 인한 인지기능 상실은 물론
우울증과 같은 부정적인 정서반응과 함께 심각한 심리적 적응문제에 직면하게
된다.

---

1) 이가옥·강희설·이지영, 「노인 집단 프로그램 개발」 (서울: 나눔의 집, 2005), pp.11-12.

뇌졸중의 후유증으로는 편마비, 실어증(언어장애), 지능장애, 운동장애, 감각장애, 인지장애 및 주의력의 장애 및 심리·정서적인 장애가 동반되며 배변, 배뇨의 장애 등을 포함하여 매우 광범위하고 복잡하게 나타난다. 이로 인하여 뇌졸중노인들은 불안감이 증대되고 자아정체감의 혼란, 사회적인 소외 등으로 심리·정서적인 변화가 일어난다. 이로 인해 뇌졸중노인은 생활상의 불편과 자신감의 결여로 위축되어 대인관계가 어렵게 되고 고립되어 우울증이 생기게 된다.

뇌졸중은 우리나라의 질병사망 원인 중에서 암 다음으로 2위를 차지하고 있고, 세계보건기구(WHO)의 보고에 의하면 뇌졸중은 세계에서 두 번째로 치사율이 높다고 한다. 이와 같이 뇌졸중은 전 세계적으로 사망의 주요 원인이 되는 동시에 생존하는 경우에도 독립적으로 생활하는데 지장을 줄 수도 있기 때문에 사회적으로도 중요한 문제가 될 수 있다.

또한 세계보건기구(WHO)에서는 21세기에 인류를 괴롭히는 10대 질병 중 하나로 우울증을 꼽는다. 2020년에는 우울증이 심장병 다음으로 세계 2위의 질병이 될 것이라는 예측도 나온다. 최근 국내에서도 노인 우울증 환자가 급증하고 있는 추세이다. 한 보고에 의하면 60대 이상 노인 우울증 진료 환자는 2003년 11만 340명으로 2000년(6만 366명)에 비해 82.8%나 증가하였다. 우울증이 문제가 되는 것은 우울증상이 심하게 되면 심지어 자살을 시도하기도 한다. 경찰은 자살 동기를 병고와 신변 비관, 경제난, 가정불화, 일시적인 충격으로만 분류를 해서 통계를 내기 때문에 우울증으로 인한 자살 비율을 산출하기는 어렵다고 한다. 분당 서울대병원의 김기웅(신경정신과) 교수는 "임상적으로 보면 대부분의 자살자가 우울증을 앓고 있었던 것으로 보인다"고 한다. "하지만 실제 우울증 진단·치료를 받은 적이 있는 우울증 환자가 많지 않아 정확한 규모를 확인하는 것은 어렵다."고 하였다.

이러한 변화 속에서 노인 대상의 복지정책 역시 빠르게 변화하며, 날로 다양한 정책과 사업들이 나오고 있다. 최근에는 노인의 능력 향상과 치료에의 동기를 부여할 수 있는 집단 프로그램이 활성화되어가고 있는 추세이다. 서울의 각 구에 설치되어 있는 노인종합복지관이나 노인복지시설 등에서도 과거 노인에 대한 무료급식, 사회교육 이용, 양·한방 지원 등의 서비스와 더불어 심리적 안정과 정서적 지지를 제공할 수 있는 집단 프로그램들을 활용하고 있는 것으로 보인다. 그러나 뇌졸중노인을 위한 의료적인 중재뿐 아니라 나아가 심리·사회적응을 돕는 전인적인 재활프로그램이 절실히 요구된다.

이에 필자는 뇌졸중노인들이 노래심리치료를 통하여 자기표현을 증진시키고 자존감을 향상시키며 인간관계형성에 도움을 주고, 삶의 질을 높이고자 하는 인간관계 프로그램을 개발하였다.

이 책은 은천노인복지관에서 뇌졸중노인을 대상으로 한 인간관계 프로그램을 구조화한 것이다. 이 프로그램은 뇌졸중노인들이 공동의 문제를 갖고 있는 집단 내에서 적극적으로 자기를 노출하면서 과거를 회상하고 현재의 있는 모습 그대로를 수용하고 삶을 통합할 수 있도록 하였다. 나아가 다가올 미래를 긍정적으로 계획하고 의미 있는 삶을 살면서 원만한 인간관계를 맺을 수 있도록 돕고자 기획하였다.

이 책의 구성은 이론적 배경과 집단 프로그램의 실제부분으로 나뉘었다. 서론에서는 뇌졸중노인의 우울증 감소를 위한 프로그램의 필요성에 대하여 서술하였다. 이론적 배경 1장에서는 노인의 특성에 대해서 살펴보았고, 2장에서는 뇌졸중노인의 특성에 대해서 살펴보았다. 3장에서는 노래심리치료의 효과성에 대해서 4장에서는 인간관계의 이해를 서술하였고, 5장에서는 노인 집단 프로그램의 효과성에 대해서 서술하였다.

집단 프로그램의 실제에서는 프로그램의 개요와 26회기별 프로그램 분석 내용과 결과 및 프로그램을 종합적으로 평가하였다. 부록에는 검사지와 실제 프로그램에서의 인생 그래프, 그리고 사진을 첨부하였다.

제1부
노인 인간관계 프로그램의 이론적 배경

    노인의 우울은 자존심과 삶의 질을 저하시키기 때문에 특수한 문제가 된다. 우울 상태에 빠진 것을 모르고 치료를 하지 않으면 노인은 자살을 시도할 지도 모르기 때문에 노년기 우울증이 더욱 문제가 된다. 자살을 생각하거나 자살을 기도하는 사람의 80% 정도에서 우울상태가 인정되고 있다. 자살의 원인은 다양하지만, 특히 고독한 노인에게 자주 발생하는 편이다.

제1장 노인의 이해

노인이 되면 자연스럽게 노화가 일어난다. 노화의 과정은 인간 유기체에서 일어나는 생리 및 신체, 심리, 사회적인 측면의 쇠퇴나 무기력화 현상으로 복합성을 지닌다. 이러한 특징은 신체의 쇠퇴와 더불어 파생되는 사회적인 지위와 역할 감소, 경제적 기반의 상실이 일어나는 노년기에 자연스럽게 나타난다. 인생의 황혼기에 있는 많은 노인들은 경제적 빈곤, 건강의 약화, 역할의 상실, 소외된 고독감 등 소위 '노인 4고'(老人 四苦)의 문제에 직면하여 삶의 질이 저하되고 있다. 4고에 덧붙여 삶의 의미를 찾지 못하고 소망이 없어지게 된다면 삶은 더욱 어려움을 겪게 될 것이다.

그러나 이러한 물리적 여건에서도 노인에 대한 바른 이해와 관심으로 삶의 질이 향상될 수 있다.2) 노화는 모든 사람에게 보편적으로 일어나는 현상으로 시기나 진행속도에서 개인차가 있으며 한번 일어나면 불가역적(不可逆的) 특징을 나타낸다.3) 따라서 노인의 특성판단을 정확히 하여야 한다.

---

2) 최성재, "국민의 노후생활에 대한 전망과 대책에 관한 연구," (한국노년학, 1992) : 57.
3) 주인호, "노인병 예방과 관리,"「노년학을 배웁시다」, (홍익사, 1995) : 75. 예를 들면 얼굴의 주름살이나 노인 반점은 성형수술을 하지 않고서는 없어지지 않는다. 한 가지 사실은 모든 생체(生體)는 출생 후 발육, 성장, 성숙, 노화 그리고 사망의 과정을 겪는다는 것이다.

노화의 과정은 신체적·생리적, 사회적, 심리적인 영역으로 구분할 수 있으며, 영역별 특성은 다음과 같다.[4]

1. 신체·생리적 특성

노인이 되면 이가 빠지고 머리가 희어지고 등이 굽는 신체 외적인 변화만이 아니라, 신체 내부의 기능적인 면에서도 변화가 일어난다.

1) 신체적 특성

신체적 노화현상은 장년기에서부터 시작해서 노년기까지 점진적으로 상실해 간다고 볼 수 있다. 이 노화의 시기 경험은 개인간의 차이가 있고 질병과 같은 외부 요인과도 관련된다.[5] 신체적 노화현상은 몸의 조직과 기능이 소모되어 낡아져 가고 있는 현상으로 이러한 노화현상의 원인은 에너지 대사의 차이로 인한 세포원형질의 영양 능력상실에 있다.[6] 미국 노인문제연구소(NIV)의 노년학연구센터(Gerontology Research Center)에서 실시한 노년에 관한 생물학적 연구에 의하면 인간의 두뇌활동 능력은 노년보다는 이미 중년 이전에 그 변화가 오는 것이라고 한다.[7]

신체적 특성 중에서 신장(키)의 경우를 살펴보면 자세의 변화, 척수성장의 변화, 척추후만, 추간판 축소, 족관절 변화, 근골격계 대사변화 등으로 인하여 40세 후반부터 감소하기 시작하여 80세가 되면 약 5cm가 감소한다고 한다. 또

---

4) 사미자, "노년의 심리," 「한국교회와 노인목회」, (한국장로교출판사, 1995), 70-72. ; 최수영, "노화에 따른 변화," 「노화와 죽음」, (한림대학교, 2004), 196-199. ; 설은주, 「고령화 시대의 노인목회」 (서울: 예영커뮤니케이션, 2005), pp. 94-96. ; 김효순, "노화의 개념과 특성," (성신여자대학교 노인교육 전문가 과정 강의안, 2004) : 204. ; 주인호, 전게서, 75-77.
5) 김태현·장희숙, 「발달 심리학」(서울 : 박영사, 1995), pp. 384-390.
6) 김형방, 「노인문제 해결을 위한 사회복지 정책론적 접근」 (신학과 세계, 1986) : 228.
7) "U. S. Department of Health and Human Services," (Special Report on Aging 1980) : 2.

한 흰머리와 함께 시력감퇴가 나타나고, 촉각, 미각, 청각장애가 나타나게 된다. 외모, 활력, 유연성, 민첩성, 또는 성적 기능의 쇠퇴는 노년의 삶을 제한시킬 뿐만 아니라, 삶의 질 자체를 저하시키게 된다. 물론 노년기엔 하나 이상의 질병을 갖고 있을 수 있지만, 정상적인 신체적 노화현상과 노년기에 질병으로 인한 신체적인 퇴화를 구별해야 할 것이다.

2) 생리적 특성

노화가 진행됨에 따라 생리적인 변화는 다양하게 일어난다. 식욕부진에 직접적으로 영향을 미치는 것은 소화기의 변화와 미각과 후각 등 감각 기관의 둔화 및 활동량의 감소 때문이다. 특히 미각기능의 저하로 타액의 분비도 감소되고 치아가 약해져 음식물을 씹는 활동이 저하되어 소화기능이 약해지지만 대체로 소화기능은 노화에 의해서 심각하게 손상되지는 않는 편이다. 연령에 따라 폐의 기능도 약해져서 폐활량은 감소하고 심장기능이 감소하여 나이가 들면 조금만 움직여도 숨이 찰 때가 많다. 이런 현상은 호흡기 감염증을 유발할 수 있는데 호흡기감염증이란 호흡기능의 저하로 기관지 질환과 같은 호흡기 질환의 감염을 의미한다. 그러나 이런 모든 현상은 건강관리 상태에 따라 개인차가 있기 때문에 평소 건강관리를 잘 한다면 그 변화를 늦출 수 있다.

노년기에는 심장박동의 리듬이 느려지고 불규칙해지면서 흔히 동맥경화와 뇌출혈의 위험이 따르게 된다. 이러한 동맥경화현상이 심하면 조직에 영양보급을 제대로 하지 못하고 세포의 기능 자체도 저하되어 노인의 장기기능이 저하되는 큰 원인이 되기도 한다. 또한 고혈압이 될 경우 뇌출혈이 발생할 확률이 높아지게 되어 영구적인 구조적 상실을 가져올 수도 있다. 노년기에는 수면시간의 변화, 신장 기능의 변화, 대사의 변화와 면역 기능의 변화를 초래한다.

생리적인 노화는 유기체의 기관, 조직체, 세포, 근육 등의 쇠퇴와 기능저하로 자립적 일상생활 능력이 저하되고, 암, 고혈압, 동맥경화, 뇌졸중, 간장 질

환, 당뇨병, 관절질환(골다공증, 관절염), 신경통, 신장질환 등과 같은 신체적 질
환으로 이환될 가능성이 높아진다. 하지만 정상적인 신체적 노화가 직접적으로
질병을 유발하는 것은 아니며, 다른 위험요소의 작용으로 병리적 노화과정이
전개되고 그 결과로 질병으로 이환되는 것이다. 그리고 이러한 신체적·생리적
노화는 신체기능의 저하나 신체적 질병에만 영향을 미치는 것이 아니라 노인
의 심리 사회적 기능의 축소를 가져오는 중요한 요인이기도 하다.

통계청 사회통계조사(2003년) 자료에 의하면, 우리나라의 전체 노인인구
중 관절염, 요통, 좌골통, 고혈압 등 3개월 이상 지속되는 만성질환을 적어도
한 가지 이상 앓고 있는 노인인구의 비율은 70-74세군이 89.68%로 가장 높고,
그 중 세 가지 이상 만성질환을 앓고 있는 경우도 42.06%로 가장 높은 것으로
나타났으며, 상대적으로 만성질환이 없는 경우도 70-74세군이 10.32%로 낮게
나타났다.[8]

그러나 이러한 변화는 개인차가 커서, 또한 다른 질환이 없는 경우라면
이 같은 변화로 인해 일상생활에 큰 어려움을 초래하지는 않으며, 평소에 건강
관리를 잘 한다면 예방할 수 있다.

2. 사회적 특성

노년기의 사회적 특성은 '연령이 증가함에 따라 기존의 지위와 역할, 사회
적 관계가 약화 또는 제한'으로 나타난다. 사회적 노화현상은 지금까지 알아차
리지 못했던 신체적 노화현상을 자각시켜 심리적 노화현상을 출현시키는 중요
한 계기가 된다. 노인이 되었다고 반드시 부정적인 것만이 아니라, 고도의 질
높은 작업을 수행할 수 있는 능력이 있다. 예를 들어 예술가, 작가, 음악가, 과

---

8) 연세대학교·건강증진기금사업지원단 "노인대상 건강증진사업 추진 전략과 프로그램 개발" 2005.
   47-48.

학자, 사업가들이 노년에 중요한 업적을 내는 자가 많이 있다. 먼저 사회적 노화현상을 사회적 변화와 가정 내에서의 변화로 구분하여 살펴보자.

1) 사회적인 변화

사회적인 변화는 정년퇴직 및 전직, 직장과 관계기관과 관련된 교우 관계의 축소, 그리고 경제능력의 상실을 들 수 있다. 이로 인하여 강한 불안감 및 절망감을 안게 되는 수가 많다.

사회적인 역할은 전통, 종교, 가족, 상호관계들에 큰 영향을 받는다.[9] 규범과 역할 변화는 그 개인의 선택이나 개인적 조건뿐 아니라 그가 속한 사회의 사회문화적 요인들의 영향을 받는다. 사회문화적 단계는 하나의 단계 후에 다른 단계가 이루어진다는 점에서는 선형적(linear)이지만 이들 단계에 어떤 일정한 순서가 정해져 있는 것은 아니다. 사회문화적 단계는 한 인간이 직업을 갖고, 결혼을 하고, 자녀를 낳아 양육하고, 승진하고, 여러 가지 사회적 활동으로부터 은퇴를 하는 적절한 시기가 있음을 의미한다. 이런 사회적 기대는 모든 이들에게 일관되게 작용하지는 않지만 개인의 사회적 적합성이나 진보성을 측정하는 근거를 제공하게 된다.[10]

2) 가정 내에서의 변화

가정 내에서의 변화로는 먼저 수입이 없어지면서 가장으로서의 존재감이 희박해져 고독감을 통감하게 된다. 그리고 부인의 입장에서 남편을 바라볼 때 심리적 동요가 강하게 일어난다. 며느리와의 갈등 또한 불안감의 요인이 된다. 마지막으로 배우자와 친구와의 사별로 인해 심한 절망감, 허무감, 고독감을 경험하게 된다.[11]

---

9) 설은주, 전게서, p. 97.
10) 한은주, 「교육 노년학」 (서울 : 학지사, 2001), p. 81.
11) 조유향, 「노인 간호」 (서울: 현문사, 2000), pp. 77-79.

현대 한국 노인들은 일반적으로 낮은 교육수준과 경제적인 어려움으로 인하여 많은 어려움을 겪었지만, 자식들에게 기대를 하며 의지한다고 볼 수 있다. 노인이 평소에 어떤 생각을 가지고 무엇을 희망하고 있는지에 대한 조사 결과에 의하면, 첫째, 비록 작고 보잘것없는 일이라 하더라도 무엇인가 할 수 있는 여력이 아직 남아 있다는 생각, 둘째, 젊은이로부터 인정을 받고 싶다는 생각, 그리고 이것이 확인될 때 노인은 참으로 즐겁다는 것이다. 그러나 현대사회의 물질만능주의와 핵가족화의 영향으로 노인이 많이 소외되고 있다.12) 또한 노인은 직업적 지위의 상실 그리고 사회적 역할의 상실 등으로 인하여 자신감이 위축되기 쉽다. 일반적으로 노인은 그 존재 가치가 저하됨에 따라 젊은이로부터 무시당하고 가족이나 친척들의 무관심을 겪게 되며 심지어 노인들간에서도 대수롭지 않은 존재로 여겨질 수 있다.

또한 타인을 이해하는 능력이나 수용능력의 저하로 인하여 사회성이 저조해지기도 한다. 노인들이 가정이나 사회에서 공경 받고 상응하는 대접을 받기 위해서는 노인들의 사회적 역할을 새로운 각도에서 재조명해 보는 것이 필요하다.

3. 심리적(성격) 특성

성격 특성은 비교적 큰 변화가 없이 전 생애 동안 유지하는 편이다. 신체적 기능의 감퇴와 더불어 환경에 적응할 수 있는 인지능력, 학습능력, 기억력, 사고력, 문제해결능력, 그리고 창의력이 점차 감소된다. 그러나 나이가 들어 새로운 역할과 경험을 하게 되면서 새로운 성격형태를 얻게 되어 같은 상황에 처하더라도 전혀 다르게 반응하는 성향이 있다. 직업, 경제적 여건, 건강수준,

---

12) 최수영, 전게서, p. 201.

거주지, 그리고 사회적 지위에 따른 경험이 전 생애를 통하여 개인의 성격특성 형성에 커다란 몫을 하게 된다. 따라서 노년기의 심리적 특성과 행동양식은 적어도 개인차가 있으므로 다양성을 인정하면서 아울러 노년기에 필연적으로 나타나는 변화를 고려해야 한다.

노화에 따라 일어나기 쉬운 심리적 특성을 정리하면 다음과 같다.

1) 우울(depression) 성향의 증가

노년에 신체적·심리·사회적인 변화로 인해 성격이 변하고 그 때문에 스트레스에 대응하는 힘이 약해져 우울증이 일어나기 쉽다. 우울 성향은 자연적인 현상이다. 그 원인은 신체적 질병, 배우자의 죽음, 경제 사정의 악화, 노화로 인한 사회와 가족이나 의미 있는 타인으로부터의 소외 및 고독감, 일상생활에 대한 자기통제 불가능, 그리고 지나온 세월에 대한 회환 등의 다양한 스트레스에 의한 것으로 분석되고 있다. 이러한 우울의 성향은 불면증, 체중감소, 감정적 무감각, 강박관념 및 증오심 등의 구체적인 증상을 유발한다.[13] 그러나 우울증은 개인의 적응능력에 따라 달라지거나 변화할 수 있는데, 심한 경우 제대로 조절하지 못하면 이로 인하여 스스로 생을 마감하는 경우도 있다.

2) 내향성(interiority) 및 수동성(passivity)의 증가

노화해 감에 따라 외부로 향해졌던 심리적 에너지들이 내면의 세계로 향하는 내향성이 증가한다. 또한 자아 에너지의 감소에 따라 자아적용양식의 변화가 일어난다. 굿맨(Gutman, 1964)은 TAT검사를 사용하여 노인이 환경을 조절하는 형태를 세 가지로 분류하였다.

① 자아기능이 강렬하게 작용하여 모든 문제를 자기스스로 능동적으로 해결하는 능동적 조절(active mastery)

② 자기 일을 누군가의 도움을 받아 해결하려는 수동적 조절(passive

---

13) D. K. Harris and W. E. Cole, 「노년사회학」 최신덕 역 (서울: 경문사, 1985), pp. 103-105.

mastery)

③ 스트레스에 짓눌려 자아기능을 제대로 하지 못하고 부적응적이 되어 적극적인 노력이나 시도는 하지 않고 문제의 해결을 오로지 신비나 우연에 내맡겨 해결하려는 신비적 조절(magical mastery)이 있다. 보편적으로 나이가 증가할수록 능동적 조절은 감소하고 신비적 조절이 증가하는 경향이 있다고 한다.14)

노화가 됨에 따라 외부의 자극에 대한 반응보다는 자기중심의 사고나 감정에 의해 사물을 판단하는 경향이 증가하며, 수동적인 경향이 증가한다.

3) 조심성 및 경직성의 증가

일반적으로 노인이 될수록 행동이 더욱 조심스러워진다. 조심성이 증가한다는 이유에 대해서는 서로 다른 이론이 있다. 첫째, 노인 스스로의 의지로써 정확성을 더욱 중요시하기 때문에 조심성이 증가한다는 동기가설과 둘째, 시각·청각 등 감각능력의 감퇴를 비롯한 신체적·심리적 메커니즘의 기능이 쇠퇴한 결과 부득이 조심스러워진다는 결과가설이 두 갈래로 논쟁을 벌이고 있다(Botwinick, 1959; Welford, 1958)고 한다. 셋째 이론은 실버만(Silverman, 1963)이 주장하는 확신수준에 관한 가설이다. 이는 노인은 결정에 대한 자신감이 감퇴하기 때문에 사태에 대한 확신이 높아야만 결정과 반응을 나타낸다.

이유여하를 막론하고 노인들은 타인에 대하여 자신의 체면을 손상시키지 않으려는 경향이 많기 때문에15) 더욱 세심한 주의를 기울인다. 감각능력의 저하와 동작 기능의 저하로 인해 실수의 가능성이 증가하기 때문이다. 조심성의 증가로 새로운 환경에 적응하기가 어렵고, 이로 인한 노인의 학습능력과 문제해결 능력이 저하 될 수 있다.16)

이와 같은 조심성 경향은 노인들이 질문지 조사에 답할 때 '무응답' 혹은

---

14) 윤 진, 「성인·노인 심리학」, (서울: 중앙적성출판사, 2003), pp. 182-184.
15) 상게서, p. 185.
16) 홍근표, "노인들의 정신세계와 건강" 「빛과 소금」(두란노서적, 1991. 5), p. 57.

'모르겠다'라고 많이 반응한다는 사실에서도 알 수 있다.[17]

노년기의 이러한 경향은 경직성(rigidity)으로 나타나는데, 의견, 태도 혹은 어떤 문제를 해결할 때의 방법이나 행동이 적절, 부적절성에 관계없이 옛 것을 고집하고 여전히 그 방법으로 수행하는 경향을 말한다. 노인이 될수록 종래에 하던 안전한 방법을 고집하고 새로운 지식을 받아들이기 위해 옛 것을 과감히 버리지 못하는 이유이다.

4) 의존성의 증가

노인은 신체적, 경제적 능력의 저하로 의존성이 증가한다. 또한 사회적 유대관계의 소멸, 역할의 상실, 혹은 변화, 자유로운 환경 통제의 곤란 그리고 무기력한 감정 등으로 인하여 자연히 심리, 정서적인 의존성이 증가하여 타인의 도움을 필요로 한다.

특히 노년기에는 가족간의 상호관계에서 물질적인 도움보다도 주관적·감정적 연대를 더 중시하고 있다. 이는 노년기의 특징인 여러 가지 의존성 가운데 어느 것을 만족시켜 주어야만 노인들이 가정과 사회에서 고립되지 않고 안락한 여생을 보낼 수 있는가 하는 문제와도 직결된다. 이러한 노인의 의존성이 가족으로부터 소외된다면 노인은 인생의 모든 것을 잃게 될 위험에 처하게 된다.[18] 노년기의 의존성은 병리적인 것이 아니라 생활주기상 자연스럽게 나타나는 현상이므로 의존성의 종류에 따라 노인을 부양하여야 한다고 블렌크너(Blenkner, 1965)는 제안하였다.[19]

---

17) 윤 진, 전게서, pp. 185-187.

18) 윤진, "가족관계와 노인의 심리," 「사회복지」, 1981년 겨울호 (한국사회복지협의회, 1981): pp. 103-104.

19) 권균, op. cit., : 82. Blenkner의 논문을 보면 , ㉠ 경제적 의존성을 가진 노인은 연금, 자식들의 용돈, 재정지원, 국가 지원정책을 필요로 한다. ㉡ 신체적 의존성 노인은 목욕, 청소, 세탁 등의 도움을 제공하는 것이 필요하다. ㉢ 정신능력의 의존성 오인에게는 중추신경조직의 퇴화로 인한 정신능력의 저하. 기억, 중요한 판단, 의사소통 과정의 도움이 필요하다. ㉣ 사회적 의존성 : 소외감을 느끼지 않도록 사회적 접촉기회의 제공이 필요하다. ㉤ 심리적 의존성: 물질적인 도움보다는 정서적 도움이 필요하다. / 상게서, p. 188. 노인은 가족관계에서 감정적 유대관계를 중요시하고 특히 '마음을 믿고 의지할 수 있는 사람'을 더욱 가지려고 애쓰고 있다고 한다. 이러한 경향은 노인들이

5) 과거지향적 성향

노인들은 과거에 대한 회상에 집착하는 경향을 강하게 보인다. 노인에게 과거에 대한 회상과 추억은 삶의 본질이고, 큰 위로와 힘을 공급해 준다. 이러한 성향은 오랫동안 같이 지낸 친근한 사람이나 사물에 자신의 마음을 의지하고 싶은 강한 애착으로 나타난다.[20] 그것은 노인으로 하여금 자신이 지나온 과거를 회상하고 마음의 안락을 찾게 할 뿐만 아니라, 비록 자기의 주변과 세상은 변하지만 자신과 자신의 주변은 변화하지 않는 것, 즉 일정한 방향을 유지하는 노력(maintenance of orientation)을 뜻한다.[21] 노인들은 자기자신과 주변이 변하지 않고 일정하게 유지되고 있어야 안정감을 얻는다.

6) 성 역할 지각의 변화

모든 문화는 남자와 여자에게 기대하는 행동규범이 있다. 남녀 성별에 적합한 행동의 정의는 문화와 시대에 따라 다를 수 있지만 노인은 이전과는 다르게 지금까지 자기에게 억제되어서 표현되지 않았던 행동 특징들이 표출되어 남자는 친밀성, 의존성, 관계 지향성, 양육동기 등이 더 증가하는 반면에 여자는 공격성, 자기주장성, 자기중심성 및 권위주의 등의 성향이 나타난다. 젊었을 때의 성차가 줄어들면서 소위 '양성화(兩性化, androgynous)'로 변해가는 경향은 사고, 판단, 행동의 정신적 영역에서 뚜렷하여진다. 양성적인 사람이 일반적으로 보다 행복하며 스트레스를 잘 이겨내고, 높은 자기존중감(self-esteem)을 소유하며, 타인과도 잘 적응하는 사람으로 비추어진다. 이러한 원리는 융(Jung, 1933)의 학설과도 접맥된다.[22] 또한 이러한 성향은 육체적인 영역보다 사고·판단·행동과 같은 정신적 영역에서 더욱 뚜렷이 나타난다고 한다.[23]

가족 구성원 가운데 누구를 가장 믿고 의지하고 있는가를 보면 알 수 있다.
20) 대한노인복지연구원, 「노인복지총람」 (서울: 대한노인복지연구원, 1990), p. 903.
21) 윤진, 전게서, p. 187.
22) 인간 남녀는 모두 태어나면서 일정한 남성성, 여성성을 소유하고 있다고 했다. 살아오면서 남성성 (masculinity)을 많이 소모한 남성에게는 여성성이 많이 남아 있고, 여성성(femininity)을 많이 소모한 여성에게는 남성성이 많이 남아 있게 된다고 한다. 이때 남성의 억제된 여성적 특성을 아니마 (anima)라 하고, 여성의 억제된 남성적 특성을 아니무스(animus)라 한다.

7) 유산을 남기려는 경향

노인들은 자손을 낳고 재산과 유물, 골동품, 독특한 기술, 토지와 보석 등을 후손과 친지에게 물려주고자 한다. 이는 에릭슨(Erik H. Erikson, 1902-1994)이 말하는 장년기 이후의 생성감의 실질적인 표현이라고 할 수 있다.[24] 특히 노인들이 독특한 지식과 기술을 그 제자에게 물려주려고 하는데 이는 매우 건전하고 긍정적인 경향이다.

8) 회상과 반성

노인들은 회상을 통하여 지나온 과거를 돌이켜 반성하면서 자신의 삶에 대한 긍정적인 인식을 갖게 된다. 노년기의 회상은 현재 문제의 해결에 도움을 주고 기분을 좋아지게 하며, 이야기 거리를 제공하고 자신을 더 잘 이해하게 하며 심각한 상실을 극복하게 도와주고 무료함을 덜어준다. 노인들의 과거회상에 대한 긍정적인 의미를 살펴보면 다음과 같다.

첫째, 현재의 자아존중감(self-esteem)을 높여 주는 기능을 한다.

둘째, 노년기의 발달 과제는 과거를 돌아보며 한평생 의미 있게 살았다는 느낌을 갖는 자아통합이다. 자아통합을 이루기 위해서는 과거 사건들의 의미를 재구성하고 재해석하는 능동적인 심리적 노력이 필요하다. 따라서 노년기에 과거회상을 통한 생애 회고(life review)에 의해 지금까지 살아오면서 누적되어온 부정적인 감정의 응어리들을 풀고 자신의 삶을 수용하고, 그 나름대로의 의미를 부여하고 현재의 삶을 긍정적으로 수용할 수 있는 자아통합을 이루어야 한다.[25] 자아통합을 이룬 노인들은 자신의 삶에 대한 책임을 인정하고 그에 따라 다른 이들에 대한 미움이나 오해 등을 풀고 용서하여 쓰라린 감정의 응어리들을 가지지 않는다.[26] 그렇지 못한 비정상적인 심리적인 노화는 첫째, 부정적인

23) 윤진, 전게서, p. 184.
24) 장인협·최성재, 전게서, p. 81.
25) 김태현, 「노년학」 (서울: 교문사, 2001), pp. 65-66.
26) 최순남, 「사회 속에 노인의 마음」 (서울: 대한 노인회, 1979), p. 93.

느낌, 죄의식, 우울, 자기애, 지배욕으로 나타나는 침울증이 있다. 둘째는 낙심, 상실감, 무력감, 깊은 슬픔을 오랫동안 갖고 있는 우울증이 있다. 셋째로는 인지기능이 저하되어 일상생활의 조절능력이 상실되는 치매증이 있다.[27]

4. 노년기 우울증의 문제

노년기에는 노화에 따른 신체적, 사회적 상실이 증가하면서 누구나 우울증 경향이 약간씩은 있다. 우울증은 정년퇴직, 배우자의 사망, 죄의식, 신체적인 질병 등이 원인이 되어 정신건강과 안녕(well-being), 자아존중감에 심각한 영향을 미친다. 아울러 노년기 우울증은 각종 질병에 대한 유병률의 증가, 기능상태의 저하, 의료서비스 이용의 증가, 사망률의 증가 등과 높은 관련성이 있는 것으로 보고되고 있다.[28] 청년기의 우울증은 대개 증오심이 자기자신으로 인하여 발생하지만, 노인의 우울증은 이와 달리 노화로 인한 자아존중감의 상실에서 발생하는 경우가 많다고 한다.[29] 노인우울증(senile depression)의 정의는 삶의 의미 · 흥미 · 즐거움이 전반적으로 감소되어 발생하는 고통스러운 감정과 더불어 건강상태가 악화되는 것이다.

임상 심리학자인 루윈슨, 비글란 및 자이스(Lewinson, Biglan & Zeiss, 1976)는 우울증의 특성에 대하여 다섯 가지로 구분한다.[30]

① 즐거움의 상실
② 행동적 결핍(사회활동 감소)

---

27) 최수영, 전게서, pp. 199-201.
28) D. K. Conn, & A. B. Steivgart, *"Diagnosis and management of late life depression: a guide for the primary care physician"* International Journal of Psychiatry and Medicine, 27(3) , 1997, pp. 269-281.
29) 건강 · 생활과학연구소편, 전게서, pp. 85-87. 재인용. ; 윤 진, 전게서 : 191-193. 재인용.
30) 윤 진, 상게서, pp. 298-299. 재인용.

③ 행동적 과다(자신에 대한 의심, 죄의식)

④ 신체적 증상(두통, 체중감소, 수면장애, 피곤함, 식욕부진, 건강염려증)

⑤ 인지적 현상(자존감 하락, 자기 비하, 절망감)

위에서 살펴본 바와 같이 노인의 우울은 자존심과 삶의 질을 저하시키기 때문에 특수한 문제가 된다. 우울 상태에 빠진 것을 모르고 치료를 하지 않게 되면 노인은 자살을 시도할 지도 모르기 때문에 노년기 우울증이 더욱 문제가 되는 것이다. 자살을 생각하거나 자살을 기도하는 사람의 80% 정도에서 우울 상태가 인정되고 있다. 자살의 원인은 다양하지만, 특히 고독한 노인에게 자주 발생하는 편이다. 노인병학자는 퇴직 후에 자주 일어나는 심한 우울상태를 퇴직증후군이라고 부르고 있다.

특히 만성질환자의 경우에는 장기간의 질병과정을 겪으면서 정서적인 측면에서도 많은 변화를 경험하게 되므로 정신과 의사의 전문적인 치료를 받는 것이 바람직하다.31) 이 때 적절한 치료와 상담은 필수이며, 약물치료 및 비약물 치료를 시행할 수 있다. 비약물적 중재방안으로 운동요법, 명상요법, 음악요법, 애완동물요법, 원예요법 등 다양하다. 심한 경우에는 정신요법과 항우울제의 투여 및 전기치료방법이 요구된다.32) 우울중재 프로그램으로 가장 일반적인 요법의 하나는 생애회고법이다. 치료의 목적은 자존심을 유지시키며 우울상태의 원인에 대처하는 능력을 향상시키는 것이다.

---

31) 길귀숙, "노인 만성질환자의 삶의 질에 관한 연구" 숭실대학교 대학원 박사학위 청구논문, 2003, p. 30. 재인용.
32) 조유향, 전게서, pp. 430-432.

제2장 뇌졸중과 뇌졸중 후 우울증

1. 뇌졸중의 이해

뇌졸중(C.V.A. : Cerebro Vascular Accident 또는 Stroke)은 뇌혈관의 경색 및 파열 등의 상해로 혈액공급에 차질을 빚어 발생하는 신경계 장애로 나타내는 뇌혈관질환을 총칭하는 질병이다. 뇌혈관장애에서 가장 일반적인 것이 뇌졸중이다. 뇌졸중은 하나의 병명이 아니고 뇌출혈, 뇌혈전, 뇌경색 등 몇 가지 원인에 의한 것으로 세분하면 크게 출혈성 뇌혈관 질환과 허혈성 뇌혈관 질환으로 분류된다. 출혈성 뇌혈관 질환은 뇌 실질 내 출혈과 지주막하 출혈로 분류되며, 허혈성 뇌혈관 질환은 뇌경색과 일과성 허혈발작으로 분류하고 또한 뇌경색은 뇌혈전증과 뇌전색증으로 세분된다.[33]

뇌졸중의 원인으로는 한 가지 원인 질환에 의해 발생하는 경우도 있지만 대부분 고혈압, 당뇨, 고콜레스테롤혈증, 비만한 사람에게 생길 빈도가 높으며, 음주, 흡연, 심장질환, 비만, 스트레스 등 여러 위험인자가 복합적으로 작용하여

---

33) 전세일, 「뇌졸중백과 2: 재활치료」(서울: 민중서관, 1999), p. 42.

발생한다.

뇌졸중의 증상으로는 편마비, 급격한 의식장애,34) 언어기능장애,35) 균형 감각소실 등의 운동장애, 감각장애, 시력장애가 올 수 있으며, 합병증으로는 경직, 전신허약, 견통, 동측 반맹증, 신경인성 방광 및 대장이 올 수 있다.36)

뇌졸중환자의 초기 치료방침은 생명의 유지를 제일로 하고 뇌손상을 최소로 멈추게 하는 것을 목적으로 한다. 그 후 재활 프로그램에 의해서 변형과 기능장애를 가능한 한 감소하는 방향으로 행하는 것이다. 재발작을 예방하는 것은 더 중요한 치료방침이 된다.37) 즉 뇌졸중은 예방이 가장 중요하다. 뇌졸중의 위험 인자인 고혈압이나 동맥경화증이 있는 사람은 항상 자기 건강에 대한 주의와 관찰을 철저히 하고 개선시켜 줌으로써 뇌졸중을 예방할 수 있다.38) 뇌졸중이 발병이 되면 지속적인 재활치료를 해야 하는 이유는 예후가 좋지 못하기 때문이다.

뇌졸중 환자의 회복정도는 환자 개개인마다 차이가 크기 때문에 한 마디로 말할 수는 없다. 대략적으로 뇌졸중이 발생한지 6개월쯤 지나 독립적인 기능이 가능한 자는 45%, 어느 정도 남의 도움이 필요한 자는 45%, 전적으로 남의 도움이 필요한 자는 10% 정도 된다(전세일, 1999).39)

뇌졸중은 일종의 국민 병으로 1950년부터 1980년까지 사망 질환에서 제 1위를 차지해 왔다.40) 그러다가 최근에 뇌졸중은 악성종양, 심장질환과 더불어 인류의 3대 사망원인 중 하나이다.41) 뇌졸중 환자가 늘면서 가정 및 사회의 경

---

34) 전세일, 전게서 p. 51.: 증상은 명료(Alert), 기면(Drowsy), 혼미(Stuporous), 혼수(Coma)로 세분되며 가장 중증은 혼수이다.

35) 상게서, pp. 51-52.: 언어장애는 구음장애와 실어증으로 분류한다.

36) 상게서, pp. 57-59. 시야의 한쪽이 보이지 않는 것을 반맹증이라고 하는데, 좌·우측 눈이 다 한 쪽만 보이는 동측 반맹증이 올 수 있다. 뇌손상으로 인해 대소변 실금현상이 생긴다.

37) 조유향, 전게서, p. 321.

38) 홍미령, 「의학일반」(서울: 양서원, 2002), p. 255.

39) 장지윤, "노인 뇌졸중 환자의 우울증상에 대한 노래심리치료의 효과" 이화여자대학교 교육대학원 석사학위 청구논문, 2004, p. 13.

40) 이재용, "죽음의 생물학적 요인" 「노화와 죽음」(춘천: 한림대학교, 2004), p. 170.

41) http://nso.go.kr/ 2007. 09. 20. 통계청(2006). 「2006년 사망 및 사망원인통계」. 2006년 총사망자수

제적, 심리적 부담이 가중되고 있고 가족 뿐 아니라 본인도 신체적 변화에 따른 우울감이 증가될 수 있다. 뇌졸중노인의 신체·정신적 건강의 상실과 제약에서 비롯된 심리적인 위축은 심리·사회적 적응에 악영향을 미치게 된다. 뇌졸중노인의 심리·사회적 위축은 단순한 대인관계의 어려움뿐 아니라 자신의 삶에도 부정적인 악영향을 주어 삶의 질이 떨어지게 된다.

2. 뇌졸중 후 우울증(depression)

뇌졸중은 뇌혈관 손상에 따른 후유증으로 운동, 보행, 인지, 감각, 언어장애 등의 1차적인 신체적 장애뿐만 아니라, 이로 인한 자기존중감 상실, 우울, 불안, 무감동, 섬망, 정신병, 조증, 질병무시증후군 대인관계기능 상실 등과 같은 2차적인 여러 심리 가운데 사회적 기능장애까지 겪게 된다.(Starkstein & Robinson, 2000) 이러한 장애는 뇌졸중 환자에게는 물론 그 가족들에게도 매우 큰 충격적인 사건이 된다. 뇌졸중환자는 이로 인해 자신이 처한 현실을 받아들이기 어렵고 적응하지 못해 심리적으로 불안해하며 우울해하거나 무력감에 빠지고 절망감을 느끼게 된다.

뇌졸중 환자의 심리 정서적인 면에 대한 드링카와 스미스 앤 드링카(Drinka, Smith & Drinka, 1987)의 연구에서 환자를 돌보는 가족원의 부담감이 높을수록 환자의 우울이 심하였다는 결과가 보고되었다. 또한 환자를 돌보는 가족원의 신체, 정신적 어려움은 가족 자신의 건강뿐 아니라 환자의 안녕을 떨어뜨리며 결국은 환자에게 부정적인 영향을 미친다고 한다.[42] 특히 우울증은

243,934명 가운데, 사망원인을 살펴보면 악성 신생물에 의한 사망원인이 65,909명(27.0%)으로 1위이고, 뇌혈관질환은 30,036명(12.3%)으로 2위이며, 심장질환이 20,282명(8.3%)으로 3위로 나타났다.

42) Drinka, J. K., Smith, J. C. Krinka, P. J. *"Correlation of depression and burden for informal care givers of patients in geriatric referral clinic,"* Journal of American geriatrics society, Vol. 35 No.6(1987), pp. 522-525.

뇌졸중 이후에 생기는 정신과적 후유증 가운데서 가장 흔하게 볼 수 있는 것
이다. 여러 단면 연구에 의하면 뇌졸중 환자들은 뇌졸중 후 첫 일 년 동안 환
자들의 20-50%가 우울증을 경험하며 시간이 지남에 따라 1-2년이 지나면 우
울증의 빈도가 감소한다(16%). 3년이 되면 우울증을 앓은 환자들 중 29%가 재
발한다고 한다. 뇌졸중 직후부터 한 달간은 신체적으로 약화되고 실어증이나
독거 등의 요인으로 우울증이 발병할 위험이 높으며, 뇌졸중 후 1-2년이 지나
면 사회적 관계가 멀어지고, 3년이 지나면 대뇌가 위축(cerebral atrophy)되어
우울증이 발병하는 데에 중요한 영향을 미치게 된다고 한다.43)

　　우울증상이 심할 경우엔 환자의 재활치료효과와 회복에도 부정적인 영향
을 미치며 재활에 심각한 영향을 줄 수도 있다. 장기간에 걸쳐 일상생활 동작
을 독립적으로 수행하지 못할 경우 환자는 신체적으로 더욱 고립되고 기능의
저하로 우울감이 더욱 심화되고 심리적으로 스트레스가 쌓이고 불안과 두려움
이 더욱 가중된다. 이에 뇌졸중 환자에 대해 부정적인 정서를 줄여주고 긍정적
이고 발전적인 대인관계를 원활하게 가질 수 있도록 하는 개입이 필요하다.

3. 우울증에 대한 음악치료의 임상적 배경

　　노년기 질환으로 인한 우울증과 뇌졸중후 우울증 지닌 자들은 대개가 소
극적이 되며 대인관계가 위축되어 있기 때문에 이들에게 적극적으로 개입하기
위해서는 자극이 풍부한 음악환경을 제공하는 것이 중요하다. 계속적인 음악적
자극은 무의미한 시간을 보내는 노인들에게 신체 기능적인 부분뿐 아니라 심
리, 정서적인 기능을 향상시키는 기회가 될 수 있다. 뇌졸중 환자의 재활은 다
각적 치료 팀이 구성되는데, 여기에서 음악치료는 인지, 의사소통, 신체, 사회

___
43) 장지윤, 전게서, pp. 14-16. 재인용.

그리고 정서적 영역에서 환자의 재활 욕구들을 명시하는 전문적인 기술과 활동들을 제공한다. 특히 환자가 선호하는 친숙한 음악은 환자의 긴장이완에 도움이 되며, 안정감 있고, 친숙한 감각 자극을 제공하여 불안과 우울을 해소하고 환자가 처한 환경에 대한 현실감을 통찰할 수 있도록 돕는다.[44]

웰스(Wells, 1953)는 노인들에게 음악활동을 하는 이유는 그들의 신체적 활동의 자극을 이끌어낼 뿐 아니라, 정신・기억・상상력・집중력 등을 자극하는 잠재력을 갖게 한다고 했다. 이와 같이 음악활동은 무기력하고 우울증을 앓고 있는 노인들에게 능동적 동기를 부여하고, 이러한 동기유발은 노인들의 불안 및 우울을 감소시킬 수 있다(Stoudenmire, 1975).

음악치료의 목적은 감각기관의 훈련, 현실인식, 재동기 유발, 긴장완화, 인생회고, 여가활동을 통하여 신체적 기능 향상 및 심리・사회적 욕구를 충족시켜 줄 수 있다.

음악치료에 대한 생리적 반응과 정서적・심리적 반응으로 나누어 살펴보면 다음과 같다.

1) 생리적 반응

음악적 자극은 자율신경의 변화와 함께 심혈관계에 영향을 주어 맥박의 속도, 혈압을 변화시키고 뇌파, 근육 반응, 그리고 호흡 등의 생리적인 변화를 가져온다. 이는 음악이 감각기관을 자극하여 근육을 이완시키거나 긴장시켜 주기도 하며 신진대사나 호르몬분비, 피부반응 등에도 영향을 주기 때문이다.

2) 정서적・심리적 반응

① 음악에 대한 미적 감수성과 음악적 사고를 바탕으로 자기표현의 도구로써 음악을 이용한다.

---

44) 상게서, pp. 22-24. 재인용.

② 음악은 본능적 욕구를 자극하거나 표현하며 이를 해소, 감소시킴으로 본능에 영향을 주고 자아를 강화하는 동시에 감정을 발산시키거나 통제하여 자아에 영향을 주며 감정을 순화시켜준다.

③ 즉흥연주 위주의 음악치료를 실시한 결과 외로움, 절망감, 우울감의 개선에 있어서 많은 효과가 있으며, 우울증의 감소에도 효과가 있다.45)

---

45) 이화여자대학교 · 보건복지부, "청소년 우울증 및 정서장애에 대한 음악치료의 효과성 입증 및 프로그램 개발" 이화여자대학교 출판부, 2002, pp. ⅹⅴ-ⅹⅵ.

제3장 노래심리치료(Song Psychotherapy)

1. 노래심리치료의 정의 및 필요성

노래는 우리의 희·노·애·락을 말해 주며 우리의 가장 깊숙한 내면을 잘 드러낼 수 있도록 도와주는 삶의 이야기이다(Bruscia, 1998).[46] 노래를 이용한 노래심리치료는 음악심리치료의 한 방법으로, 노래의 가사 또는 음악적 특징(리듬, 멜로디, 화성 등)을 이용하여 내담자의 의식과 무의식, 내적 갈등을 노래를 통하여 다시 한 번 확인하고 해결해 나가도록 하는 치료형태를 말한다(Bailey, 1984). 즉 노래심리치료의 치료적 개념은 음악과 언어를 통해 구체적인 자기표현을 가능케 하며 자기의 현재 상황과 문제들을 노래 안에서 동일시하게 하고, 스스로를 어떻게 왜곡되게 파악하고 있는지를 알 수 있도록 도와준다(정현주, 2005).

많은 임상사례자료 가운데, 심리적 측면에 대하여 앨빈(Alvin)은 우리가 접촉할 수 있는 성격의 부분과 자아의 영역은 우리가 직접적으로 경험하고 관

---

46) 장지윤, 전게서, pp. 17-20.

찰하며 분석하고 판단할 수 있는 심상·감정·사상·갈망 등을 포함한다고 하면서 음악을 통해 자신의 문제를 인식하고 이에 대한 통찰력을 기를 수 있다고 하였다.[47] 음악활동은 감각기관을 자극하고 신체활동을 유발시켜 반복되는 리듬 속에서 수행되는 운동기능향상, 의사소통, 감정표현의 수단으로 자기표현의 기회를 제공하며, 사회적인 접촉을 준다.[48]

음악적 자극과 인간의 신체적, 생리적 관계는 다음과 같이 요약할 수 있다.

첫째, 음악은 뇌신경 세포의 연결에 자극을 주어 뇌의 발달을 강화시킨다.

둘째, 음악은 신체적, 정신적 건강에 기여하며 고통을 줄여 준다. 또한 T·임파구를 강하게 하여 건강을 지켜주는 역할을 하는 엔돌핀 생산에 도움을 준다.

셋째, 음악은 뇌파 중 알파 파장을 증진시켜 인간을 가장 편안하고 조용한 상태에 처하게 하며, 이상적인 호르몬 분비로 좋은 신체 건강상태를 지킬 수 있도록 한다.

매길(Magil, 1990)은 통증, 우울감, 그리고 사회적 고립의 문제로 인한 환자가 음악치료를 받은 후 전반적인 감정이 개선되었다고 보고하고 있다. 머피(Murphy, 1991)는 즉흥연주 중심의 집단 음악치료가 우울증 환자의 우울감 해소에 효과가 있음을 보고하였고, 스미스(Smith, 1991)는 노래 만들기의 과정이 자살기도의 경험이 있는 우울증 환자의 우울감 해소에 효과가 있음을 보고하였다.

음악의 다양한 장르 중에서 노래는 음악과 언어의 결합체이다. 노래는 시대상을 반영하고 있기 때문에 노래를 통해 지나온 그 시절의 일을 회상하는데 매우 좋은 도구가 된다. 또한 노래는 동서고금·남녀노소를 막론하고 자연스럽

47) 이화여자대학교·보건복지부, 전게서, p. 13.
48) 최 선, "음악치료가 중증치매노인의 증상완화에 미치는 효과" 한림대학교 사회복지대학원 석사학위청구논문, 2003, p. 24.

게 접근할 수 있는 도구이다. 특히 노래는 신체가 부자유한 뇌졸중노인이 쉽게 접근할 수 있으며, 집단속에서 자연스럽게 자신을 표현할 수 있게 한다. 노래의 가사는 내용과 구조를 통해 자신의 인생을 통합하고 조직하는 것을 가능하게 하고 믿음과 가치를 강조해 주고 기쁨, 슬픔과 비밀을 드러나게 하며 또한 희망과 실망, 공포와 승리를 표현한다. 노래의 가사 또는 음악적 특징인 리듬 · 가락 · 화성 · 음색 · 형식 등을 이용하여 내담자의 의식과 무의식, 내적 갈등 등을 음악 안에서 자연스럽게 투사하도록 유도하면서 자신의 내면의 문제들을 확인, 해결해 가는 과정을 노래심리치료라고 할 수 있다. 노래심리치료는 구체적인 자기표현을 통해 현재의 상황과 문제들을 노래 안에서 동일시 할 수 있게 되고, 자기 생각 · 느낌 · 관심 · 행동 등의 특징에 대하여 표현할 수 있도록 돕는다. 노래는 자기표현의 수단으로 심층의 정동을 배출시켜 자신의 태도나 느낌, 분위기 등을 전달하는 도구로 사용할 수 있다. 노래를 통하여 구체적인 내담자의 문제점, 과거 혹은 현재의 욕구나 열망, 행복, 외로움을 의사소통할 수 있다. 또한 슬프거나 행복했던 때를 회상할 수 있고, 더 나아가서 현재의 문제를 통찰할 수도 있으며 이를 통하여 스트레스나 우울증이 감소될 수도 있다.

또한 치료적인 효과에서 노래는 가사를 통한 메시지 전달로서의 기능뿐 아니라 상징성을 가지는 의사소통 수단이 된다. 뿐만 아니라, 연상과정을 통하여 내적 세계의 인식뿐 아니라 상호간의 역동적 관계를 증진시킬 수 있다. 뿐만 아니라 때로는 음악이 주는 소속감으로 안정감을 얻고 음악과 자신을 동일시하기도 한다.

2. 노래심리치료의 접근방법

뉴햄(Newham, 1994)은 "프로이드(Freud)의 정신분석을 이야기치료(talking cure)라고 한다면, 음악치료는 노래치료(singing cure)라고 할 수 있다"고 주장했다. 그리고 고대 그리스 속담 중 "노래는 고통을 치유하는 의사"란 말이 있다. 이는 노래를 통해 현재 자신의 문제점을 통찰하고 스트레스와 우울감 등을 감소하거나 해소할 수 있다고 풀이할 수 있다. 노래심리치료기법은 노래를 듣는 것과 노래를 투사도구로 이용하여 내면의 이슈를 읽어내는 두 가지 접근이 있으며 치료목표와 대상, 그리고 다루려고 하는 쟁점에 따라 접근이 달라져야 한다. 결과적으로 자기가 과거에 좋아했던 노래나 마음을 달래주었던 노래 등 과거의 경험과 관련된 음악을 통하여 기억력을 촉진할 수 있고 마음을 열 수 있게 된다.

노래를 이용한 심리치료의 방법은 노래 대화하기 또는 가사토의, 노래 부르기, 노래 회상하기, 노래 즉흥연주, 노래 만들기, 노래 그리기, 노래 패러디 등으로 나눌 수 있다.

① 노래 대화하기 또는 가사토의(Song Communication or Song Discussion):
준비된 노래를 듣고 그 노래에 대한 개인의 생각이나 느낌을 치료사와 또는 구성원과 함께 나누는 방법이다. 가사토의는 가사 속의 상징, 은유, 비유 등을 통해 개인의 이야기를 노출시키도록 하며 자연스럽게 흡수 발전시키면서 감정을 정화시킨다.[49]

② 노래 부르기(Singing):
노래 부르기는 목소리를 통하여 음색, 리듬, 선율, 가사 등을 직접 표현한다. 노래는 인생의 시대상을 반영하고 있기 때문에 환자들이 노래를 통해 지나

---

49) 박수정, "정서장애 청소년의 자기표현력 향상을 위한 음악치료적 접근" 이화여자대학교 교육대학원 석사학위 청구논문, 2002, pp. 24-25.

간 그 시절을 회상하게 되고(Amir, 1990), 그룹으로 노래를 부를 때 환자들은 감정 표현을 통해 서로 교감하면서 사회 통합감을 높이게 된다고 한다(Platch, 1980)[50].

③ 노래 회상하기(Song Reminiscence):

노래를 통하여 과거 회상을 목적으로 하는 방법이다

④ 노래 즉흥연주(Song Improvisation):

즉흥적인 연주 또는 소리나 음악의 형태를 창출시키는 과정으로 즉흥적으로 노래를 만들어 연주하는 방법이다.

⑤ 노래 만들기(Song Writing):

기존의 곡에 부분적 또는 전체적으로 직접 가사를 바꾸어 새로운 노래를 만드는 방법이다.

⑥ 노래 그림그리기(Song Drawing):

미리 준비된 노래를 듣고 연상되어지는 장면이나 느낌을 그림으로 표현하는 방법이다.

⑦ 노래 패러디(Song Parody) : 기존곡의 형식은 유지하되, 약간의 변형으로 개인의 의사를 반영하는 일정의 빈칸 채우기(file in the blank) 방법이다.[51]

3. 노래심리치료적 요소 및 효과

노래를 통한 치료에서 심리적인 요소가 특히 중시되는 것은 인간의 내면에 들어갈 수 있는 유력한 수단 중의 하나가 노래이기 때문이다. 먼저 노래심리치료적 요소인 노래 가사, 가사의 분석에 대하여 살펴보고 마지막으로 치료

50) 최 선, 전게서, p. 22.
51) 장지윤, 전게서, pp. 18-19. 재인용.

효과에 대하여 서술하고자 한다.

1) 가사와 음악

노래는 언어와 음악의 결합으로 이루어진다. 언어는 인지적이지만 음악은 감정적인 특징이 있다. 즉 노래는 사람의 인지와 감정에 동시에 접근하여, 개인의 생각과 느낌을 보다 풍부하게 해준다. 이로 인하여 노래는 좀 더 쉽게 감정과 생각의 변화를 이끌어 낼 수 있으며, 그런 자신의 모습을 확인, 발전시킬 수 있다.

가사와 음악은 함께 결합되어져서 모든 유형의 사회·정치·종교적 이슈들에 대한 정서적 반응을 표현하고 불러일으킨다. 이러한 노래 가사는 정서를 이완시키고 경험과 느낌을 회상시키는 강력한 촉매체가 되며, 이해와 언어와 상상력을 자극하는 하나의 수단이다.

또한 가사는 음악과 연결되었을 때 인간의 심리에 강력한 영향을 줄 수 있다. 노래 속의 가사는 인간의 내면을 반영하며 그들 자신이 미처 깨닫지 못하는 느낌을 확실하게 해 주기에 음악이 결합되면 사고와 행동을 구조화할 수 있고, 잃어버린 감정을 명료화하여 나아갈 바를 제시해 준다. 가사가 있는 음악을 통한 언어적 표현 등으로 억압된 감정을 의식의 표면에 떠올려 표출시킴으로써 미해결 과제들을 해소할 수 있다. 또한 노래는 감정적 거울이다. 노래가 사람에게 특별 감정을 불러일으키든, 특별한 감정이 특정 노래를 연상시키든 노래는 사람과 긴밀한 감정적 상호작용을 한다.

2) 분석적 활용

노래에서 가장 중요한 것은 가사에 대한 분석이다. 가사속의 은유·상징·비유 등 내담자가 표현하는 것들은 자신이 인식하지 못하였거나 회피하였던 감정과 생각들을 수용하고 표현한다. 동시에 스스로 노래 안에서 위안을 받을 수 있는데, 이것은 노래가 밖에서의 개인의 경험과 그로 인한 감정들을 치료 현장으로 끌어 들이는 역할을 하기 때문이다.

　　노래 가사는 정서를 이완시키고 경험과 느낌을 회상시키는 강력한 촉매제가 되며 이해와 언어와 상상력을 자극하는 하나의 수단이다. 또한 가사분석 과정을 통하여 개인은 새로운 대처 전략들을 학습하고, 그들　감정에 대한 타당성을 제공 받게 된다.

　　노래 만들기와 가사토의(노래 대화하기)는 자기를 표현하는 방법으로 감정뿐 아니라 신체적 건강에도 영향을 준다. 이는 개인적인 상황과 연관된 감정 표현을 고취시키며, 개인의 감정을 그룹 안에서 치료사나 내담자들에 의해 타당화시키게 만든다. 이를 통하여 개인은 사고나 감정에서 감정적인 피드백을 받게 된다.

　　노래 만들기는 치료적인 활동과정에서 자기표현의 출구를 제공함으로써 자기표현력과 자존감 증진, 상호의사소통의 향상, 억압된 요소와 회복, 내면의 이슈에 대한 통찰력 강화와 같은 목적을 달성하는 창조적이고 효과적인 음악치료기술이다. 가사토의를 통해 자신을 표현할 수 있게 하고 그룹 활동을 통해 사회적 상호작용이 촉진되어 사회기술과 적응기술이 증진되어 완전하지는 않지만 타인과 만족스러운 관계를 맺을 수 있게 한다. 가사토의를 통해 자신의 감정을 언어로 표현하고 토의하는 동안 내부의 막힌 에너지를 외부 세계로 분출하게 한다. 자신의 감정을 재조명해 봄으로써 실제상황에 접하게 되었을 때 바람직한 방향으로 대처할 수 있도록 한다.

　　가사토의는 가사 속의 상징·은유·비유 등 내담자가 말하는 것을 폭넓게 수용, 이를 통해 내담자는 이야기를 대상화시키면서 개인적 이야기를 노출시키도록 한다. 이때 치료사는 이를 파악하여 치료의 방향성에 맞게 내담자가 이야기를 자연스럽게 흡수, 발전시키도록 돕는다. 가사 토의활동은 그룹에 있을 때 편안함을 느끼지 못하거나 대화를 시작하지 못하는 내담자에게 자기표현력을 증진시켜주고 다른 사람이 이야기를 할 때 잘 들어 준다든지, 집중을 함으로써 불안이나 충동이 조절될 수 있도록 돕는다.

다 함께 노래 부르기는 집단원들이 그동안 잊고 살았던 지나온 삶에서 다른 사람들과 함께 노래하면서 즐겁고 행복했던 추억을 회상할 수 있도록 돕는다. 특히 노래 만들기(Song Writing)는 노래의 특정한 부분에 빈칸을 만들어서 자신의 단어를 채우게 하거나 친숙한 노래의 단어 바꾸기를 하는데, 이것은 사고의 감정을 표현하기 위한 구조적인 틀을 제공하여 쉽게 표현하도록 하는 것이다.

3) 노래심리치료적인 효과

노래를 통하여 행복한 느낌만이 아니라, 슬픔과 분노와 같은 느낌을 최대한 표현할 수 있도록 해야 한다. 노래는 혼자서 할 수도 있지만 집단을 통해서 얻어지는 여러 가지 사회적 의미가 내재되어 있다. 노래를 부르는 동안 무의식 중에 노래의 가사와 가락의 구조를 통해 자신의 인생을 통합하고 조직화하는 것을 가능하게 해 주며, 집단원들과의 관계형성에도 도움을 준다. 또한 집단에서 만들어지는 에너지는 개개인을 하나의 응집력 있는 전체로 통합시키며, 자신과 타인에 대해 인식하게 하는 자극과 의사소통의 한 수단이 될 수 있다.[52] 독주보다는 집단원들과 함께 나눌 때 집단 내에서 인간적인 교류와 집단 역동을 통하여 치료적인 효과를 기대할 수 있다.

다음은 노래심리치료적인 효과에 대하여 살펴본 것이다.

① 문제의 확인 : 자신의 내면적 정서와 문제점 확인
② 감정 이입 : 작사자의 느낌, 감정을 이해하고 공감
③ 투사 : 자신의 문제점이나 감정을 작사자의 그것과 동일시

---

52) 박수정, 전게서, p. 31.

④ 자기 정화 : 음악적, 가사 전개를 통해 카타르시스 경험

⑤ 통찰 : 내면의 성찰을 통하여 문제의 초점 인식

⑥ 설득 : 가사의 내용에서 문제의 해결을 위한 조언

⑦ 보편화 : 문제의 사실과 상황을 일반화

⑧ 외면화 : 표출하지 못했던 내적 갈등을 외부로 표현

⑨ 자기표현 : 무의식적으로 억압된 자아를 드러내어 표현

위와 같은 것들을 통해 노래심리치료는 개인의 심리적 성장을 유도하여 자신의 심리적 이슈를 확인, 인정하고 부정적인 내적 갈등을 해결하여 적절한 자기표현을 하도록 돕는다. 노래심리치료를 통하여 뇌졸중노인들의 내면의 문제와 우울감을 해소하고, 이를 통해 인간관계를 개선하며 자아존중감을 높일 수 있다.

제4장 삶의 질 향상을 위한
인간관계 프로그램

1. 삶의 질의 의미

오늘날 노인의 삶의 질에 대한 관심이 증가하고 있으나 서구의 선진국에 비하여 삶의 질 향상을 위한 복지제도가 매우 미흡한 실정이다. 따라서 수명연장과 고령사회에 따른 삶의 질을 향상시키기 위한 다양한 프로그램이 요구되고 있다. 김진식은 '삶'이란 한 글자 속에는 사랑과 용서, 그리고 복수와 저주 모두가 들어 있다고 표현한다.[53] 즉 사람은 육체만을 지닌 존재가 아니라 지, 정, 의, 영적인 존재라는 것을 아는 것에서 출발한다고 볼 수 있다.

삶의 질은 인간의 안녕과 복지의 정도를 구체적으로 표현하는 포괄적이고 다차원적인 개념으로서 각 개인이 지각하는 주관적 안녕의 차원으로 정의하고 있다. 삶의 질이란 길이의 길고 짧음에 있는 것이 아니다. "삶의 의미가 무엇이며, 살아야 할 이유가 무엇인지를 깨닫고 이웃에게도 삶의 의미를 찾게 해 줄 수 있어야" 아름다운 삶이라고 할 수 있다. 빅터 프랭클(Victor E. Frankl,

---

53) 김진식, 「울화와 용서」 (서울: 예루살렘, 2006), p. 50.

1905-1997)[54]은 죽음의 상황에서도 살아남을 수 있는 힘은 '삶의 의미'를 부여하는 것이라고 하였다. 그는 나치 치하의 강제수용소에서 살아남은 사람들은 젊고 강한 사람들이 아니고, 일부 늙고 연약한 사람들이라는 것을 발견하였는데 그 이유인즉 생존자들이 스스로에게 살아가기 위한 목표를 부여하였거나 그들의 존재 안에서 의미를 찾았기 때문이라고 하였다. 이는 '살아갈 이유를 알고 있는 사람은 어떠한 상황도 견뎌낼 수 있다'는 니체의 말도 증명하고 있다. 인간의 삶 속에서 주어지는 모든 상황은 의미가 있다. 심지어 고통과 죽어감, 상실과 죽음을 포함한다.[55] 왜 살아야 하는지 아는 사람은 어떤 상황에서도 견뎌낼 수 있다. 똑같은 상황에서도 그 고통을 어떻게 받아들이고 직면할 것인지, 의미를 어떻게 부여하느냐가 중요하다.

가장 슬픈 일은 뻔한 일이고 매우 사소한 일이지만 지금 이 순간에 실천하지 못하고 "그랬더라면 좋았을 텐데."라고 후회하는 일이다. 과거는 이미 지나간 것이고, 언젠가는 죽음이 올 것이기에, '지금 이 순간'이 삶의 마지막 시간인 것처럼 사랑하며 용서하며 살아야 한다. 세상에서 가장 중요한 네 가지 말은 '용서해 주세요.', '당신을 용서합니다.', '감사합니다.', '사랑합니다.'이다.[56] 죽

---

54) 빅터 프랭클, 「죽음 수용소」, 김충성 옮김, (서울: 청아출판사, 2002). 저술가이며 정신의학자인 빅터 프랭클. 그는 히틀러 시절에 독일에서 살았는데 단지 유대인이라는 이유로 강제수용소에서 기나긴 죄수생활을 하였다. 그곳에서 부모님과 형제, 그의 아내 등이 죽임을 당했거나 처형실로 보내졌다. 살아남을 가능성이 거의 없는 상황에서도 남아 있는 자신의 삶을 유지하기 위해 작전을 짜며 노력을 하였고 구사일생으로 살아남아 심리요법, 의미요법(logotherapy)의 창시자가 되었다. 그는 끊임없이 '삶은 나에게 무엇을 원하는가?' '이 상황은 나에게 무엇을 요구하는가?'라는 자문을 하였다고 한다. 그는 전쟁 중에 신기한 경험을 하게 되었다. 매일같이 죽어가는 사람들의 숫자가 크리스마스가 다가오면서 점점 줄어들었는데, 크리스마스가 지나자 사망자 숫자는 급격하게 늘어났고 얼마 후엔 평균치를 유지하게 되었다고 한다. 그런데 그 이유는 단지 "크리스마스 전에는 전쟁이 끝나고 나도 여기서 풀려날 수 있겠지……."라는 기대를 하고 있었기에 단 며칠이라도 생명력이 유지가 되었다는 것이다. 프랭클은 살아야 할 의미를 찾은 사람은 어떤 어려운 상황 속에서도 살아남을 수 있다는 것을 발견하였고, 강제수용소의 죽음의 현장 속에서도 삶의 의미를 찾으며 살아남은 자들의 이야기를 책으로 낸 것이다.

55) 크리스틴 통가커, *Facing Death and Finding Hope*, 「죽음 앞에서 만나는 새로운 삶」, 조원현 역, (대구: 계명대학교출판부, 2006), pp. 231-232.

56) Ira Byock, *The Four Things That Matter Most*, (N. Y.: Simon & Schuster, Inc. 2004), 「세상에서 가장 중요한 4가지 말」, 곽명단 역, (서울: 도서출판 물푸레, 2006).

음학의 대가였던 엘리자베스 퀴블러 로스도 삶의 끝에서 배울 수 있는 것은 '사랑하며 살고 웃으라. 그리고 배우라.'고 하였다. 생의 마지막 순간에 간절히 원하게 될 것, 그것을 지금 하는 것57)이 중요하다.

이를 위해서는 전략적인 계획이 요구된다. 박상철은 "당당한 노화를 위한 실천 방안"을 주장하였다. 그것은 "첫째, ~하여야 한다. 둘째, ~주어야 한다. 셋째, ~준비하여야 한다."이다.58) 노인들이 당당하게 살기 위해서는 목표를 세워서 의미 있는 삶을 살기 위해 노력해야 한다. 노력하지 않으면 삶이 무미건조해질 뿐 아니라, 무의미하게 될 수밖에 없다. 나이가 들면서 있는 그대로의 삶을 수용하고 통합하여 성숙한 삶을 살도록 노력해야 한다.

2. 인간관계의 의미

사람 인(人)자는 사람과 사람이 서로 의지하는 모양을 형상한 글자이다. 인간(人間)은 '사람과 사람 사이'라고 하여 사회성을 더욱 강조한 말이다. 이는 모든 사람은 혼자서는 살 수 없고, 사람과의 관계를 맺으면서 산다고 풀이할 수 있다. 인간은 인간관계 그 자체라고 할 수 있다. 인간은 누구나 의식적, 무의식적으로 다른 집단 구성원과의 관계를 맺으며 살아가고 있다. 인간관계가 긍정적으로 발전하기 위해서는 규칙과 보상성 그리고 상호성이 필수적 요인이다. 만족감과 행복감을 주는 보상적인 인간관계나 자신이 수행해야 할 역할이나 행동에 대한 규칙이 명확한 인간관계는 더 깊이 있게 발전한다고 한다. 더불어 긍정적인 상호교류 또한 친밀하고 신뢰할 수 있는 인간관계를 위해서는 필수적이다. 인간관계는 상대방으로 하여금 내 자신에 대해서 알게 하는 것으

---

57) Elizabeth Kübler-Ross and David Kessler, *Life Lessons* (New York: Simon & Schuster, 2001). 류시화,「인생 수업」(서울: 이레, 2006). 재인용.
58) 박상철, "건강, 장수, 그리고 지역 사회" (서울대학교 노화 고령사회연구소 과학재단 노화세포사멸 연구센터, 2007), 각당 복지재단 강의 자료.

로 시작된다. 나에 대한 정보를 통하여 상대방은 나를 알게 되고 긍정적 느낌
을 갖고 신뢰하게 된다. 서로의 신뢰가 형성되면 상대방도 자신을 노출하게 되
어 두 사람의 인간관계는 심화, 발전하게 된다.

3. 인간관계훈련 프로그램

본 연구에서 사용한 인간관계훈련 프로그램은 노래심리치료를 활용한 집
단 프로그램으로 삶의 질을 향상하는 데 그 목적을 두었다. 훈련과정은 총 26
회기로 구성되었다. 프로그램의 내용은 회상요법을 활용한 자기이해와 자기수
용, 인생그래프 그리기, 자기와 타인이해를 위한 행동유형 이해와 의사소통 훈
련, 음악활동, 노래심리치료, 칭찬하고 격려하기 등을 실시하였다.

다음 내용은 인간관계훈련 프로그램에 사용된 용어를 소개한 것이다.

1) 회상요법

먼저 회상이란 '오랫동안 잊혔던 경험이나 사실을 떠올리는 것 혹은 과거
경험에 관하여 생각하거나 말하는 과정 혹은 그 실천'을 의미한다.[59] 회상은
과거의 경험을 학습자원으로 이용하는 성인교육의 한 방법이며, 과거와 현재의
문제를 이해하고 해결하는 데 매우 유용한 수단이 될 수 있다.[60]

회상에 대한 학자들의 견해를 살펴보면 다음과 같다.

콜만(Coleman, 1974, 1986)은 회상을 다음과 같이 세 가지 범주로 구분하
였다.

첫째, 과거 사건을 현재의 자기를 유지시키고 고양시키는 근원으로 보는

---

59) Webster's 3rd International Dictionary.
60) 김상문 편, 「노인복지 프로그램연구 Ⅰ」(서울: 섬김공동체, 년도미상), p. 41.

단순회상(simple reminiscence)이다.

둘째, 노인들이 젊은 사람들에게 그들이 직접 경험할 수 없는 역사적 시간이나 사건들과 관련된 기억을 나누어줌으로써 정보의 교환을 가능하게 해 주는 정보 제공적 회상(informative remini -scence)이다.

셋째, 죽음을 앞두고 자신에 대한 올바른 자아상의 통합을 위하여 자신의 삶과 관련된 기억을 분석하는 인생회고(life review)이다.[61]

블리와이즈(Bliwise, 1982)는 회상을 단순한 회상, 정보적인 회상, 묵상적 회상, 공상적 회상, 통합적 회상으로 분류하였다. 또 메리암(Merriam, 1993)은 치료적인 회상과 정보적 회상, 향유적인 회상으로 분류하였다. 즉 회상은 개인에게 있어서 다양한 기능과 영향력을 갖는다.[62]

회상요법은 대상자가 과거에 있었던 희로애락의 일이나 사건들로 돌아가서 그 일과 관련된 것을 기억하게 해 주고 그때의 감정이나 느낌 등을 되살릴 수 있게 돕는다. 회상요법은 충분한 신뢰감과 라포 형성이 된 뒤에 시도해야 효과적이다.[63]

회상요법의 예를 들어보면, 과거 경험을 통하여 역사적 사건이나 구체적인 증언인 구전, 역사 수업, 명절 나기, 이전의 기억을 회상하고 그려보는 미술 치료, 친숙한 음악을 듣거나 부르면서 회상하는 음악 치료, 영상자료를 통하여 과거의 사건을 기억하고 토론하는 영화를 통한 회상, 골동품 프로그램, 시 수업, 과거 신문이나 잡지를 통한 프로그램, 사진을 통한 회상, 이 밖에도 많은 프로그램이 있다.[64]

회상요법의 장점을 살펴보면 첫째, 회상은 과거의 경험으로 되돌아가서 과거에 해결하지 못했던 갈등을 해결하게 하고 부정적인 사건에 해서는 타당성을 부여하고 합리화하여 부정적인 정서를 극복하는데 도움이 된다. 둘째,

---

61) 노원노인종합복지관, "의미를 찾아 떠나는 과거로의 여행,"(시립노원 노인종합복지관, 2004): 12-13.
62) 김상문 편, 전게서, p. 41.
63) 연세대학교·건강증진기금사업지원단, 전게서, p. 208.
64) 김상문 편, 전게서, p. 42.

정보적 회상은 과거의 상황 속으로 들어가 다시 그 상황을 이야기함으로써 자아 존중감을 높이고 즐거움을 제공하는 기능을 갖고 있다. 셋째, 강박증적 회상은 특정 상황에서의 자신의 과거를 받아들일 수 없을 때 나타난다. 마지막으로 평가적 회상은 죄의식, 갈등, 패배의식을 극복하고 자신의 성취에서 의미를 찾고 자신의 삶을 옳고 불가피했던 것으로 수용하고 자아통합을 하도록 도와준다.65)

2) 자아존중감

자아존중감이 고양되면 심리적으로 안정을 갖게 되고 긍정적인 사고를 하게 되며 삶에 대한 만족도가 높아진다. 쿠퍼스미스(Coopersmith, 1981)는 자아존중감에 대하여 자아존중감은 '개인이 자기자신에 대해 형성하고 유지하는 평가로 긍정적이거나 부정적인 태도로 표현되며, 자신이 중요하고 유능하며 성공적이고 가치 있다고 보는 정도를 나타낸다.'고 표현하였다. 로젠버그(Rogenberg, 1965)는 자아존중감의 수준이 낮은 사람은 높은 사람보다 불안이 강하고 대인관계가 좋지 않으며, 자신감이나 지도력이 결여되고, 이상은 높으나 실패를 두려워하게 된다. 또한 이들은 자기자신에 대한 불확실성 요소를 환경에 투영해 버리고 자기 확신을 환경에 투영시키므로 자기를 무가치한 인물로 보며 우울해하며 불행하다고 느낀다고 하였다. 자아존중감은 노후의 중요한 개인의 발달 과업이다. 자아존중감이 높은 자는 과거뿐 아니라 현재의 인생을 긍정적으로 받아들이고 앞으로 다가올 죽음에 대해서도 수용하게 되어 자아통합을 하게 된다.

3) 자기노출

자기개방 혹은 자기공개라는 개념의 자기노출(self-disclosure)은 자기자신

---

65) 박문주, "회상요법이 치매노인의 인지기능과 기억 및 문제행동, ADL증진에 미치는 영향연구" 목원대학교 산업정보대학원 석사학위청구논문, 2004, 18.

의 느낌, 생각 그리고 자신의 경험을 개방적이고 정직하게 표현하여 자기자신을 상대방이 알 수 있도록 드러내는 것을 말한다. 이러한 자기노출은 인간관계 형성에 직·간접적으로 영향력을 주며, 적절하게 자기를 노출시킴으로 인간관계를 의미 있는 관계로 발전시키는 원동력으로서의 역할을 담당한다. 여기에서 조심해야 할 것은 자기주장의 개념이 상대방의 감정이나 입장을 고려해야 한다는 것이다.

자기노출 능력은 상호작용이나 개인의 특성에 따라서 다르지만, 훈련에 의해서도 변화가 가능하다. 자기노출 훈련을 통하여 자신의 인간관계 능력을 증진시키고 또한 인간관계의 증진 훈련을 통하여 자기노출 정도가 높아진다. 본 프로그램에서는 자신의 정서적인 감정이나 의견에 대해 솔직하게 표현함으로써 불안 수준을 감소시키고 대인관계 능력향상을 기하며 우울감을 감소시키고자 하였다.

4) 자기이해(자아정체성)

자기이해 또는 자아정체성은 개인의 역할을 끊임없이 재해석하고 실천하며 자신이 하는 일에 새로운 의미를 부여하는 가운데 형성된다. 그런 의미에서 자아정체성은 단순히 사회적으로 주어진 어떤 고정된 실체가 아니라, 개인적인 주체와 사회와의 상호작용에 의해 끊임없이 구성되고 재구성되는 사회화 과정이다. 인간은 지, 정, 의, 영적인 존재로서 매우 복합적이기 때문에 다각적으로 자신을 먼저 이해하는 것이 선행되어야 좋은 인간관계를 맺을 수 있다.

5) 타인 이해

나와 다른 타인을 이해함으로서 원활한 인간관계를 맺는다면 삶의 질도 당연히 향상될 것이다. 본질적으로 인간 형상을 두 가지 방법으로 표현할 수 있는데 그것은 부정적인 방법과 긍정적인 방법이다. 첫째, 부정적인 방법으로 나와 나 자신, 곧 보이는 나와 본래적인 나 자신 사이에 불일치가 있을 때 불안이 일어난다. 둘째, 긍정적인 방법으로 나의 실제에 나를 적합하게 하는 순간, 곧 있는 그대로의 모습으로 나 자신을 표현하는 순간 맛보는 커다란 기쁨이 있다고 폴 투니어는 주장했다.

자기자신을 있는 그대로 받아들이고 이해하며, 타인에 대해서도 있는 그대로 보고 받아들이고 이해해야 한다. 남이 이야기할 때면 마음의 문을 열고, 남의 이야기를 잘 듣고 받아들일 준비가 되어야 한다. 상대방의 이야기를 표면만 듣지 말고 마음의 문을 열고 받아들여야 한다.

6) 행동유형 이해

우리는 각자 능력도 다르며 성격과 기질도 다르다. 우리 모두는 독특하고 유일한 존재이기에 나와 똑같은 사람은 아무도 없다. 그러므로 상대방과 인간관계를 맺을 때 나와 상대방이 맞지 않는 것은 당연한 것이다. 나와 다른 것은 틀린 것이 아니라, 단지 다를 뿐임을 인정해야 한다. 자신의 참된 모습을 볼 수 있을 때 자신을 이해하고 강점을 극대화시킬 뿐 아니라 약점도 극복할 수 있다.

자신이 어떤 사람인지 알기 위해 먼저 사람들의 행동유형에 대해 살펴본다. 그러나 행동유형(성격이나 기질)을 한 마디로 말한다는 것은 무리이며 어느 성격이든 좋고 나쁜 것은 없다.

본 연구에서는 성격을 이해하기 위한 많은 도구 중에 2,400년 전에 히포크라테스가 연구하기 시작한 기질 검사와 DISC 행동유형 검사를 참고로 하였다. 즉 대중적 다혈질(I), 역동적 담즙질(D), 평온한 점액질(S), 완벽주의 우울질(C) 등을 다시 12가지로 세부적으로 나누어서 적용하였다.

7) 인생태도의 네 가지 유형

손자병법에 '지피지기(知彼知己)면 백전불패(百戰不敗)'라는 병법이 있다. 사람은 자기자신도 잘 모르고 상대방에 대해서는 더욱 잘 모르기 때문에 이 병법을 통해 "상대방의 입장에서 나를 보는 것이 중요하며, 멀리 떨어져서 자신을 보라."는 교훈을 얻을 수 있다. 인생의 태도를 다음과 같이 네 가지로 나누워서 볼 수 있다.

① 나도 상대를 잘 알고, 상대방도 나를 잘 안다(I'm ok, you're ok).

② 나는 상대를 잘 아는데, 상대방은 나를 잘 모른다(I'm ok, you're not ok).

③ 나는 상대를 잘 모르는데, 상대방은 나를 잘 안다(I'm not ok, you're ok).

④ 나도 상대를 잘 모르고, 상대방도 나를 잘 모른다(I'm not ok, you're ok).

위에서 말하는 'ok'라는 것은 '마음에 든다, 사랑을 받고 있다. 좋은 사람이다, 훌륭하다, 도움이 된다, 올바르다, 강하다, 할 수 있다, 현명하다, 하면 잘된다, 풍부하다, 즐겁다, 아름답다, 등등' 모두 긍정적인 것을 의미한다. 그러나 'not ok'라는 것은 '무가치하다, 사랑을 받지 못하고 있다, 밉다, 약하다, 심술궂다, 능력이 없다, 실패한다, 어설프다, 무지한, 뒤떨어진다, 졸렬하다, 결핍되어있다, 틀린다. 자유로이 행동할 수 없다, 등등' 모두 부정적인 것을 의미한다.

가장 바람직한 인생태도는 자타가 긍정하는 ①의 유형으로 자기이해(수용)와 타인수용(이해)이 잘 되는 태도이고, 가장 불행한 형은 ④의 유형으로 자기도 타인도 수용하지 못하고 이해받지도 못하는 태도이다. ④의 유형이 극단적으로 가면 자살할 위험이 매우 크다고 볼 수 있다. 자기를 이해하고 개방하며, 타인을 이해하고 받아들이는 긍정적인 태도를 갖도록 노력을 한다면 좋은 인간관계를 맺을 수 있게 된다.[66]

8) 노년기의 성격적응 유형

노년기의 성격특성은 바로 노년기의 심리적 적응과 연관성을 갖는다. 노년기에 심리 적응을 잘 하는 방법은 외적인 성공여부와는 관련이 없이 본인의 심리상태를 고양시킬 수 있도록 하는 본인의 노력에 의해서 이루어진다고 볼 수 있다. 성공적인 노화(成功的 老化)를 위해서는 심리적 안정감이 요구되며, 주어진 현실을 있는 그대로 바라보며 적응해야 한다.

이와 관련한 주요이론에는 노년기에 사회적으로 왕성한 활동을 해야 한다는 '활동이론'(Maddox, 1963)과 세상에서 물러나 편히 인생을 즐겨야 한다는 '분리이론'(이탈이론, 사회유리설, Cumming & Henry, 1961)이 있다. 현대사회에서는 활동이론이 비교적 많은 지지를 받고 있는 실정이다. 다음은 노년기에도 성격이나 생활 습관 등이 거의 동일하게 유지된다는 '지속이론'(라이카아드 Reichard et al., 1962. 뉴우가르턴 Neugarten, 1968)과 노인의 역할변화에 어느 정도 수용하느냐에 의해 결정되는 '역할이론' 등이 있다.

로우턴(Lawton, 1972)에 의하면 노인들의 생활에 대한 적응을 '사기'(士氣, morale)라고 규정하고 있다.[67]

다음은 위에서 제시한 여러 가지 심리 적응 이론 가운데 라이카아드 등의 성격 적응이론을 살펴보고자 한다.

노화과정에 따른 적응양식은 라이카아드, 리브슨 그리고 피터슨(Reichard, Livson & Peterson)에 의하여 보다 구체적으로 분류 제시되었다. 이 이론은 노

---

66) 김진철 · 이수광 공저, 「성공과 행복을 위한 인간관계 관리」 (서울: 형설출판사, 2006), p.52. 재인용

67) 건강 · 생활과학연구소 편, 「현대 노년학」 (서울: 숙명여자대학교출판부, 1999), p. 84. 사기(士氣)란 자기자신에 대한 만족감 · 환경 속에서 자신이 차지할 자리가 있다는 느낌 그리고 변경될 수 없는 것을 인정하고 받아들이는 태도라는 다차원적인 개념이다.

년기에는 조심성과 수동성이 증가하므로 새로운 모험보다는 과거에서부터 지속되어온 환경의 유지나 익숙한 생활양식의 지속이 더 적합하다는 것이다.[68] 이 성격 적응이론은 은퇴 혹은 부분적으로 은퇴한 건강한 남자 87명을 대상으로 연구한 결과, 은퇴 후의 성격 및 적응 패턴[69]이 아래와 같이 다섯 가지 성격적응 분류로 제시하였다.

① 성숙형(成熟型, The matured man)

성숙형은 비교적 노화를 불만 없이 수용하고, 적극적으로 활동한다. 이들은 자신만 늙는 게 아니기 때문에 늙는 것을 당연하게 여기며, 최선을 다해 살아왔노라고 인식한다. 따라서 자신의 과거에 대해서도 후회하거나 원망하지 않을 뿐만 아니라 자신의 성공과 행운에 더 큰 비중을 두고 항상 그 점에 감사하는 자세를 갖는다.

② 은둔형(隱遁型, The rocking-chair man)

은둔형은 일생 동안 지녔던 무거운 책임을 벗고, 복잡한 대인관계와 사회활동에서 해방되어 조용히 사는 것을 행복하게 생각하는 형이다. 그들은 현재에 만족하는 여유와 기쁨을 가지고 노년기의 삶을 보다 더 은밀히 체험하고자 한다.

③ 무장형(武裝型, The armored man)

무장형은 현재 그들의 노년 생활에 대한 불안감을 역설적으로 감소하고자 활동력을 강화시킨다. 그들은 노년기의 수동적인 면과 무기력함을 액면대로 받아들일 수 없고, 활동하지 않으면 늙는다고 생각하며 지속적으로 활동함으로써 신체적 능력의 저하를 막아보려고 노력한다. 따라서 그들은 매우 높은 자제력

---

68) 김태현, 전게서, p. 252.
69) 이 연구는 피험자를 남자에 한정시키고 적응과 부적응의 극단적인 연구로 그 중간범위에 속하는 광범한 노인을 조사하지 않았기에 약간의 비판을 받고 있다. 또한 이 이론은 대다수의 노인들에게는 적합하지만 모든 노인에게 적합한 것은 아니다. 그러나 필자는 이 성격적응유형은 의미가 있다고 판단하여 뇌졸중 노인들에게 실시하였다.

과 수양능력을 지닌 유형이라고도 볼 수도 있다.[70]

④ 분노형(忿怒型, The angry man)

분노형은 그들 자신의 불만족스러웠던 과거가 오로지 타인으로 인한 결과라고 여기며 그 책임을 불행한 시대·경제사정·부모·형제·자녀 등 다른 데로 돌림으로써 남을 질책하고 원망하며 분노한다. 그들은 자신의 늙어감조차 타협하지 않으려고 안간힘을 쓴다. 그들은 남은 인생을 절망과 실패감으로 지내며, 알코올중독에 빠지기도 한다.

⑤ 자학형(自虐型, The self-haters)

자학형은 인생을 실패로 보고 애통해 한다. 분노형과 다르게 자학형은 자신에게 문제가 있어서 그렇다고 여기며 자신을 비관하고 꾸짖는다. 그들 역시 늙어가는 것을 인정하려고 하지 않고, 슬퍼하고 우울해 하며, 삶에 잘 적응하지 못하고 자살을 기도하기도 한다.

위에 제시한 다섯 가지 유형[71] 가운데, 성숙형, 은둔형은 적응을 잘하는 유형이고, 무장형도 비교적 적응을 잘하는 유형이다. 분노형과 자학형은 부적응의 대표적인 예이며, 특히 자학형은 가족들의 보호가 요구된다. 이러한 두 가지의 부적응형태는 노년기에 와서 갑자기 나타나는 것이 아니라 일생을 통한 성격 형성 과정의 결과로 나타난 유형이라고 볼 수 있다. 그러나 비록 자학형과 분노형일지라도 성숙형, 은둔형, 무장형의 노년으로 변화될 수 있는 가능성을 열어 놓아야 한다.

---

70) 건강·생활과학연구소편, 전게서, p. 86.
71) 건강·생활과학연구소편, 상게서, pp. 85-87. 재인용. 윤 진, 전게서 : 191-193. 재인용.

제5장 노인 집단상담

1. 노인 집단상담의 의미 및 목적

최근 노인들은 교육 수준의 향상으로 인해 노인들 스스로가 의식 변화의 필요성을 절감하고 있고, 다양한 사회복지기관 등이 여러 가지 프로그램을 운영하고 있기에 본인의 노력여하에 따라 여러 가지 프로그램을 접할 수 있게된다. 그러나 이러한 기관의 프로그램들이 주로 사회교육을 중심으로 이루어지고 있기 때문에 다수를 대상으로 하는 일방적인 형태의 교육적 측면이 강하다. 따라서 노인의 교육적 욕구를 일정 부분 해소할 수는 있지만 노인의 정서적지지 및 심리적 의존성의 욕구, 역량 강화를 위한 다양한 접근의 문제를 해결할 수 없는 것이 그 한계라고 할 수 있다. 이러한 한계를 극복할 수 있는 것이바로 집단상담이다.

노인집단은 다른 발달단계에 있는 대상들보다 신체, 정신, 정서 등 다양한측면에서 매우 다양하다. 노인집단상담은 발달시기상 신체적으로나 정서적으로동일한 경험을 하고 있는 노인들에게 심리적인 위로와 타인을 통해 얻는 학습

효과가 매우 높다.

집단상담은 8명 내지 12명의 집단 성원들이 모여서 집단 리더의 지도 아래 미리 계획된 의도적인 개입에 따라 집단 성원들과 함께 행동과 경험을 나눔으로써 자신의 잠재력과 능력을 개발시키며 궁극적으로는 자기 이해와 성장을 이룰 수 있도록 돕는 전문적 실천 활동이다. 집단상담에서는 동일한 경험을 다른 사람들은 어떻게 경험하고 있는가를 발견하고 자신의 경험을 노출할 수 있는 공간을 갖게 된다. 이러한 허용적인 집단의 분위기에서 자신의 가치관을 명료화하고, 자신의 모습을 나와 남의 눈을 통해 느껴보는 가운데 자신이 어떤 사람인가를 재발견하게 된다. 사회복지전문직과 관련된 집단 이론과 과정을 적용하고, 참여자들이 그들의 목적에 도달할 수 있도록 서로 의지하고 돕게 된다. 다시 말해 집단상담이란 원만한 대인관계와 보다 건강하고 행복한 삶을 추구하는 현대인들에게 제공되는 대화를 통한 만남의 장이다. 이러한 소중한 만남은 우리의 삶의 질을 한층 더 높이고 우리의 인생을 풍요롭게 할 수 있다.

집단의 목적은 치료적인 목적과 예방 및 교육적인 목적이 있다.

첫째, 치료적인 목적은 교정, 치료, 성격 재구성 등에 초점을 두고 있다. 궁극적으로 개인의 기능을 방해하는 정서장애와 행동장애를 교정하기 위해 계획한다.

둘째, 예방 및 교육적 목적은 성장, 발달, 향상, 예방, 자기인식, 성장방해 요소 해소 등이 초점이다. 생활상의 적응과 삶의 의미 모색, 인격적 성장이 궁극적인 목적이다.[72]

노인에게 적합한 집단 개입은 노인의 소외감, 상실, 발달과정상 경험하는 공통적인 문제 등에 대한 개입이다. 자신의 고민이나 심각한 잘못이나 실수가

---

[72] 노이경, 집단상담의 이해, 「노인집단상담사 자격증 과정」, 경기도노인종합상담센터·한국노인상담연구소 강의자료

수용되고 집단을 통하여 도움을 얻을 수 있게 된다. 노인 집단 프로그램의 목표는 감정의 바람직한 표현, 관심사에 대한 직면과 해결, 집단생활에서의 자기표현력 향상, 대인관계 기술의 향상 등을 들 수 있는데 최근에는 노인의 역량강화를 위한 상담을 실시하는 경향도 많아지고 있다.[73]

2. 집단상담의 일반적 목표

① 자신과 타인 신뢰를 학습한다.

② 참가자들의 요구와 문제의 공통성을 인식하고 보편성을 발달시킨다.

③ 자기수용, 자기신뢰, 자기존중을 증가시킨다.

④ 갈등해결에 있어 대안적 방법을 모색한다.

⑤ 행동을 변화시키기 위해 계획을 구체적으로 세워 그 계획에 전념한다.

⑥ 자신의 선택을 인식하고 현명하게 선택하도록 돕는다.

⑦ 타인의 요구와 느낌에 좀 더 민감해진다.

⑧ 좀 더 효과적인 사회기술을 학습한다.

⑨ 배려 깊게 관심을 갖고 정직하고 솔직하게 다른 사람들을 직면시키는 방법을 학습한다.

⑩ 타인의 기대에 부응하려고 하기보다는 자기의 기대에 맞춰 살아가는 것을 학습한다.

---

73) 정순둘. "노인집단 상프로그램의 필요성 및 접근성". 2005년도 한림대학교 사회복지대학원 워크숍.

3. 집단상담의 치료적 요인

집단치료는 집단 내에서 소속감을 느끼고 무력감과 절망감에서 벗어나 서로 지지하고 수용, 현실직면 및 피드백을 통해 자신의 효율성을 재경함한다. 집단 내에서 의사소통이 이루어지면서 왜곡된 지각이 명료해지고 성장을 경험한다.

집단상담으로 인해 집단원들의 행동이나 태도에 변화를 갖는데 도움이 되는 개인적 성장을 촉진시키는 요소들을 살펴보면 다음과 같다.

1) 자기개방

두려움, 기대, 희망, 고통과 즐거움, 강함과 약함, 개인적 경험 등을 느러내는 것을 말한다. 개인적인 걱정, 고민뿐 아니라 집단원들과 상담자에게 느끼는 감정을 계속 드러내는 것도 포함한다.

2) 직면

상대방의 말과 행동의 불일치를 지적해 주는 것을 말한다. 신중한 직면은 자기대면능력을 향상시킨다.

3) 피드백

집단과정 중 상대방으로 인해 발생된 느낌, 생각 등을 언어화하여 상대에게 되돌려 주는 것을 말한다. 보여지고 느껴진 그대로 솔직하게 전달하는 것이 중요하다. 상대방의 장점과 호감에도 초점을 맞추는 것이 필요하다.

4) 보편성

자신만 겪는 일이 아니라는 것을 알게 됨으로써 안도감, 단결력, 친밀감이 형성된다. 보편성을 갖게 되는 공통주제는 거부에 대한 두려움, 외로움, 열등감, 죄책감 및 후회, 성적정체감 및 성행위에 대한 감정, 인간관계에서의 갈등 등이다.

5) 희망의 고취

나는 다른 것을 선택할 수 있다는 자신감을 불어넣어 준다. 나는 혼자가 아니라는 희망을 고취시킨다.

6) 관심과 이해

자신이 한 인간으로서 존중받는다는 느낌은 자기개방을 가능하게 한다.

7) 정보전달

집단에서 주는 정보(조언, 충고)는 상당히 깊게 생각하게 된다. 상호작용을 통해 정보가 풍부해지고 단순한 정보뿐 아니라 아집의 울타리를 넘어 응어리진 마음들이 순화될 수 있다.

8) 카타르시스

억눌렸던 감정이 분출됨으로써 육체적, 정신적 해방감을 경험한다. 카타르시스 자체만으로도 치료적인 효과가 있으나 장기적인 변화의 효과에는 한계가 있다.

9) 이타심

타인을 이해하는 마음이 생기며 내 고통은 안으로 접어 놓게 되고 타인을 도와주려는 노력을 기울이게 된다. 이타심을 통해 자존감이 회복될 수 있고 기쁨과 평화로움이 생길 수 있다.

10) 1차 가족집단의 교정적 반복발달

잘못 형성되고 왜곡되었던 가족에 대한 인식이 재구성되는 경험을 하게 된다.

11) 사회화 기술의 발달

집단 내에서의 접촉, 교류를 통해 다른 사람과의 관계를 배운다.

12) 응집력

집단원이 다른 집단원에게 갖는 매력과 집단원들 사이에 일어나는 모든 세력들의 결과, 집단원이 리더에게 매력을 갖는다. 치료자의 과업은 응집력을 높여주는 것이다.[74]

4. 노인 집단상담의 장점과 제한점

1) 노인 집단상담의 장점

집단상담의 장점은 발달시기상 신체적으로나 정서적으로 동일한 경험을 하고 있는 집단성원들이 함께 모임으로써 그들이 가진 문제는 보통의 평범한 문제였음을 깨닫게 될 수 있다는 점에 있다. 또한 집단 성원들 간의 상호작용을 통해 심리적인 위로와 타인을 통해 얻는 학습효과가 크다. 이것은 동일한 경험을 다른 사람들은 어떻게 경험하고 있는가를 발견하고 자신의 경험을 노출함으로 서로의 경험을 공유하면서 긍정적인 역할을 하게 된다. 집단에서 사람들은 새로운 행동을 시도하려고 하고, 상호교류하려고 하는 경향이 있는데 이는 집단 안에서 서로 환류(feedback)가 가능하고, 집단이 또한 하나의 시험

---

74) 노이정, 전게서.

장소가 되기 때문이기도 하다.

　노인에게 집단 프로그램을 통한 교육이나 상담이 효과적인 것은 아래와 같은 이유를 들고 있다.

　첫째, 사회화와 집단응집력이다. 많은 노인들은 은퇴, 친근한 사람들의 상실 등으로 인해 강한 고독을 느끼게 되는데 집단을 통해 고독감을 해소할 수 있다는 장점이 있다. 집단을 통해 새로운 연결망을 생성할 수 있고, 새로운 관계를 가질 수 있게 된다.

　둘째, 보편성과 희망에 대한 주입이다. 사회, 재정, 신체적 어려움을 자신만이 겪는 것이 아니라는 것을 집단 성원들의 경험을 통해 알게 되면, 주요한 타인의 죽음과 자신의 육체가 쇠퇴해 가는 것을 다른 사람이 문제해결을 해 나가는 과정을 통해 배울 수 있다. 이와 더불어 문제 해결에 대한 기술을 습득하며, 정보를 공유할 수 있는데 이러한 점은 자조집단, 지지집단에서 더욱 두드러지게 나타난다.

　셋째, 이타주의다. 노인 자신도 누군가에게 도움을 줄 수 있는 사람이라는 것을 인식시켜 준다. 집단에서 다른 사람의 경험을 배울 수도 있지만, 자신의 경험을 다른 사람에게 도움을 줄 수도 있기 때문이다.

　넷째, 새로운 역할을 배우게 해 준다. 집단은 노인이 다른 의미 있는 역할을 수행할 수 있는 기회를 제공하며, 그들의 역할에 대한 지식을 확장하는 데 도움을 준다.

　마지막으로 노인은 집단을 통해 통합감과 삶의 만족도를 느끼게 해 준다. 자기 삶에 대한 의미를 집단을 통해 재해석함으로써 자아통합의 기회를 가질 수 있게 되는 것이다.[75]

---

[75] 경기실버인력뱅크. "노인의 사회참여를 위한 실버인력양성교육". 2006년 경기실버인력뱅크 교육자료집

2) 노인 집단상담의 제한점

코레이(Corey & Corey)는 집단상담의 제한점을 다음과 같이 말하고 있다.

첫째, 어떤 상담자와 내담자는 집단경험에 너무나 큰 기대를 걸고 있어 집단상담을 만병통치약으로 생각한다.

둘째, 집단규범을 따라야 한다는 압력 때문에 내담자가 자신의 규범을 집단의 규범으로 부적절하게 대치하는 경우가 있다.

셋째, 어떤 내담자는 집단경험의 이해와 수용을 잘못 사용하는 경우가 있다.

넷째, 어떤 내담자에게는 집단경험 그 자체가 목적이 되는 경우가 있다.

다섯째, 집단상담자는 적절한 지도성과 전문성이 요구된다.

여섯째, 집단으로 인한 심리적 피해의 가능성은 심리적 성장의 가능성만큼이나 크기 때문에 피해에 유의해야 한다.[76]

---

76) 한국노인상담교육원, "2008년 노인상담사 전문교육강의안", 한국노인상담교육원, pp. 264-267.

제2부
집단 프로그램의 실제

　이 프로그램은 뇌졸중노인들이 집단 노래심리치료를 통하여 대인관계기술을 증진시키고, 긍정적인 자아존중감을 촉진, 향상시키며 우울증을 감소시키고자 하는 데 있다. 이에 신체·심리·사회적인 기능 회복을 도모함으로써 원만한 삶을 살 수 있도록 하며, 궁극적으로 뇌졸중 환자의 삶의 질을 향상시키고자 하는 데 그 목적이 있다.

제6장 프로그램의 개요

1. 프로그램의 필요성

우리 국민의 평균수명이 증가하고 있다. 20세기 초(1905~1910년) 우리 국민의 평균수명은 불과 24세 정도였다. 그러나 20세기 후반에 들어와 산업사회로 변화되고 소득수준과 생활이 개선되면서 수명이 연장되기 시작하여 1960년에는 평균수명이 52.4세가 되었고, 2000년에는 75.9세, 그리고 2005년에는 77.9세가 되었다. 앞으로 2020년에 가면 81세가 되고, 2050년에는 83세가 넘을 것으로 예상하고 있다(표 1).

노인인구의 증가추세는 비단 우리나라만의 현상이 아닌 세계적인 현상으로 많은 선진국들은 이미 고령사회가 되었다. 우리나라는 다른 어느 나라보다도 고령화가 짧은 기간 안에 빠르게 진행되고 있다. 사회적으로나 개인적으로 충분한 적응과정이 없이 인구의 고령화가 진행되면 개인적으로나 사회문제에 직면할 수 있다.

미국의 심리학자 스키너는 노년에 대해서 알고 싶다면 안경에 먼지를 잔

뜩 씌우고, 귀를 솜으로 막고, 커다랗고 무거운 신발을 신고, 장갑을 낀 다음 정상적으로 하루를 보내 보라고 했다. 이는 나이가 들면 시력, 청력이 떨어질 뿐 아니라, 감각이 무디어지고, 기력이 쇠하여져 신체적, 생리적일 뿐 아니라 정서적으로도 매우 불안정한 상태가 된다는 것을 의미한다. 이러한 불안전함이 흔히 노인들의 사기를 저하시키고, 삶의 즐거움을 앗아가기도 한다. 그 결과 노인의 자존감이 저하되며, 우울한 삶을 살게 된다. 그리하여 변화되는 노년의 삶에 적응하지 못하고 삶의 질이 저하된다.

2007년 10월 1일 통계청이 발표한 '2007 고령자 통계'에 따르면 2007년 7월 현재 우리나라 총인구 가운데 65세 이상 인구는 481만 명으로 전체 인구의 9.9%를 차지해 지난해보다 0.4%가 늘었고 10년 전인 6.4%에 비해 3.5%가 증가한 것으로 나타났다. 우리나라 인구 10명 가운데 1명은 65세 이상 노인인 셈이다. 고령화가 이처럼 가속화되면서 오는 2016년에는 65세 이상 노인인구가 658만 명으로 14세 이하 유년인구 653만 명보다 많아질 것으로 예측되고 있다. 특히 고령화 심화에 따라 우리나라는 오는 2018년에는 고령인구 비율이 14.3%

〈표 1〉 한국인구 평균수명 추이

(단위: 세, %)

연도 구분	1905~ 1910	1960	2000	2005	2010	2020	2030	2050
평 균	23.6	52.4	75.9	77.9	79.1	81.0	81.9	83.3
남	22.6	51.1	72.1	74.8	76.2	78.2	79.2	80.7
여	24.4	53.7	79.5	81.5	82.6	84.4	85.2	86.6
남녀의 차 이	1.8	2.6	7.4	6.7	6.4	6.2	6.0	5.9

자료: 1905~1910년 평균수명은 김정근, 한국노년학, 4호(1984)의 자료.
　　 1960~2000년 평균수명은 통계청(2001), 「장래인구추계결과」 자료.
　　 2005~2050년 평균수명은 통계청(2005), 「장래인구특별추계결과」 자료.

로 고령사회가 되고 2026년에는 20.8%로 5명 가운데 1명이 65세 이상인 초고령사회가 될 전망이다. 노인인구 비중을 성별로 보면 65세 이상 남자는 8.0%, 여자는 11.9%였다. 65세 이상 인구의 성비(여자 100명당 남자인구)는 67.5로, 2006년의 66.7보다 0.8명 상승했으며 10년 전보다는 7.8명 많아져 남자 고령자의 사망률이 점차 낮아지고 있다.

　　노인 의료비도 계속 증가해 지난해 노인 의료비는 모두 7조4000억 원으로 전체 의료비의 25.9%를 차지했다. 노인의 주요 사망원인을 살펴보면 암, 뇌혈관질환, 심장질환 등의 순으로 집계됐다. 65세 이상 인구 연령층 10만 명당 905.9명이 암으로 목숨을 잃었고, 뇌혈관질환과 심장질환 사망자는 각각 542.8명, 338.8명이었다. 성별에 따른 10만 명당 암 사망자의 경우 남성이 1천422.4명으로 여성 569.4명의 두 배 이상이었다. 한편 2006년 건강보험상 65세 이상 노인에게 지출된 의료비(본인부담금+공단부담금)는 모두 7조3931억 원으로 2005년보다 22.1% 포인트 늘었다. 이는 전체 의료비 증가율 15.2%를 크게 웃도는 수준이다.[77]

　　뇌졸중은 국내에서 3대 사인 중의 하나로서 뇌혈관질환으로 인한 사망자가 해마다 증가하고 있다. 뇌졸중 후에는 대부분 편마비를 비롯하여 거동불편, 언어장애, 감각장애, 인지장애 등의 후유증이 남아 계속적인 재활치료와 간호가 요구된다. 특히 뇌졸중노인의 신체적 기능장애는 곧 우울의 원인이 되고, 자존감의 저하나 삶의 질 저하의 결과를 초래한다.

2. 프로그램의 목적 및 목표

1) 프로그램 목적

---

77) 2007년 10월 1일 통계청 발표 '2007 고령자 통계' 전성호 기자 [jsh@akomnews.com]

이 프로그램은 뇌졸중노인들이 집단 노래심리치료를 통하여 대인관계기술을 증진시키고, 긍정적인 자아존중감을 촉진, 향상시키며 우울증을 감소시키고자 하는 데 있다. 이에 신체·심리·사회적인 기능 회복을 도모함으로써 원만한 삶을 살 수 있도록 하며, 궁극적으로 뇌졸중 환자의 삶의 질을 향상시키고자 하는 데 그 목적이 있다.

2) 프로그램 목표

① 우울 정도가 감소되고 자존감이 향상될 수 있다.
② 자기를 있는 그대로 이해하고, 적절한 자기표현을 할 수 있다.
③ 타인을 이해할 수 있으며 원만한 인간관계를 맺을 수 있다.
④ 삶의 질에 대한 만족감과 행복감을 느낄 수 있다.

3) 구성원 선정방법 및 특성

① 구성원 선정방법

 a. 선정기준

프로그램의 대상은 은천노인복지회 이용 노인 중 뇌졸중노인과 인근지역 내 거주하는 뇌졸중노인 중 본 프로그램에 참여하고자 하는 10~12명을 선정하였다. 이 프로그램의 성격상, 연령이나 성별과 같은 인구 사회학적 배경보다는 자발성이 가장 중요한 선정 기준이 되었다. 따라서 뇌졸중노인을 위한 인간관계 프로그램 대상자를 인근지역 내 거주하는 뇌졸중노인 중 프로그램에 참여하고자 하는 욕구가 강한 자발적인 노인을 대상자로 선정하였다.

 b. 선정과정

선정과정은 동사무소를 통해 인근에 거주하는 뇌졸중노인의 주소를 얻어 프로그램 목적과 내용이 실린 홍보물을 그분들의 집으로 보내고, 복지관 담당 사회복지사가 그분들의 가정에 연락하여 프로그램 내용에 대해 홍보하고 프로그램 참석 여부를 결정하도록 하였다.

프로그램에 적합한 대상자를 선정하는 것은 생각처럼 쉽지 않았다. 그 이유는 다음과 같이 몇 가지 유형으로 나타났다. 특히 가족은 프로그램 참여를 원하는데 노인이 참여를 꺼리는 경우가 많았다. 이는 뇌졸중노인들을 대상으로 진행되고 있는 독립된 프로그램이 없어서 이에 대한 인식 부족과 뇌졸중으로 인한 신체적 불편함을 노출하는 것에 대해 꺼리는 것일 수도 있다. 이와는 반대로 노인은 프로그램 참여에 대해 호의적이지만 가족이 꺼리는 경우도 있었다. 이 또한 뇌졸중노인을 위한 프로그램이 진행되는 경우가 없어서 가족이 프로그램에 대한 인식부족인 것으로 생각된다. 특별히 자녀와 함께 사는 어르신의 경우가 노인부부만 사는 경우보다 프로그램에 대해 호의적이었다.[78]

구성원 12명 중 3명은 처음 동사무소로부터 의뢰받은 40명 중 프로그램에 참여의사를 밝힌 사람이었다. 그리고 기관 서비스 이용자 중 연령대가 낮은 3명은 기관장의 추천으로 프로그램에 참여하였으며, 주간보호서비스 이용자 중 6명이 본 프로그램에 자발적으로 참여하였다. 이런 과정을 통해 총 12명의 노인을 프로그램 대상자를 선정하였다.[79]

② 구성원의 특성

구성원 12명에 대해 사점검사를 통한 일반적 사항과 프로그램 진행시의 참여태도, 참여빈도 등의 특성은 다음과 같다.

---

78) 뇌졸중노인 부부만 사는 경우 뇌졸중노인의 가족이 주로 (배우자로) 연령이 높아 프로그램에 대한 인식도 및 호응도가 낮았기 때문으로 사료된다.

79) 구성원 변동: 12명의 구성원으로 프로그램을 시작하였으나 기관장의 추천으로 프로그램에 참여하였던 3명의 노인은 프로그램에 대해 비자발적이고 비협조적인 태도를 보여 1회 이후에 참여하지 않기로 하고 나머지 3명은 동사무소로부터 받은 명단 중 생각해 보겠노라고 대답하였던 노인들에게 다시 연락하여 충원하여 총 12명의 구성원으로 본 프로그램을 진행하였다. 비자발적인 구성원 중 1명이 1회기에 프로그램에 대한 비협조적인 태도를 보였으며 이에 대해 프로그램 지도자와 보조진행자들, 기관 담당자 및 기관장과 회의를 거쳐 비협조적인 태도를 보였던 코끼리는 프로그램에서 제외시키기로 하였으며 코끼리와 친한 나머지 두 성원도 프로그램에 부정적인 영향을 미칠 것으로 생각되어 프로그램에서 제외시키기로 하였으며 제외된 성원 3명은 기관사회복지사가 장안4동 사무소로부터 받았던 명단 중 프로그램에 대해 고려해 보겠노라고 대답하였던 노인들에게 다시 연락하여 충원하였다. 구성원 중 닭 어르신은 프로그램 중간에 아내의 건강이 좋지 않아 갑자기 시골로 이사를 가게 되었기 때문에 부득이 프로그램 참여를 할 수 없게 되었다.

〈표 1〉구성원의 일반적 사항

성명	성별	연령	학력	결혼상태	동거상태	참여특성
까투리	여	73	중졸	기혼	노인부부	- 우울감이 높고 자존감이 낮아서 자기자신에 대한 부정적인 사고를 많이 하는 편임. - 여성은 혼자이지만 적극적으로 참여함.
꺽다리	남	71	고졸	기혼	노인부부/기혼자녀	- 긍정적 사고방식의 소유자로 성실하게 참여함. - 집단진행에 협조적이며 이해력이 뛰어남.
벚꽃	남	75	중졸	사별	노인/기혼자녀	- 자녀와의 관계가 갈등관계가 있으며 이로 인해 스트레스 및 우울을 많이 경험하고 있음.
돼지	남	72	고졸	기혼	노인부부/미혼자녀	- 말씀은 많이 하시지 않지만 늘 웃는 얼굴로 집단구성원들에게 호감을 많이 받는 편임.
사슴	남	69	고졸	기혼	노인부부/미혼자녀	- 프로그램 참여에 적극적이며 다른 성원의 말이나 행동에 대해 피드백을 잘함
송아지	남	58	국졸	기혼	노인부부	- 다른 성원에 비해 인지력, 언어력이 다소 떨어짐. - 말을 하거나 자신의 생각을 표현하는데 시간이 많이 걸림.
말	남	77	대졸	기혼	노인부부	- 프로그램에 대한 만족도가 높음. - 이야기할 상대와 장소가 있는 것에 대해 늘 감사하다고 말씀하심.
정걸구	남	67	고졸	기혼	노인부부/기혼자녀	- 내성적이고 조용하신 편. - 자신의 생각은 분명하고 조리 있게 표현.
황소	남	71	중졸	기혼	노인부부	- 말을 할 수 없어서 종이에 글을 쓰거나 입 모양으로 자신의 생각을 표현. - 자신의 생각을 분명하고 조리 있게 말함.
산토끼	남	68	대졸	기혼	노인부부/기혼자녀	- 다른 성원에 비하여 학력 수준이 높고, 집단진행자와 주로 대화하려고 함. - 프로그램은 협조적이며 성실하게 참여함.
닭	남	74	고졸	기혼	노인부부	- 프로그램 중간에 시골로 이사 가게 되어 프로그램 중단하심.
느릅지기	남	56	중퇴	기혼	노인부부/미혼자녀	- 조용하며 말씀이 별로 없음. - 표현력이 정확하고 매우 신중하심.

〈표 2〉 구성원의 참여빈도

성명	불참 이유/ 중단 이유
까투리	2회: 주간보호센터 나들이 때문에 25회: 급체하셔서 주간보호센터 1층에서 침 맞으심
꺽다리	2회: 주간보호센터 나들이 때문에 4회: 성당교육
벚꽃	전회기 참석함
돼지	2회: 주간보호센터 나들이 때문에 4회: 병원 입원하심 5회: 병원 입원하심
사슴	전 회기 참석함
송아지	4회: 몸이 아파서 8회: 몸이 아파서 20회: 몸이 아파서
말	20회: 몸이 아파서
정걸구	1회: 집단 구성원이 아니었음 2회: 집단 구성원이 아니었음
황소	18회: 치과에 다녀옴
산토끼	전 회기 참석함
느릅지기	7회: 몸이 아파서 13회: 시골 다녀옴 14회: 시골 다녀옴 15회: 몸이 아파서 20회: 몸이 아파서 23회: 몸이 아파서
닭	1회: 집단 구성원이 아니었음 2회: 집단 구성원이 아니었음 9회: 몸이 아파서 20회: 부인의 건강이 갑자기 안 좋아져 시골로 이사 가게 되어 프로그램 중단함

4) 프로그램 수행절차

회기	주제	목 적	세부내용
1	반갑습니다	관계형성과 프로그램의 이해	○ 프로그램의 내용 및 목적을 소개 ○ 집단 내 규칙을 설명하고 이에 대한 협조를 구함 ○ 자기소개를 통해 집단 구성원간 라포 형성을 함
2	나의 살던 고향은	어린 시절 회상을 통해 서로 알아가기	○ HTP기법을 통해 가족관계, 심리적인 관계 등을 살펴봄 ○ 고향에 대한 추억들을 나눔으로써 구성원간 관계를 형성하도록 함
3	자기소개	관계형성과 프로그램의 이해	○ 프로그램 진행과정 및 유의사항 설명함 ○ 기존 성원 및 새로운 성원을 소개하고 별칭을 짓고 발표함 ○ 사전검사 실시
4	가을노래 부르기, 리듬모방하기	회상, 주의집중력 향상 및 자기표현	○ '가을바람'노래를 불러 보고 가을에 대한 느낌과 생각을 이야기함 ○ 리더의 리듬을 모방해 보고 직접 리듬을 만들어 다른 어르신이 모방해 보기로 함 ○ 리듬 만들어서 옆으로 전달해 봄
5	노래를 통한 회상요법	노래를 통한 단어연상을 통해 과거의 좋은 기억을 나눔	○ '갑돌이와 갑순이' 노래를 불러 보고 연상되는 단어에 대해 이야기 나눔 ○ '과꽃노래'를 불러 보고 연상되는 단어와 구체적인 에피소드를 나눔
6	단어연상요법	단어 및 숫자연상을 통한 자기표현 및 관계형성	○ '내 마음에 사랑이' '나는 너를 사랑해' 노래를 통해 자기표현력을 향상시킴
7	유리병 속에 사탕	화음이루기를 통해 자신감 및 협동성 향상	○ 오스티나토 기법을 사용하여 '유리병 속에 사탕'노래를 부름으로써 자신감 및 협동의 중요성에 대해 학습 ○ 내가 듣고 싶은 말, 내가 해 주고 싶은 말을 생각해봄으로써 자존감을 향상시킴
8	장애는 아름답다	장애를 극복한 사람들의 인생을 통해 자아존중감을 향상시킴	○ 장애를 극복한 사람들의 이야기를 나눔으로써 신체적 장애에 대한 원망을 해결하도록 함. ○ 뇌졸중으로 인한 신체적, 심리적 어려움을 나눔으로써 현실을 인식하고 긍정적인 자아상을 갖도록 함.
9	나, 너 그리고 우리	행동유형검사를 통해 자신과 타인을 객관적으로 이해함	○ 자신과 타인을 객관적으로 이해하고 효과적인 대인관계 커뮤니케이션을 학습함. ○ 나와 타인의 다름을 인정하도록 해 주며 서로를 이해할 수 있도록 함.

10	행동유형 검사 결과분석 Ⅰ	나와 타인의 행동유형 이해하기	○ 지난 회기에 진행된 구성원들의 행동유형에 대해 구체적으로 설명함. ○ 자신의 성격유형에 대한 이해정도를 들어 봄.
11	행동유형 검사 결과분석 Ⅱ	나와 타인 받아들이기	○ 행동유형이 비슷한 성원끼리 삶을 나눠 봄. ○ 구성원들 각자가 자신의 행동유형에 대해 인식하고 구체적인 변화를 나눔.
12	내가 가장 많이 듣는 말 & 내가 가장 좋아 하는 말	들으면 힘이 되는 긍정적인 말을 발견함으로써 자존감 향상	○ 가장 많이 듣는 말 & 가장 좋아하는 말 & 들으면 힘이 되는 말을 생각해 봄. ○ 긍정적인 말에 대해 나눠보고 그 말을 서로 해 줌으로써 자존감을 향상시킴.
13	나처럼 해봐요	나만의 동작을 구성원들이 따라 하도록 하여 성취감을 느낌	○ 자신의 독특한 동작을 나머지 성원들이 모두 따라하도록 함으로써 자존감을 향상시킴 ○ 중간평가 실시
14	1.4 후퇴	날짜를 통해 1.4후퇴 연상함	○ 날짜와 관련된 1.4후퇴 이야기 나눔. ○ 과거 칭찬경험을 나눔으로써 긍정적인 자아상 및 대인관계 기술 향상.
15	효과적인 의사소통	의사소통방법을 앎으로써 보다 나은 대인관계형성	○ 의사소통의 원리 및 대화수준 이해 ○ 효과적인 의사소통과 비효과적 의사소통을 인지함으로써 긍정적인 의사소통의 강점을 발견함.
16	나의 의사소통은?	효과적인 의사소통 연습	○ 단계별 의사소통의 실제 이해 및 연습. ○ 경청의 중요성에 대한 이해 및 연습.
17	나 메시지 (I-Message)	나 메시지를 통해 효과적인 의사소통하기	○ 효과적인 의사소통을 통해 원만한 인간관계를 맺을 수 있도록 함. ○ '나 메시지'를 이해하고 적용해 봄.
18	핸드벨 연주	핸드벨 연주를 통해 협동심, 주의집중력, 성취감을 향상시킴	○ 명절에 자녀들에게 해준 덕담에 대해 나눔. ○ 핸드벨로 '고향의 봄' '설날' 등을 연주함.
19	인생그래프 그리기	인생의 과거, 현재를 정리하고 미래를 계획함.	○ 출생부터 현재 및 미래까지의 인생을 그래프로 그려봄. ○ 가장 행복했던 때와 가장 힘들었던 때를 나눔으로써 인생을 정리할 수 있는 시간을 가짐.

20	인생나누기 I	자기이해와 수용 및 타인이해와 수용	○ 지나온 삶을 정리해보고, 나눔. ○ 다른 성원들의 인정 및 지지를 통하여 자존감을 향상시킴. ○ 자신의 삶을 통합하도록 함.
21	인생나누기 II	자기이해와 수용 및 타인이해와 수용	○ 지나온 삶을 정리해 보고, 나눔. ○ 다른 성원들의 인정 및 지지를 통하여 자존감을 향상시킴. ○ 자신의 삶을 통합하도록 함.
22	결혼이야기	결혼생활에 대한 행복감을 느끼도록 함	○ 지나간 사랑과 현재의 사랑에 대해 이야기 ○ 결혼생활에 대한 이야기를 나눔으로써 보다 긍정적인 면을 발견하도록 함.
23	내가 가고 싶은 곳	미래에 대한 기대감 갖도록 함	○ 미래에 가고 싶은 곳을 생각함. ○ 그곳에 가고 싶은 이유를 구체적으로 나눠봄으로써 미래에 대한 소망과 기대감을 갖도록 함.
24	칭찬은 나를 춤추게 한다	칭찬을 통해 긍정적인 자아상 갖도록 함	○ 어린 시절 경험한 칭찬경험을 구체적으로 회상하여 나눔. ○ 자기자신에 대해 칭찬해 보기.
25	칭찬은 우리를 춤추게 한다	칭찬을 통해 원만한 대인관계 형성하도록 함	○ 대인관계에 있어 칭찬의 유용성에 대한 이해와 타인을 칭찬함으로써 효과적인 대인관계 학습 및 자존감을 향상시킴.
26	아름다운 마무리	프로그램 정리	○ 프로그램에 대한 소감 나누기 ○ 사후검사 실시

제7장 회기별 프로그램 내용분석

◎ 첫 번째 모임(2005. 10. 5)

1. 프로그램 개요

주제	반갑습니다		소요시간	90분
참가 인원	출석: 12명 참여 결석: 정걸구 어르신 (당뇨진료 받으러 병원가심)	수행 인력	집단진행자, 보조진행자1, 보조진행자2, 보조진행자3	
장소	E노인복지관주간보호소 2층	준비물	출석부, 이름표, 필기용구 따뜻한 차	
목표	○ 프로그램 내용 및 목적을 알리고 자기소개를 통해 집단 구성원들간에 바람직한 관계를 형성하도록 함			
세부 내용	○ 프로그램의 내용 및 목적을 소개함 ○ 집단 내 규칙을 설명하고 이에 대한 동의 및 협조를 구함. ○ 자기소개를 통해 집단 구성원간에 바람직한 관계를 형성하도록 함.			
진행 과정	도입 (10분)	○ 인사하기 - 집단진행자가 간단하게 인사하도록 함. ○ 스트레칭 - 머리, 어깨, 무릎, 발 노래에 맞춰 가벼운 스트레칭으로 긴장을 풀도록 함.		
	전개 (70분)	○ 프로그램 목적과 내용에 구체적으로 설명함으로써 집단구성원들이 프로그램에 참여하고 싶은 동기를 강화시킴. ○ 집단규칙을 설명함으로써 집단구성원들이 소속감을 갖도록 함. ○ 자기소개 - "당신은 누구십니까?" 노래에 맞추어서 이름, 별칭, 나이, 자랑거리, 프로그램에 대한 기대 등을 나눔으로써 구성원간 관계를 형성하도록 함.		
	마무리 (10분)	○ 프로그램 정리 및 마무리 ○ Good-bye song - 다함께 "당신은 사랑받기 위해 태어난 사람"을 부르며 프로그램 정리		

2. 프로그램 진행 내용

1) 도입과정

집단진행자가 "안녕하세요!"라고 인사하며 프로그램을 시작하였다. 집단진행자의 인사에 모든 성원들이 한 목소리로 "안녕하세요!"라고 인사하였으며 특별히 사슴 어르신은 큰 목소리로 인사하셨다. 집단진행자는 간단하게 인사를 나누고 다 함께 4박자 손뼉을 치게 하였다(하나, 둘, 셋, 넷) 다함께 동요 「머리, 어깨, 무릎, 발」을 손뼉을 치면서 노래를 불렀다. 박수치기나 신체를 움직여야 하는 경우 뇌졸중으로 인해 몸이 불편하시기 때문에 어르신들이 움직임을 지켜보면서 집단진행자가 노래 속도를 맞추었다. 노래 중 마지막 부분 신체부위 세 곳 가리키는 것은 구성원들이 한 명씩 돌아가면서 각자 다른 신체부위를 가리키면 모두들 따라하도록 하였다. 모든 성원들이 큰 무리 없이 잘 하셨으며 황소 어르신은 말씀을 하실 수 없어서 손으로 짚으면 집단진행자가 옆에서 큰소리로 말해 주면서 다른 성원들이 따라하였다.

2) 본 주제

① 프로그램 내용 및 목적 소개

집단진행자는 프로그램 내용 및 목적을 소개하기 전에 집단 구성원들에게 "이 프로그램에 대해 어떻게 알고 오셨어요?"라고 물어보았다. 사슴 어르신은 "선생님이 좋은 프로그램이 있다고 참석해 보라고 하셔서 왔습니다."라고 제일 먼저 말씀하셨고 까투리 어르신은 "여기에 오면 나처럼 마음에 병이 있는 사람들의 마음을 고쳐준다고 해서 왔어요."라고 하셨다.

집단진행자는 까투리 어르신에게 "마음이 병이 무엇인가요?"라고 물어보자 사슴 어르신이 "마음의 병이 깊어요."라고 대답하셨고 까투리 어르신은 "삶의 의미가 없어요."라고 울먹이는 목소리로 대답하셨다. 껄다리 어르신은 "또 저러네……. 진정해요."라고 까투리 어르신에게 말을 건넸다.

산토끼 어르신은 "뇌졸중이 있는 사람들만 모아서 복지관에서 프로그램을 진행한다는 이야기를 들었고 집에서 식구가 참여해 보라고 해서 집에 있으면 심심하던 차에 오게 되었습니다."라고 하셨다.

집단진행자는 본 프로그램은 뇌졸중으로 인해 우울감, 대인관계의 어려움을 해결하여 보다 나은 삶의 질을 향상시킬 수 있도록 함께하는 프로그램으로 매주 수요일 1시 30분부터 3시까지 6개월간 진행될 것을 알려 주었다.

② 녹음에 대한 동의

프로그램의 목적 및 내용에 대한 부분을 설명하면서 집단진행자는 본 프로그램이 시작하게 된 배경을 설명하면서 프로그램 진행과정이 프로그램 효과성과 목적달성을 알아보는 데 정말 중요한 도구임을 설명하고 녹음을 하려고 하는데 어떻게 생각하는지 여쭈어 보았다.

사슴 어르신께서 제일 먼저 "얼굴이 보이는 것도 아니고 목소리만 녹음하는 건데 나는 괜찮습니다."라고 하셨다. 껄다리 어르신도 "우리를 위해서 프로그램을 만들어 주셨는데 우리가 그 정도 못해 주겠습니까? 서로 돕고 사는 것이지."라고 말씀하시며 크게 녹음에 대해 호의적인 태도를 보이셨다. 집단진행자는 다시 한 번 "녹음을 하는 것이 신경에 많이 쓰이시고 불편하시다면 지금 바로 말씀해 주셨으면 좋겠습니다."라고 이야기하였고 침묵이 흐르자 집단진행자가 "그럼 그냥 녹음을 하는 것에 동의하시는 것으로 알아도 될까요?"라고 묻자 성원들이 "예"라고 대답하셨다. 집단진행자는 "프로그램이 진행되다가 녹음하는 것이 불편하신 분들은 언제든지 말씀해 주십시오."라고 이야기하여 녹음에 대해 거부적인 태도나 생각들이 생길 가능성들을 최소화하였다.

③ 집단규칙 정하기

집단진행자는 프로그램을 보다 잘 진행하기 위해 집단규칙이 필요함을 설명하고 어떤 규칙을 만들면 6개월 동안 모두가 행복한 프로그램을 진행할 수 있을지 묻자 꺽다리 어르신께서 "결석하지 말기!"라고 말씀하셨고 까투리 어르신께서 "꼭 빠지게 되는 경우에는 선생님께 연락하기!"라고 말씀하셨다. 집단진행자는 먼저 말씀해 주신 꺽다리, 까투리 어르신께 감사하다고 인사를 하고 난 후 또 "어떤 규칙이 필요할까요?"라고 여쭤보자 돼지 어르신께서 "핸드폰도 꺼야 해."라고 하셨고 몇몇 분들이 "핸드폰은 없어요."라고 하셨다.

다른 분들도 몇 마디씩 하셔서 집단진행자는 더 이상 다른 의견이 없는지 여쭤보고 난 후 함께 정리하자고 하며 어르신들께서 말씀하신 내용들을 집단규칙으로 정리하면서 함께 나누었다.

집단 규칙은 ① 집단 안에서 나눈 이야기는 반드시 비밀로 지켜주기 ② 구성원간 비난이나 명령하지 않기 ③ 적극적으로 프로그램에 참여하기 ④ 가급적 따지지 않기 ⑤ 무단결석하지 않기 ⑥ 지각하지 않기 ⑦ 핸드폰은 프로그램이 시작하면 무음으로 하거나 꺼놓기 등 7가지이다.

집단진행자는 집단규칙을 같이 복창을 하였다. 그리고 앞으로 프로그램이 더 진행되면서 필요한 경우 새로운 규칙들을 의논하여 만들 수 있는 가능성에 대해 언급하였으며 모두가 함께 규칙을 잘 지켜 주어야지만 좋은 집단이 될 수 있음을 다시 한 번 언급하였다.

④ 자기소개

오늘 참석하신 분들을 서로 아는지 집단진행자가 구성원들에게 물어보자 꺽다리 어르신께서 "아는 사람도 있고 처음 보는 분들도 있네요."라고 하시자 집단진행자는 "어르신께서 말씀하신 대로 서로 아는 분들도 계시고 오늘 처음 오신 분들도 계신데 서로 자기소개를 하면 좋을 것 같네요."라고 하면서 이름,

별칭, 나이, 자랑거리 한 가지씩 소개하자고 제안하였다. 집단진행자는 제일 먼저 자기소개를 시작하였으며 오른쪽에 앉으신 분부터 시계방향으로 돌아가면서 이야기하였다.

ⓐ 집단진행자의 나이는 53세이고 별칭은 '목련', 잘하는 것은 제 안에 힘이 많다는 것이 자랑거리라고 하였다.

ⓑ 산토끼 어르신은 '산토끼'이고 67세이고 전자제품을 잘 다루는 것이 자랑거리라고 하셨다.

ⓒ 황소 어르신은 말씀을 하실 수 없어서 보조진행자가 미리 준비한 종이와 연필을 드렸더니 '이름, 70세, 황소'라고 간단하게 쓰셨다. 집단진행자가 자랑하실 것은 무엇인지 여쭤보자 고개를 저으시며 없다는 표현을 하셨다.

ⓓ 정○○ 어르신은 '함박꽃'을 별칭으로 하겠다고 하셨으며 다른 말씀은 거의 하시지 않으셨다.

ⓔ 까투리 어르신은 72세이고 별칭은 어렸을 때 하도 잘 울어서 '수도꼭지'라고 불렸는데 그걸 별칭으로 사용하시겠다고 하셨다. 자랑거리는 다른 사람의 이야기를 절대 안 하고 남의 이야기를 잘 들어 주는 것이 자랑이라고 하셨다.

ⓕ 사슴 어르신은 68세이고 딸 1명과 아내랑 함께 살고 있으며 '사슴'을 별칭으로 사용하시겠다고 하셨다. 잘하는 것은 없다고 하셨다.

ⓖ 느릅지기 어르신은 55세이고 '느릅지기'를 별칭으로 하겠다고 하셨으며 자랑거리는 아직 찾지 못했다고 하셔서 집단진행자가 프로그램이 진행되는 동안 다른 분들과 함께 자랑거리를 찾았으면 좋겠노라고 말씀드리자 "예"하고 웃으시며 대답하셨다.

ⓗ 꺽다리 어르신은 70세이고 키가 커서 어려서부터 꺽다리라고 불렸다고 하시며 순수한 것이 자랑거리라고 하셨다. 까투리 어르신은 정말 순수한 분이시라며 꺽다리 어르신의 자랑에 대해 공감해 주셨다.

ⓒ 돼지 어르신은 71세이고 돼지띠여서 '돼지;라고 부르겠다고 하셨다. 자랑거리가 없다고 하시자 사슴 어르신께서 "인물이 잘 생겼다."라고 하셨고 까투리 어르신도 "정말 인물이 잘 생기셨어요."라고 말씀하시자 돼지 어르신께서 "하하"하고 크게 웃으셔서 모두들 함께 웃었다.

ⓩ 벚꽃 어르신은 73세이고 '벚꽃'이라고 부르겠다고 하셨으며 자랑거리는 26년간 운전을 한 것이 자랑거리라고 하셨다. 집단진행자는 "26년 동안 운전하시는 것이 쉽지 않으셨을 텐데. 정말 대단하시네요."라고 말씀드리자 눈에 눈물이 살짝 비추며 고개를 끄떡이셨다.

ⓚ 김○○ 어르신은 49세로 '차돌이'로 별칭을 부르겠다고 하셨으며 권투를 하는 것이 자랑거리라고 하셨다.

ⓣ 이○○ 어르신은 48세로 '코끼리'를 별칭으로 부르겠으며 잘하는 것은 없다고 하시며 웃으셨다.

ⓟ 보조진행자1은 55세이고 '민들레'를 별칭으로 짓겠다고 하셨다. 민들레는 생명력이 강한 점이 좋아서 민들레로 하겠노라고 하셨고, 자랑거리는 남의 이야기를 잘 들어준다는 것이라고 하셨다.

ⓗ 보조진행자2는 '싱글이'를 별칭으로 사용하겠다고 하시며 잘 웃는 것이 자랑이라고 하였고, 보조진행자3은 '라일락'을 별칭으로 사용하겠다고 하시며 사람을 잘 사귀는 것이 자랑이라고 하셨다.

3) 모임정리

자기소개가 모두 끝나고 난 후 프로그램에 대한 느낌 및 소감을 나누자고 하자 산토끼 어르신께서 "새로운 사람들을 알게 되어서 좋다."라고 말씀하시면서 느낌에 대해 제일 먼저 나누셨고 다른 분들도 "좋았어요, 기대가 되네요." 등 긍정적인 피드백을 나누었으나 코끼리 어르신께서 다소 억양을 높이시면서 "이런 프로그램이 무슨 도움이 되는지 잘 모르겠습니다."고 하시며 부정적으로 말씀하셨다. 집단진행자는 "어떻게 프로그램에 참여하시게 되었습니까?"라고 묻자 "복지관에서 참여하라고 해서 참여하게 되었습니다."고 말씀하시며 프로그램에 대해 계속해서 부정적인 말씀들을 하셨다. 집단진행자는 어느 정도 들어주다가 "다른 분들도 계시니까 마저 프로그램을 정리한 후 따로 이야기를 나눴으면 좋겠네요."라고 하며 자제시켰다.

집단진행자는 프로그램이 진행되는 동안 Good-bye song으로 사용할 "당신은 사랑받기 위해 태어난 사람"[80])을 먼저 불러 준 후 다 함께 노래를 부르며 프로그램을 정리하고 다음 주에 만나자고 인사하며 프로그램을 마쳤다.

다른 분들이 모두 내려가시고 난 후 집단진행자는 코끼리 어르신에게 더하시고 싶은 말씀이 있으신지 여쭤보자 아까보다는 다소 누그러진 목소리로 "다음부터는 나오지 않겠습니다."라고 하셨다. 집단진행자는 "지금은 그렇게 말씀하셨는데 혹시 생각이 바뀌셔서 다시 나오시고 싶은 마음이 있으시면 복지관 선생님께 말씀해 주세요."라고 부드러운 목소리로 제안하였다. 밖에서 코끼리 어르신을 기다리고 계시던 차돌이 어르신과 함박꽃 어르신과 함께 엘리베이터로 내려가셨다.

3. 프로그램 평가

1) 평가내용

이번 회기는 첫 회기로 11명의 구성원들이 모두 참여하였는데 복지관 내 다른 프로그램을 이용하시던 어르신들과 처음인 어르신들이 있으셔서 집단 내 소그룹이 형성되어 있는 것이 보였다. 복지관을 이용하던 어르신들은 적극적으로 프로그램에 참여하시고, 성원간 이야기에 피드백도 주는 등 작은 집단 역동을 엿볼 수 있었다. 반면 처음 프로그램에 참여하신 분들은 소극적인 태도를

---

80) 이민섭 곡, '당신은 사랑받기 위해 태어난 사람 당신의 삶 속에서 그 사랑 받고 있지요' 2소절을 반복하기로 함.

보이셨으나 프로그램에 협조적으로 참여하셨다.

구성원 중 자발적이라기보다는 비자발적으로, 기관의 권유에 의해 참여하신 분은 프로그램에 대한 비협조적인 태도를 보일 뿐 아니라 다른 구성원들에게도 부정적인 영향을 미칠 수 있을 것 같다. 본 프로그램이 시작되기 전에 비자발적인 구성원들을 어떻게 할 것인지에 대한 프로그램 진행자 및 복지관 담당자와 충분한 논의가 필요하다고 생각된다.

프로그램을 마친 후 집단진행자와 이○○ 어르신이 이야기를 나누는 동안 어르신과 가깝게 지내는 2명이 밖에서 기다리고 있는 모습을 보였는데 이 분들의 프로그램 참여에 대해서도 함께 논의할 필요가 있을 것으로 생각된다.

프로그램에 대해 부정적인 의사를 표현하는 경우 집단진행자는 지나치게 염려하여 이해시키려고 노력하기보다는, 이야기를 들어 주는 것이 좋으나 다른 구성원들을 고려하여 프로그램을 정리한 후 따로 이야기를 나누는 것이 더 좋은 방법이다. 이 경우 집단진행자는 비협조적인 태도를 보이는 구성원이 자발적으로 프로그램에 참여한 것인지 비자발적으로 프로그램에 참여하였는지 확인하는 것이 필요하다. 자발적으로 프로그램에 참여한 경우라면 구성원이 갖고 있는 프로그램에 대한 기대를 듣고 프로그램 내용을 설명하고 합의점을 찾을 수 있으나 가족이나 기관에 의해 비자발적으로 프로그램에 참여하신 분들의 경우에는 프로그램이 진행될수록 집단 전체에 뿐 아니라 본인 자신에게도 부정적인 영향을 미칠 수 있기 때문에 프로그램 참여에 대한 고려가 필요하다.

프로그램 내용에 대한 녹음 부분에 있어서 집단 구성원들의 동의를 얻은 후 녹음기를 사용하는 것이 좋을 것 같아서 본 회기에서는 녹음기를 사용하지 않았으며 집단 구성원들에게 녹음기 사용의 필요성 및 목적에 대한 충분한 설명을 한 후 모든 구성원들의 동의를 얻은 후 다음 회기부터 녹음기를 사용하기로 하였다.

집단의 경우 의논되어야 할 한 가지 사항에 대해 집단진행자가 의견을 제시하고 집단의 역동성을 살펴 본 후 적절히 개입하는 것이 중요하다. 집단 안에 역동성이 긍정적으로 이루어질 경우 집단진행자가 하나하나 개입하지 않아도 구성원들 안에서 자체적으로 의견을 조율하여 협조적인 방향으로 의견을 나눌 수 있을 것이며 집단구성원들간 자체적으로 의견에 대한 결론을 얻을 수 있도록 방향을 제시하는 정도의 역할이 필요하다.

특히 집단규칙을 정하는 경우 처음부터 집단진행자가 모든 규칙을 정하여 일방적으로 말하게 되면 구성원들이 동의하지 못하는 경우가 생길 수 있으며 그렇게 되면 오히려 집단 규칙에 대한 반감을 가질 수 있게 된다. 따라서 집단 규칙에 대해서는 성원들에게 먼저 의견을 물어보고 집단진행자가 규칙을 정리하면서 빠진 내용을 첨가하여 말하는 것이 좋다.

2) 제언사항

① 비자발적으로 프로그램에 참여한 성원 1명과 그와 함께 온 다른 성원 2명은 복지관 담당 사회복지사가 상담을 통해 프로그램에 참여하지 않기로 하였기 때문에 3명의 성원을 추가로 모집하기로 하였다. 이는 준비모임부터 참여한 복지관 사회복지사가 본 프로그램에 적절한 성원을 모집하기로 하였으며 다음 주는 같은 시간에 복지관 나들이 프로그램이 있어서 3회기부터 새로운 구성원을 참여시키기로 하였다.

② 이번 모임에서 결정된 집단 규칙은 프로그램실 벽에 부착하도록 했다.

③ 다음 시간부터는 이름 대신 별칭을 명찰로 만들어서 별칭을 부르도록 했다.

◎ 두 번째 모임(2005. 10. 12)

1. 프로그램 개요

주제	나의 살던 고향은		소요시간	90분
출석 인원	출석: 황소, 산토끼, 느릅지기 어르신 3명 결석: 사슴, 까투리, 격다리, 돼지, 벚꽃, 정걸구 어르신 6명 　　(주간보호 이용 어르신들은 나들이 때문에 결석하셨음.)			
수행 인력	집단진행자, 보조진행자1, 보조진행자2, 보조진행자3			
장소	E노인복지관주간보호소 2층	준비물	출석부, 이름표, 녹음기, 필기용구, 테이프, 음료	
목표	자신이 살고 싶은 집을 그림으로 그려보고 고향에 대한 이야기를 나눔으로써 어린 시절에 대한 회상을 하도록 한다.			
세부 내용	◦ 지난시간 첫 모임에 나누었던 구성원들의 이름, 나이, 별칭 등을 기억하면서 함　께 나누도록 함. ◦ "~해줘서 고마워요"라는 표현을 구성원들간 직접 해봄으로써 긍정적인 대인관　계를 형성하도록 함. ◦ HTP 중 House를 그림으로써 가족관계, 심리적인 관계 등을 살펴볼 수 있음 ◦ 고향에 대한 이야기를 나눔으로써 어린 시절의 좋은 추억들을 회상하여 심리적　즐거움을 경험하도록 함.			
진행 과정	도입 (20분)	◦ Hello-song - "안녕하세요" 노래를 집단진행자가 가르쳐 주고 구성원들이 따라 부름 ◦ 구성원을 소개해요. - 집단진행자가 구성원의 이름, 별칭, 자랑거리 등 지난 시간에 나눴던 내용을 기억하며 한 명씩과 인사를 나눔		
	전개 (60분)	◦ 「웃음 짓게 해 주는 말」이라는 내용의 좋은 글을 읽어 줌으로써 프로그램을 시작함 ◦ "~해줘서 고마워요"라고 구체적인 내용들을 넣어 서로에게 나눠보도록 함으로써 감사의 마음을 구체적으로 표현하도록 함. ◦ 「내가 살고 싶은 집」을 크레파스를 이용해서 그리고 발표함으로써 가족 및 대인관계를 살펴볼 수 있으며, 현재 가족관계 등도 알 수 있음. ◦ 「고향의 봄」을 부름으로써 고향에 대한 좋은 추억들을 회상함.		
	마무리 (10분)	◦ 프로그램에 대한 정리 및 소감 나누기 ◦ Good-bye song - 「사랑은 나누어 주는 것」이라는 노래를 율동에 따라 부르기		

2. 프로그램 진행 내용

1) 도입과정

Hello-song으로 부를 "안녕하세요." 노랫말을 큰 글씨로 복사해서 A4지로 출력해서 구성원들에게 나누어 준 후 집단진행자가 먼저 노래를 부르고 다른 구성원들이 따라 부르면서 노래를 불렀다. 2-3회 노래를 부른 후 익숙해지자 노래 뒷부분인 "~하게 삽시다."를 구성원들이 각자 돌아가면서 인사말로 부르게 하였다.

느릅지기 어르신은 "건강하게 삽시다."라고, 산토끼 어르신은 "행복하게 삽시다."라고 하셨고, 황소 어르신은 종이 위에 "즐겁게 삽시다."라고 쓰셔서 집단진행자가 읽어 주고 다 함께 노래로 불렀다.

집단진행자는 오늘 결석하신 분들이 복지관에서 나들이를 가셔서 많은 분들이 빠졌다고 설명을 우선 해드렸다. 느릅지기 어르신께서 "그럼 우리도 가야 하는 것 아니오?"라고 하셔서 복지관 주간보호를 이용하시는 분들만 가신 것이라고 설명하자 "아!"하며 고개를 끄떡이셨다.

집단진행자는 지난주에 어떤 내용을 나눴는지 여쭤보자 산토끼 어르신께서 "자기 소개했어요."라고 말씀하셨다. 산토끼 어르신 대답에 집단진행자는 "감사합니다."라고 인사를 하고 난 후 본 회기에 참여하신 분들의 이름, 별칭, 자랑거리를 돌아가면서 소개를 하자 구성원들이 "맞다."고 고개를 끄떡였다.

2) 본 주제

① 「웃음 짓게 해주는 말」이라는 좋은 글 읽기

집단지도자는 글을 다 읽은 후에 가족이나 친구들에게 고맙다는 표현을 잘 하는지 물어보자 산토끼 어르신과 황소 어르신은 잘 표현하지 못한다고 하셨고, 느릅지기 어르신은 가끔 표현하기는 하는데 할 때마다 어색하고 쑥스럽다고 하셨다.

② "~해줘서 고마워요" 표현해 보기

집단지도자는 작은 것이지만 고맙다는 표현을 하게 되면 웃음을 짓게 되고 상대방도 감사하게 된다고 이야기한 후 함께 "고맙다."라는 인사를 해보자고 하였다.

집단진행자가 먼저 "프로그램을 함께 참여해 줘서 함께 시간을 보내게 되어서 고맙습니다."라고 말하였다.

㉠ 느릅지기 어르신은 "갑자기 생각해야 해서 잘 모르겠습니다."고 하시며 잠시 침묵을 하다가 "같이 어울리니까 고맙습니다."라고 웃으면서 말씀하셨다.

㉡ 산토끼 어르신은 "이 프로그램에 참여시켜 주셔서 고맙습니다. 제가 뭐 도와드릴 것 없을까요?"라고 하셨다. 집단진행자는 웃으며 "감사합니다. 나중이라도 도와주실 일이 있으면 도움을 요청하겠습니다."라고 대답하였다.

㉢ 보조진행자 1은 "제가 이 프로그램에 함께 참여할 수 있도록 해 주셔서 고마워요."라고 하였고, 보조진행자 2는 "여러분을 알아갈 수 있어서 고맙습니다."라고, 보조진행자 3은 "오늘 프로그램에 와 주셔서 고맙습니다."라고 인사하였다.

㉣ 황소 어르신은 종이와 연필을 드렸는데 글을 쓰시지 않고 가만히 계셔서 집단진행자는 "글씨 쓰는 것이 힘드세요?"라고 묻자 황소 어르신께서 고개를 끄떡이셨고 집단지도자는 "이렇게 함께해 주셔서 고맙습니다."라며 황소 어르신께 인사를 하였다. 황소 어르신은 얼굴이 환해지면서 좋아하셨다.

③ 그림으로 상호작용

보조진행자는 준비한 도화지와 크레파스를 성원들에게 나눠드렸는데 크레파스를 빨리 빨리 나눠주지 못하자 느릅지기 어르신께서 "돌리세요. 그냥 이쪽으로 돌리세요."라고 이야기하였다. 도화지와 크레파스를 나눠드리자 산토끼 어르신께서 "그림은 잘 그리지 못하는데….."라고 부담스러운 마음을 말씀하셨다.

그림을 그릴 수 있는 도구를 모두 나눠가진 후 집단진행자는 "내가 살고 싶은 집을 그려보세요. 함께 살고 싶은 사람이 있다면 그 사람도 함께 그리셔도 좋습니다."라고 이야기하자 잠깐 망설이면서 크레파스를 하나씩 골라 그림을 그리기 시작하셨다.

그림을 그리는 동안 산토끼 어르신께서 "이야기 하나 해도 될까요?"라고 물어보시자 집단진행자가 "예, 말씀하셔도 됩니다."라고 하자 "고부간 싸움이 제일 흉해서 재판한 나라는?", "영어와 관련된 재미있는 이야기 등"을 말씀하셔서 모두 웃게 했다.

그림을 그린 후 집단지도자가 "그리신 그림에 대해 이야기를 해 주실 수 있을까요?"하며 느릅지기 어르신을 쳐다보자

㉠ 느릅지기 어르신께서 "살고 싶은 집을 그리고 싶었는데 그릴 수가 없었다."라고 하시며 그림을 그리는 것이 부담스러웠음을 표현하셨다. 집단지도자는 "말로 표현해 보실 수 있으시겠어요?" 라고 물어보자 "초가집보다는 기와집이 낫겠죠."라고 하시더니 다시 "기와집보다는 초가집이 낫죠."라고 말씀하시면서 "초가집에 둘이 오순도순 사는 것이 좋으며 지금은 식구 5명(아이 3, 어른 2)이 살고 있는데 나중에는 시골 고향 충주에 가서 살고 싶다."고 말씀하셨다.

㉡ 산토끼 어르신은 "기와집을 그리려고 생각했는데 쉽지 않았다."라고 하셨다. 누구랑 함께 살고 싶은지 집단진행자가 물어보자 "우리 5명이랑 함께 살고 싶다."라고 하시며 구체적으로 누구인지에 대해서는 말씀하시지 않으셨다.

다른 것은 전혀 그리지 않으시고 집만 그리셨다.

ⓒ 황소 어르신은 굴뚝 그리고 연기 나는 그림을 그리셨고 식구 5명과 함께 살고 싶다고 하셨다.

④ 나의 살던 고향은

집단지도자는 그림을 그리시면서 어떤 생각이 났는지 물어보자 느릅지기 어르신께서 고향생각이 났다고 하셨고 산토끼 어르신도 고향 생각이 났다고 하였다. 집단진행자는 고향에 대한 어떤 기억이 있냐고 물어보았다.

ⓐ 느릅지기 어르신은 충북 충주가 고향인데 친구들과 함께 놀았던 것이 재미있었다고 하셨다. 서울에 와서는 힘든 일이 많았으며, 2년 전 갑자기 뇌졸중으로 쓰러지게 되어서 가족들이 고생을 많이 했고 특히 아내가 고생을 많이 해서 너무 감사하게 생각한다고 울먹이시며 말씀하셨다.

ⓑ 황소 어르신은 수원이 고향이며 수원에서 서울로 오신지 40여년이 되었다고 종이 위에 글로 쓰셨다. 수원에서 살 때는 8남매가 함께 살았고 그 중 둘째라고 하셨다.

ⓒ 산토끼 어르신은 이북 화천이 고향이며 해방 이듬해 남한으로 내려왔다고 하시며 남쪽으로 내려올 당시 7살이었는데 정말 눈이 많이 내렸다. 소련 군인들이 플래시를 비추면서 남쪽으로 가는 사람들을 찾았는데 다행히 들키지 않아서 무사히 넘어올 수 있었다고 말씀하셨다. "할머니, 어머니, 나 3명이 내려왔는데 다른 형제들은 이미 서울에 내려와 있었다. 고향에서 오디와 버찌를 따먹다가 들켰는데 도망치지 않고 나무 위로 올라가서 주인한테 잡혀서 혼났던 기억이 나는데 그 생각만 하면 왜 도망치지 않고 위로 올라갔는지 모르겠다."라고 하시며 웃으셨다.

보조진행자들도 자신의 고향과 추억에 대해 간단하게 나누었다. 형제 관계가 어떻게 되는지 집단진행자가 묻자 황소 어르신은 종이 위에 8남매 중 둘째라고 하셨고 느릅지기 어르신은 형제는 없고 혼자이며 부모님은 돌아가셨다고 하셨다.

산토끼 어르신은 11남매 중 막내로 형들은 모두 돌아가셨고 지금은 혼자 남았다고 하시며 어머니는 93세로 2개월 전에 돌아가셨다고 말씀하시면서 눈물을 흘리셨다. 보조진행자가 눈물을 닦을 수 있게 근처에 있던 티슈를 가져다 드렸다.

3) 모임정리

프로그램에 대한 소감 및 느낌을 물어보자 느릅지기 어르신은 "많은 사람들이 함께 참여하지 못해서 아쉬웠다."라고 하셨고 산토끼 어르신은 "좋았어요."라고 짧게 대답하셨다. 황소 어르신은 종이 위에 "좋았어요."라고 짧게 글로 쓰셨다. 집단진행자도 느릅지기 어르신의 의견에 동의하며 복지관 나들이 프로그램이 연초에 계획된 것이어서 변경하지 못했다는 설명을 들었다고 하며 다음부터는 이런 일이 없을 것이라고 느릅지기 어르신께 이야기했다.

다함께 "Good-bye song"을 부르며 다음 주에 만날 것을 인사하며 프로그램을 정리하였다.

4) 활동자료

웃음 짓게 해 주는 말

문을 열어 주어서 고마워요	은혜를 베풀어 주어서 고마워요
함께해 주셔서 고마워요	도와주어서 고마워요
사랑해 주어서 고마워요	관심을 가져주어서 고마워요
내 친구가 되어 주어서 고마워요	기도해주어서 고마워요

3. 프로그램 평가

1) 평가내용

지난주 프로그램에 비협조적인 구성원 3명은 이번 회기부터 참여하지 않기로 하였고 나머지 구성원들 중 주간보호를 이용하시는 6명은 복지관 프로그램인 나들이 때문에 함께 참석하지 못해서 3명만 본 회기에 참여하였다. 느릅지기 어르신은 집단 구성원이 많이 참석하지 못한 것에 대해 마음이 쓰이는지 여러 차례 말씀하셨다. 복지관 프로그램과 중복되어서 단체로 많은 구성원이 결석을 하는 것은 다른 구성원들에게 영향을 미치는 것으로 구성원들에게 충분한 설명과 이해가 없으면 어려워하는 모습을 보였다.

지난 시간에 비해 산토끼 어르신은 적극적으로 참여하실 뿐 아니라 자발적으로 말씀을 하시는 등 활발한 모습을 보여 주었다. 집단진행자는 산토끼 어르신의 적극적인 참여모습에 대해 긍정적인 피드백을 제공하는 것이 중요하다.

집단진행자가 구성원 한 명 한 명의 이름과 별칭, 자랑거리를 소개해 주는 것은 구성원들로 하여금 집단진행자와 라포를 형성하는데 촉매제로서의 역할을 하는 것으로 생각되었다.

◎ 세 번째 모임(2005. 10. 19)

1. 프로그램 개요

주제	자기소개	소요시간	90분
출석 인원	출석: 12명 전원 참석 결석: 0명		
수행 인력	집단진행자, 보조진행자1, 보조진행자2, 보조진행자3		
장소	E노인복지관주간보호소 2층	준비물	출석부, 이름표, 녹음기, 필기용구, 사전 검사지, 악보81), 테이프, 음료
목표	프로그램 효과성 평가를 위한 노인우울감(KGDS), 자아존중감 척도, 삶의 질, 인적사항들에 대한 1회 조사 실시함		
세부 내용	◦ 새로운 구성원들을 위해 자기소개 및 프로그램에 대한 소개를 함 ◦ 사전검사지 실시 목적에 대한 설명한 후 실시 - 우울감, 자존감, 삶의 질 검사를 통하여 자신을 객관적으로 바라보게 한다. - 사전검사지는 노인을 대상으로 진행되어 신뢰할 수 있는 검사지를 사용하였음.		
진행 과정	도입 (20분)	◦ Hello-song - "안녕하세요~하게 삽시다" 노래 부르며 인사하기 - "~하게 삽시다"는 구성원들이 각자의 바람을 노랫말에 넣어서 부름. ◦ 스트레칭 - 앉아서 할 수 있는 가벼운 스트레칭 실시	
	전개 (60분)	◦ 자기소개 - 새로운 구성원과 기존 구성원을 소개함 ◦ 프로그램 소개 - 기존 구성원들에게 프로그램의 목적 및 내용을 먼저 물어본 후 프로그램 목적 및 내용에 대해 소개함 ◦ 사전조사 실시 - 인구사회학적 조사 - 주관적 삶의 질 척도 실시 - 한국형 노인 우울척도(KGDS) 실시 - 자아존중감 척도 실시	
	마무리(10분)	◦ 느낌 및 소감 나누기 ◦ Good-bye song - 「당신은 사랑받기 위해 태어난 사람」 노래 부르며 프로그램 정리	

2. 프로그램 진행 내용

1) 도입과정

집단진행자는 "안녕하세요. 반갑습니다."라고 인사하자 구성원들도 모두 "안녕하세요."라고 함께 인사하며 프로그램을 시작하였다. 집단진행자는 지난주에 구성원들에게 가르쳐준 Hello-song "안녕하세요" 노래를 부르며 인사를 해보자고 제안하였다. 지난주에 참여하지 못한 성원들을 위해 집단진행자와 보조진행자가 먼저 노래를 부르고 난 후 성원들도 노래를 따라서 불러보며 인사를 시작했다.

까투리 어르신은 "행복하게 삽시다.", 느릅지기 어르신은 "건강하게 삽시다.", 닭 어르신은 "즐겁게 삽시다.", 산토끼 어르신은 "웃으며 삽시다.", 말 어르신은 "사이좋게 삽시다.", 사슴 어르신은 "기쁘게 삽시다.", 정걸구 어르신은 "건강하게 삽시다."라고 말하고, 황소 어르신은 종이 위에 "행복하게 삽시다."라고 적었다. 벚꽃 어르신은 "웃으면서 삽시다.", 돼지 어르신은 "건강하게 삽시다.", 꺽다리 어르신도 "행복하게 삽시다.", 문○○ 어르신은 "행복하게 삽시다."라고 말하고 각자 Hello-song을 불렀다. 까투리 어르신은 "노래 부르면서 시작하니까 너무 행복해요."라고 말씀하셨고, 이에 집단진행자는 "힘이 되는 말씀을 해 주셔서 감사합니다."라고 인사하며 부드러운 분위기에서 프로그램을 시작하였다.

집단진행자는 점심식사 후 많이 나른하실 텐데 신체를 깨우는 동작을 해보자고 제안하며 스트레칭을 시작하였다. 뇌졸중으로 인해 거동이 불편하시기 때문에 앉아서 할 수 있는 동작들을 실시하였다.

---

81) 당신은 사랑받기 위해 태어난 사람, 설경욱

2) 본 주제

① 구성원 소개

1회기에 비자발적으로 참여하셨던 3명의 어르신들이 프로그램에 참여하지 않기로 하고 그로 인해 생긴 결원을 채우기 위해 말, 닭, 문○○ 어르신이 프로그램에 새롭게 참여하였다. 1회기에 결석하셨던 정걸구 어르신도 이번 회기부터 참여하셨다. 집단진행자는 새로운 구성원이 함께하게 된 경위를 간략하게 이야기하고 새로운 구성원들을 소개하였다. 집단지도자는 새로운 구성원들이 왔으니까 모두 함께 자기소개를 하는 시간을 갖도록 하자고 제안하였으며 전에 나누었던 이름, 별칭을 나누기로 하였다. "당신은 누구십니까?"노래에 맞추어서 한 명씩 돌아가면서 자기소개를 하였다.

1회기에 참여하였던 구성원들은 1회기보다 더 자신감 있고 여유 있는 목소리로 자신을 소개하였으며 1회 때에는 말하지 않았던 별칭의 이유도 구체적으로 설명하는 모습을 보이셨다. 또한 1회 때와는 다르게 별칭을 짓는 분도 계셨는데 까투리 어르신은 까투리라고 자신의 별명을 소개하면서 꿩이 더 살려고 머리만 박는 모습이 나랑 너무 흡사하다고 울먹이는 목소리로 말씀하시며 친구들이 자신을 떠나는 것이 슬프다고 자신은 마음의 병이 크며 프로그램에 대한 기대도 크다고 하셨다. 꺽다리 어르신은 까투리 어르신에 대해 몸집이 작은 것이 까투리랑 많이 비슷하다고 하시며 별칭이 너무 잘 어울린다고 하셨다.

㉠ 정○○ 어르신은 66세이고 정걸구가 별명인데 어렸을 때 주는 대로 다 받아먹고 너무 많이 먹어서 걸구라고 불렸다고 하자 사슴 어르신이 "정걸구"라고 바로 부르셨다. 사슴 어르신이 그렇게 부르는 것이 괜찮은지 집단진행자가 물어보자 "괜찮다."라고 대답하셔서 정걸구를 별칭으로 사용하기로 하였다.

㉡ 말 어르신은 76세이시며 "말띠"라고 하시며 별칭은 잘 모르겠다고

하시자 다른 성원들이 말띠니까 말로 하는 것이 어떻겠냐고 하고 본인이 그렇게 하는 것이 좋겠다고 하여 그냥 말을 별칭으로 사용하기로 하였다.

ⓒ 닭 어르신은 73세이며 닭띠여서 닭으로 별칭을 하겠다고 하셨다.

ⓔ 황소 어르신이 종이 위에 자신의 이름을 쓰시자 까투리 어르신이 황소 어르신을 전부터 알고 계시다고 하자 집단진행자는 까투리 어르신에게 소개를 해 주실 수 있겠냐고 부탁하여 까투리 어르신이 황소 어르신에 대해 말씀해 주셔서 황소 어르신에 대해 더 잘 알 수 있었다. 까투리 어르신은 황소 어르신에 대해 소개하신 후 "그래도 잘 걸어 다니니까 괜찮다, 나는 잘못 걷는다."라고 하시며 본인의 신체적 장애에 대해 불안한 어조로 말씀하셨다.

② Here and Now

까투리 어르신이 현실을 부정적으로 받아들이면서 불안해하시는 것에 대해 집단진행자는 까투리 어르신의 이야기를 듣고 혹시 나눌 말씀이 없는지 구성원들에게 물어보자 겍다리 어르신은 과거에 얽매이지 말고 살라고 하셨다.

집단진행자는 과거에 얽매여서는 앞으로 나아갈 수 없다는 이야기와 함께 중국속담에 "뒤를 돌아보면 앞으로 나아갈 수 없다. 뒤로 가려면 뒤로 돌아서서 가야 하는데 그렇게 갈 수 없다."라고 현실을 받아들이는 것의 중요성에 대해 이야기하며 집단진행자의 다리를 절며 걸었던 경험을 이야기하면서 "내 모습을 인정하고 받아들이니까 마음이 편안하더라."라고 자신의 경험을 이야기하자 사슴 어르신께서 "선생님께서 그런 일을 겪으셨는지 몰랐다. 전혀 그런 분 같지 않다."고 하시며 놀라워 하셨다.

사슴 어르신은 나는 필요 없는 인간이라는 생각에 가장 힘들고 죽을까? 하고 생각해도 죽을 용기가 없는 것을 보면 '아직 내가 살고 싶어하는구나.' 라는 생각이 든다고 말씀하셨다. 혹시 더 하고 싶은 말씀이 없는지 집단진행자가 물어보자 없다고 하셨다. 다른 구성원들도 침묵하시며 더 이상 말씀하시지 않으셨다.

③ '그대가 성장하는 길' 읽고, 느낌 나누기

집단진행자는 프로그램 마무리시간에 읽고 나누려고 했던 '그대가 성장하는 길'이라는 글을 구성원들에게 먼저 읽어 주고 느낌을 나누도록 하는 것이 성원들의 부정적이고 침울한 분위기를 위해 바람직할 것으로 생각해서 먼저 읽어 주었다.

글을 읽어 준 후 어떤 말이 가장 마음에 와 닿는지 집단진행자가 물어보자 까투리 어르신은 제일 먼저 "모든 것이 나를 비유해서 말하는 것 같아요."라고 하셨으며 꺽다리 어르신은 "특별하다는 말이 마음에 와 닿는다."고 하셨다. 산토끼 어르신은 "글을 들으면서 기회라는 말이 마음에 와서 닿았고 지금이 기회라는 생각이 들었다."고 하셨다. 말 어르신은 "희망이라는 말이 생각나는데 지금 내가 여기에 있는 것이 희망이다. 집에만 있던 내가 올 곳이 있다는 것 자체가 희망이다."라고 웃으시면서 말씀하셨다.

집단진행자는 우리 모두가 자라나고 있으며 특별하다는 사실을 늘 기억하는 것이 너무너무 중요하고, 비록 몸이 불편하지만 나는 소중한 사람이라는 사실을 인정하면 나는 소중한 사람이 되는 것이라고 말하자 사슴 어르신이 "맞소!"라고 하시며 박수를 치셨다. 까투리 어르신께 "어떠신지요?" 집단진행자가 다시 여쭤보자 "기분이 좀 나아졌어요. 선생님, 내 마음의 병을 좀 고쳐주세요."라고 하셨다. 집단지도자는 옆 사람에게 "당신은 소중한 존재입니다. 당신은 특별한 존재입니다. 당신에게는 내일이 있습니다."라고 서로 인사를 나눠보라고 하자 두 분씩 짝을 이루어서 큰 목소리로 손을 잡고 인사를 나누는 모습을 보이셨다. "기분이 어떠신지요?" 집단진행자가 물어보자 까투리 어르신이 "조금 좋아졌어요."라고 하셨으며 꺽다리 어르신이 "뭐든지 할 수 있을 것 같은 마음이 생겼어요."라고 하셔서 모두들 웃으셨다.

④ 프로그램 목적 및 소개

집단진행자는 프로그램에 대해 잠깐 소개를 하면서 까투리 어르신의 말씀대로 마음의 병이 고쳐지는 시간이 되었으면 좋겠노라고 하며 그러기 위해서 우리 모두가 함께 적극적으로 프로그램에 참여하는 것이 중요함을 다시 한 번 이야기하였다.

⑤ 사전검사 실시

프로그램이 잘 진행되었는지 정말 프로그램이 효과적으로 진행되었는지 측정하기 위해 앞으로 3차례에 걸쳐 검사를 실시할 것이며 오늘 첫 번째로 검사를 실시할 것에 대해 알렸다.

미리 준비한 검사지와 필기도구를 나눠드리고 도움이 필요하신 분들에게 보조진행자 3명이 함께 검사를 실시했다. 검사지 내용은 집단진행자가 읽으면 그 속도에 맞추어서 해당하는 것에 체크하며 진행하였다.

3) 모임정리

사전검사를 다 마친 후 집단진행자는 프로그램이 어떠했는지 물어보자 말 어르신은 "좋았어요.", 정걸구 어르신은 "좋네요.", 느릅지기 어르신은 "지난주보다 많이들 오셔서 좋았어요."라고 하셨다. 껀다리 어르신은 "좋고, 기대되네요."라고 하셨다.

Good-bye song '당신은 사랑받기 위해 태어난 사람'을 부르면서 인사하며 프로그램을 정리하였다.

4) 활동자료

그대가 성장하는 길

메리 마고우

당신은 스스로 특별하기를 원합니다. 누구나 다 그렇듯이 말입니다.
희망은 숨 쉬는 것만큼이나 자연스럽고 정당한 것입니다.
그런데 여기에 아주 기쁜 소식이 있습니다. 당신은 이미 특별하다는
것입니다.
당신은 어느 누구와도 다른 유일한 존재이기 때문입니다.
당신은 다른 모든 사람과는 다른 유일무이한 사람입니다.
이 세상의 어느 누구도 당신과 똑같은 사람이 있어 본 적도 없고
앞으로도 없을 것입니다.
뿐만 아니라 당신은 이미 완성되지 않았습니다. 당신은 자라고
있으니까요.
당신은 특별해지기 위해 자라나는 과정에 있습니다.
삶이 모든 재료는 당신 주위에 널려 있습니다. 재료들을 당신 성장을
위해 사용하십시오.
그것은 당신이 더욱 완전히 당신 자신이 되는 길이기 때문입니다.
최선의 당신, 유일한 당신, 그 누구도 아닌 당신, 유사한 당신이 아니라
바로 진정한 당신 말입니다.
그러니 스스로 자라도록 하십시오.
바로 이 순간은 되풀이되지 않는 하나님이 창조하신 바로 그대로의
당신이 될 수 있는 유일한 기회입니다.
당신은 단 한 번의 삶을 누릴 수 있을 뿐입니다. 시간은 짧습니다. 어제는
이미 지나갔습니다.
오늘을 사십시오. 당신이 자라도록 힘씀으로써 특별한 존재가 되십시오.
바로 지금 시작하십시오.

3. 프로그램 평가

1) 평가내용

새로운 구성원과 처음 참석하는 성원들 때문에 자기소개 시간을 다시 가졌는데 지난 시간에 자기소개를 하신 분들은 별칭이 다른 것으로 말씀하시기도 하고 별칭을 짓게 된 이유에 대해 구체적으로 말씀하시는 보다 적극적인 모습을 보이셨다.

별칭을 짓는 경우 본인이 직접 짓지 않고 다른 성원이 별칭을 지어주는 경우 집단진행자는 성원의 반응을 유심히 살펴보아야 하며 그 별칭이 마음에 드는지 혹시 다른 별칭이 생각났는지 물어보아서 구성원 스스로가 다른 성원이 지어 준 별칭을 선택하든 그렇지 않은 경우 본인이 다른 별칭을 짓게 하든지 본인 스스로가 선택할 수 있도록 하는 것이 중요하다.

원래 본 회기에서 까투리 어르신의 낮은 자존감과 현실을 받아들이지 못하는 점을 감안해서 마무리에 진행하려 했던 내용을 앞으로 당겨서 진행하였는데 이는 적절한 대처였던 것 같다. 만일 처음 진행하려고 했던 대로 진행되었다면 까투리 어르신의 자신의 신체적 변화로 인해 생기는 우울함에 대한 감정이 정리되지 않아 프로그램을 진행하는데 더 많은 어려움이 있을 수 있었을 것으로 생각된다. 필요한 경우 집단구성원 중 문제가 건드려진 경우 이 문제를 어느 정도 정리하고 진행하지 않는다면 문제가 건드려진 구성원으로 인해 집단 내 부정적인 영향을 미칠 수 있다. 따라서 집단진행자와 보조진행자는 집단 성원들의 역동과 감정을 민감하게 관찰하고 적절하게 반응하기 위해 사전, 사후에 많은 의견조율이 필요하다.

◎ 네 번째 모임(2005. 10. 26)

1. 프로그램 개요

주제	가을노래 부르기와 리듬 모방하기		소요시간	90분
출석 인원	출석: 11명 결석: 돼지 어르신 1명 (갑자기 몸이 편찮으셔서 병원에 입원하심)			
수행 인력	집단진행자, 보조진행자1, 보조진행자2, 보조진행자3			
장소	E노인복지관주간보호소 2층	준비물	출석부, 이름표, 리듬스틱, 녹음기 테이프, 따뜻한 음료	
목표	○ 구성원들이 "가을바람" 노래를 부르고, 가을에 관한 이야기를 할 수 있다. ○ 한 명씩 돌아가며 리듬을 모방하여 구성원 전원이 성공할 수 있다. ○ 리듬스틱으로 자기만의 리듬을 만들고 구성원들은 그 리듬을 모방할 수 있다.			
세부 내용	○ '가을바람' 노래를 불러보고 가을에 대한 이야기 하나씩 나누기 ○ 리더의 리듬을 모방해 보고, 집단구성원들이 직접 리듬을 만들어 다른 성원들 이 모방해 보기 ○ 리듬 만들어서 옆으로 전달하기			
진행 과정	도입 (10분)	○ Hello-song - "나처럼 해봐요 이렇게"를 다 함께 부른다. - 한 분씩 돌아가면서 동작을 만들고 나머지 성원들이 동작을 따라한다.		
	전개 (65분)	○ 가을이야기 - 오늘은 몇 월, 며칠인지 무슨 계절인지를 묻고, 가을이라는 계절에 대해 이야기를 나눈다. - '가을바람'을 리더가 직접 불러드리고 한 소절씩 가사를 알려 드리며 노래를 배워 본다. - 가사에서 '남쪽나라 내려가는 제비 불러 모아 봄이 오면 다시 오라 부탁하노라"에서 봄이 오면 다시 오라고 부탁하고 싶은 것에 대해 이야기하고 가사말을 바꾸어서 노래 부른다. ○ 리듬스틱을 이용해서 리듬 만들기 - 리듬스틱을 나누어드리고 어떻게 연주하는지, 이름이 무엇인지 말씀드린다. - 리더가 먼저 리듬을 만들어 연주하고 옆으로 돌아가면서 한 사람씩 그 리듬을 모방한다. - 구성원들의 기능에 맞추어 리듬을 만들어 전달하고, 한 바퀴가 완성되면 리듬스틱 박수를 치며 격려한다. - 집단성원들이 직접 리듬을 만들고 구성원들이 그 리듬을 모방한다.		
	마무리(15분)	○ 느낌 및 소감 나누기 ○ Good-bye song - 리듬스틱을 치면서 '당신은 사랑받기 위해 태어난 사람' 노래 부르며 프로그램 정리		

2. 프로그램 진행 내용

1) 도입과정

Hello-song "나처럼 해봐요 이렇게"를 부르면서 집단성원들 한 명 한 명이 하는 동작을 나머지 성원들이 따라하였다. 주로 앉아서 진행해야 하기 때문에 얼굴이나 팔, 손을 이용해서 하는 동작을 주로 하였으며 모두들 다양하게 자신만의 동작을 만들었다.

2) 본 주제

① 가을이야기

오늘이 몇 월, 며칠인지 무슨 계절인지 물어보자 송아지 어르신이 10월이라는 말씀만 하셨다. 며칠인지 집단진행자가 다시 여쭤보자 바로 대답을 못하시자 까투리 어르신이 "26일이잖아!"라고 송아지 어르신에게 말씀하셨다. 집단진행자는 "날짜가 바로바로 생각나지 않을 때가 있죠."라며 송아지 어르신을 심리적으로 지지해드렸다.

집단지도자는 송아지 어르신에게 "계절이 어떻게 되죠?"라고 묻자 "가을이에요."라고 대답하셨다. 다시 가을하면 생각나는 것이 무엇인지 송아지 어르신에게 물어보자 "추석이요."라고 대답하셨다. 다른 성원들에게도 가을하면 생각나는 것이 무엇인지 여쭤보자 까투리 어르신은 "단풍 주워서 책갈피에 말리던 기억이 난다."라고 하셨고 벚꽃 어르신은 "누런 들판이 생각나."라고 하셨다. 느릅지기 어르신도 "허수아비"가 생각난다고 하셨다. 껵다리 어르신은 "벼베기"가 생각난다고 하셨고 사슴 어르신은 "메뚜기 잡아서 구워먹던 생각이 난다."고 하셔서 모두들 크게 웃었다. 말 어르신이 "소풍"이 생각난다고 하시자 다른 분들이 동의하는 반응을 보이셨다. 산토끼 어르신은 "천고마비의 계절이여서 먹을 것이 많다는 생각이 난다."고 하셨다. 닭 어르신은 "밤나무가 생각난다."고 하셨다. 사슴 어르신이 닭 어르신에게 밤나무에 올라가봤는지 물어보자 닭 어르신께서 올라가봤다고 간단하게 대답하셨다. 황소 어르신은 "먹을 것이 많았던 생각이 난다."고 하셨다.

집단지도자는 가을에 대해 이야기하는 얼굴들이 모두 행복해 보이신다고 하며 이야기를 나눌 때 어떤 기분인지 물어보자 까투리 어르신은 "행복해요."라고 하셨고 사슴 어르신은 "옛날로 돌아간 것 같았어요."라고 대답하셨다. 다른 분들도 모두 동의하시며 고개를 끄떡이셨다. 집단지도자는 "가을바람"이라는 노래를 소개하면서 한 소절씩 따라 배웠다.

노래 가사 중 "남쪽 나라 내려가는 제비 불러 모아 봄이 오면 다시 오라 부탁하노라"에서 봄이 오면 다시 오라 부탁하고 싶은 것이 무엇이 있는지 여쭤보았다.

꺽다리 어르신과 말 어르신은 "청춘"이라고 하셨고, 산토끼 어르신, 느릅지기 어르신은 "건강", 벚꽃 어르신은 "아내"라고 하시며 눈물을 흘리셨다. 까투리님 어르신은 "시간"이라고 하셨고, 닭 어르신은 "친구"라고 쓰셨다. 정걸구 어르신도 "건강"이라고 하시며 목이 메어서 말씀을 못 하셨다. 황소 어르신은 종이 위에 "자신감"이라고 쓰셨다. 집단지도자과 구성원들은 제비 가사에 나눈 단어들을 넣어서 가사를 바꾸어 가면서 노래를 불렀다. 보조진행자는 키보드로 함께 연주를 해주었다.

② 리듬스틱을 이용한 리듬 만들기

집단진행자는 리듬스틱을 나누어 드리고 이름, 연주방법을 구성원들에게 설명해드렸다. 리더가 먼저 쉬운 리듬을 만들어 연주해 보이고 성원들이 따라 하게 하였다. 한명씩 돌아가면서 리듬스틱을 각자 다르게 연주하도록 하였다. 한 바퀴가 모두 돌아간 후 리듬스틱박수를 치면서 격려하였다.

집단진행자는 Hello-song으로 불렀던 "나처럼 해봐요 요렇게" 노래를 부르면서 "나처럼 해봐요 요렇게" 부분을 리듬스틱을 이용해서 표현하도록 하고 한 명의 성원이 동작을 할 때 나머지 성원들을 그 동작을 따라 하도록 했다. 한 명이 끝날 때마다 격려차원에서 모든 성원들이 리듬스틱을 이용해 박수를 쳤으며 모든 성원이 다 돌아간 후 다시 한 번 리듬스틱박수를 치며 격려했다.

3) 모임정리

오늘 프로그램에 대한 느낌에 대해 집단진행자가 물어보자 껑다리 어르신은 리듬스틱을 두들기시며 "내 마음대로 표현할 수 있어서 좋았다."라고 하셨다. 사슴 어르신은 "메뚜기 잡아먹던 생각이 나서 즐거웠다."라고 하셨다. 까투리 어르신은 "가을을 느끼지 못하고 지냈는데 이렇게 가을에 대해 생각할 수 있는 시간이 있어서 좋았다."라고 하셨다.

말 어르신은 "얘기를 할 수 있는 사람이 있어서 좋았다."라고 하셨다. 닭 어르신과 송아지 어르신은 짧게 "좋았어요.."라고 대답하셨다. 정걸구 어르신에게 어떠셨는지 집단진행자가 여쭤보자 "아내에게 잘 해 주지 못한 것 같아서 너무 미안해요."라고 하시며 다시 흐느끼셨다. 집단진행자는 "정말 아내를 사랑하시는 마음이 느껴지네요."라고 공감해드리자 까투리 어르신께서 "정걸구님 아내는 정말 행복하겠어요?"라고 격려해드렸다. 정걸구 어르신의 감정이 가라앉기를 잠깐 기다렸다가 감정이 진정되고 난 후 나머지 분들에게도 느낌 및 소감에 대해 여쭤보았다. 느릅지기 어르신은 "리듬스틱을 이용해서 노래를 부르니까 재미있고 좋았다."라고 하셨고, 황소 어르신은 입모양으로 "좋았어요"라고 말하자 집단진행자가 "좋으셨어요?"라고 다시 한 번 확인하자 고개를 끄떡이셨다.

집단진행자는 함께 열심히 참여해 주셔서 감사하다고 인사하며 Good-bye song인 "당신은 사랑받기 위해 태어난 사람"을 리듬스틱을 이용해서 노래를 부르며 프로그램을 정리했다.

3. 프로그램 평가

1) 평가내용

　리듬스틱을 이용해서 노래를 부르는 것에 대해 모든 성원들은 흥미로워할 뿐 아니라 좋아했다. 처음에는 어떻게 해야 하는지 잘 몰라 어려워하시며 긴장된 모습을 보였으나 집단진행자가 만들고 싶은 대로 치시면 된다고 하자 편안하게 리듬스틱을 치셨다. 또한 한 사람의 리듬을 나머지 성원들이 모두 동시에 따라하도록 함으로써 구성원으로 하여금 자신감을 갖도록 하였다. Good-bye song을 부를 때는 한 분도 빠짐없이 리듬스틱을 치면서 노래를 부르는 적극적인 모습을 볼 수 있었다. 리듬스틱은 다루기도 쉽고 특별한 기술을 필요로 하지 않기 때문에 손이나 거동이 불편한 뇌졸중 어르신들로 하여금 쉽게 다룰 수 있는 좋은 도구로 생각된다.

◎ 다섯 번째 모임(2005. 11. 2)

1. 프로그램 개요

주제	노래를 통한 회상요법	참가인원	참가자: 11명 참석(1명 결석)
소요시간	90분	수행인력	집단진행자, 보조진행자1, 보조진행자2 보조진행자3
장소	E노인복지관주간보호소 2층	준비물	출석부, 이름표, 인생그래프 그래프, 녹음기, 필기용구, 테이프, 음료
목표	노래를 통해 연상되는 가족에 대해 이야기함으로써 기억 속에 묻혀 있는 가족에 대한 추억을 회상하도록 함.		
세부 내용	○ 손뼉을 치거나 율동을 통해 신체적 긴장감을 해소하여 프로그램에 적극적으 로 참여할 수 있도록 동기를 부여시킴 ○ 둘씩 짝을 이루어서 "갑돌이와 갑순이" 노래와 몸짓을 함께 따라함으로써 긍정적인 관계를 형성하도록 하며 과거에 첫사랑에 대한 이야기를 나눠 봄으 로써 행복감을 느껴보도록 함 ○ "과꽃" 노래를 부름으로써 연상되는 가족을 소개하고 구체적인 에피소드를 나누도록 함으로써 가족의 소중함과 어린 시절 행복감을 기억하도록 함		
진행 과정	도입 (15분)	· Hello-song "안녕하세요~ 하게 삽시다" · 스트레칭- "사랑이 무어냐고 물으신다면" 노래를 부르면서 손뼉을 치고 간단한 손 율동을 따라함으로써 굳어진 몸을 풀어 줌	
	전개 (55분)	○ 첫사랑을 나눠 봐요- "갑돌이와 갑순이" - 둘 씩 짝을 이루어서 "갑돌이와 갑순이" 노래를 부르면서 둘이 함께 할 수 있는 율동을 하도록 한다. - 과거에 나를 가슴 설레게 했던 첫사랑 경험을 나눠 봄. ○ 가족을 소개해요. - "과꽃" 노래를 다 함께 부르고 생각나는 가족에 대해 나눔. - 생각나는 가족과 관련된 구체적인 에피소드를 나눔. - 특별한 가족이 생각나지 않는 경우 어린 시절에 대한 기억을 나누도록 함.	
	마무리 (20분)	○ 오늘 모임 평가와 요약 ○ 좋은 글- "행복과 불행이란" ○ Good-bye song - "과꽃" 노래를 다시 부르면서 차분하게 가족에 대해 정리하기	

2. 프로그램 진행 내용

1) 도입과정

집단진행자가 "안녕하세요?"라고 인사하자 성원들은 박수를 치면서 "안녕하세요?"하고 인사하였다. 동사무소에서 자원봉사 나오신 3분에 대해 소개하고 한 명씩 자신을 소개하였다. 소개가 끝나자 사슴 어르신이 큰 소리로 "반갑습니다."라고 인사하시고 까투리 어르신도 "아들 같아서 좋네요."라고 웃으시면서 말씀하셨다. 집단지도자는 많은 분들이 함께 하셔서 좋다고 인사한 후 Hello-song으로 프로그램을 시작하자고 제안하였다.

껑다리 어르신은 "행복하게 삽시다.", 느릅지기 어르신은 "건강하게 삽시다.", 벚꽃 어르신은 "웃으면서 삽시다.", 송아지 어르신도 "웃으면서 삽시다.", 산토끼 어르신은 "걱정 없이 삽시다.", 정걸구 어르신은 "찡그리지 말고 삽시다.", 사슴 어르신은 "마음 편하게 삽시다.", 말 어르신은 "긍정적으로 삽시다."라고 인사하였다.

인사가 모두 끝나고 난 후 집단지도자는 "우리 모두가 행복하게, 건강하게, 웃으면서, 찡그리지 말고, 마음 편하게 하루를 살 수 있도록 하려면 어떻게 하면 좋을까요?"하고 묻자 느릅지기 어르신께서 "프로그램에 잘 참석해야죠."라고 말씀하셔서 모두 웃었다.

껑다리 어르신은 "긍정적인 생각을 가지고 살면 되죠."라고 말씀하시자 집단지도자는 껑다리 어르신에게 "와~ 정말 그러네요."라고 대답하면서 껑다리 어르신의 생각에 공감해드리면서 긍정적 생각의 중요성에 대해 이야기하였다. 집단진행자의 이야기가 끝나자 까투리 어르신이 "선생님 말씀처럼 그러면 얼마나 좋겠어요, 정말 긍정적인 생각을 갖고 살았으면 좋겠어요."라고 하시자 사슴 어르신은 "정말 병이 깊다."고 하시며 "제발 그런 부정적인 생각을 하지 말라."고 까투리 어르신에게 말씀하셨다.

집단진행자는 긍정적인 사고는 계속적인 연습과 노력을 통해 이루어질 수 있음을 설명하고 난 후 까투리 어르신께 부정적인 생각이 들 때마다 "이 생각은 나와 상관없다."라고 스스로를 향해 "말씀해 보세요."라고 하자 까투리 어르신은 "노력해 볼께요."라고 대답하셨다. 집단지도자는 둘씩 짝을 이루게 하고 "사랑이 무어냐고 물으신다면" 노래를 율동에 맞춰서 부르도록 하였다.

2) 본 주제

① 첫사랑을 나눠봐요

"갑돌이와 갑순이" 노래를 다 함께 손뼉을 치면서 노래를 부르게 한 후 도입에서 짝을 이뤘던 구성원 말고 다른 성원과 짝을 이루어서 함께 하는 율동을 하도록 하였다. 노래와 율동이 끝난 후 집단진행자는 노래를 부르니까 어떤 생각이 나는지? 물어보자 사슴 어르신은 "옛날 사랑이 생각나네요."라고 하시며 자신의 결혼 전 사랑에 대해 말씀하셨다. 모두들 사슴 어르신의 이야기에 경청하는 모습을 보이셨다. 집단지도자가 이야기해 주셔서 감사하다고 인사한 후 혹시 더 말씀하고 싶으신 분이 계신지 여쭤 보자 사슴 어르신이 "꺽다리 어르신 못됐어요. 취미가 여자울리기예요."라고 하자 황소 어르신이 웃으시면서 주먹으로 사슴 어르신을 향해 때리는 시늉을 하셨고 까투리 어르신도 "사슴 어르신이 아주 짓궂어요."라고 말씀하시자 모두들 웃으셨다.

꺽다리 어르신에게 집단지도자가 혹시 나눠 주실 이야기가 있는지 물어보자 웃으시면서 "없어요."라고 대답하셨다. 집단지도자는 사슴 어르신의 말씀에 대해 혹시 마음이 상하지 않았는지 여쭤보자 "그렇지 않다. 친하니까 그렇게 이야기하는 것 안다. 사슴 어르신의 장난기는 복지관에서도 유명한데 처음에는 오해도 많이 했는데 이제는 정말 좋은 사람이라는 것을 알기 때문에 기분이 상하지 않는다."라며 사슴 어르신과의 긍정적 관계에 관해 말씀하셨다.

② "과꽃" 속에 묻혀 있는 나의 가족은

집단진행자는 구성원들로 하여금 강약약 중간약약의 6/8박자 박수를 치게 하였다. 강박자와 중간박에는 무릎을 치게 하고 약박자에는 손뼉을 치도록 하였는데 처음에는 모두 집단지도자를 따라서 무릎을 치면서 강박과 약박을 구분하였으나 노래를 함께 부르자 강박에는 책상을 약박에는 손뼉을 치는 분들이 많아지셨다. 말 어르신은 6/8박자 박수치기를 유난히 어려워하셨다.

"과꽃"을 다 부른 후에 집단진행자는 구성원들에게 노래를 부르면서 어떤 생각이 났는지 물어보자 꺽다리 어르신이 "누나생각이 났다."라고 하시자 다른 분들도 동의하시는 목소리를 내셨다.

㉠ 꺽다리 어르신께서 침 맞으러 가셔야 한다고 하셔서 집단진행자는 먼저 이야기해 줄 수 있는지 물어보자 그러겠노라하시며 누나랑 나이 차이가 많이 나며 억지를 부려도 누나가 다 받아 줬던 기억, 누나가 살림 다 하고 고생 많이 했다고 울먹이는 목소리로 말씀하셨다. 모두들 아무 말도 하지 않고 순간 침묵이 흐르자 꺽다리 어르신이 누나가 딱지도 접어 줘서 그걸로 딱지치기해서 많이 땄다고 하시며 어렸을 때 별명이 "천재"였다고 하자 사슴 어르신이 "아가씨 꼬시는 데에도 천재인가보다."고 하셔서 모두 웃으셨고 꺽다리 어르신도 웃으시면서 "그 재주는 없다."고 하셨다. 밝은 소리로 "안녕히들 계세요."라고 인사하시며 손 흔들며 먼저 나가셨다.

㉡ 느릅지기 어르신은 혼자여서 생각나는 사람이 없다고 하시며 "사랑도 받지 못했고 그렇게 혼자 컸다. 부모님도 3살 때 돌아가셔서 큰집에서 컸다."라고 차분하고 낮은 목소리로 말씀하셨다.

㉢ 벚꽃 어르신은 누나도 동생도 없이 할아버지가 혼자 키우셨다고 하시며 부모님도 계시지 않으셨다고 하셨다.

㉣ 송아지 어르신도 "없어요."라고 작은 목소리로 말씀하셔서 집단진행자가 "누나가 없으세요?"하고 묻자 9남매 중 막내라고 하셨다. "누나에 대한

기억이 없으세요?"하고 집단진행자가 다시 이야기하자 송아지 어르신은 "예"라고 대답하셨다. 자신의 생각이나 의견 등을 구체적이고 정확하게 표현하거나 전달하는 능력이 다소 떨어짐을 알 수 있다.

ⓤ 정걸구 어르신은 7남매 중 넷째이며 어려서 추억거리가 없다고 하셨다. 소극적이며 묻는 말에만 짧게 대답하는 모습을 보이셨다.

ⓗ 말 어르신은 기억이 나지 않는다고 하시며 아버지가 일찍 돌아가셔서 고생하며 살았던 이야기를 하셔서 집단진행자가 "사시느라고 애쓰셨네요." 라고 지지해 주자 환하게 웃으셨다.

ⓢ 사슴 어르신은 위로 2명의 누나에 대해 구체적인 사건들을 재미있고 실감나게 이야기하셔서 모든 성원들로 하여금 경청하게 하였다. "예전처럼 지금도 누나들과 사이가 좋으신가요?" 하고 묻자 여전히 관계가 좋다고 하시며 최근 누나들과 있었던 사건들을 말씀하셨다. 이야기가 끊이지 않자 집단진행자는 웃으면서 "이제 그만 하셔야겠어요."라고 하시며 이야기를 제지하였다. 집단성원 이외에 일일봉사로 나오신 분들도 형제, 누나와의 관계 등을 자연스럽게 발표하시며 프로그램에 참여하셨다.

ⓞ 까투리 어르신은 형제 없이 혼자 컸다고 하시며 기차시간 놓칠까봐 어린 큰아들 데리고 새치기 했는데 아들이 다 커서 그 때 엄마가 한 행동에 대해 "엄마는 우리 보고 똑바로 살라고 하면서 새치기만 한다."라고 이야기 가슴이 "철렁"한 경험이 있으며 모범을 보여야겠다는 생각이 들었다.

ⓩ 산토끼 어르신은 친누나도 없고 막내여서 동생도 없지만 못되게 한 것이 많다고 하시며 어린 시절 이웃 아저씨에게 복수했던 이야기, 형제들에게 나쁜 짓 많이 했던 일, 일제 강점기에 놋 그릇 가져오라고 해서 일본 사람 괴롭혔던 이야기를 하시면서 울먹이시자 까투리 어르신께서 "일본사람한테 놋 그릇 안 준 건 잘한 거야."라고 하시며 긍정적인 피드백을 주셨다. 형제들에게도 참 못되게 했다 미안하라고 하시며 산토끼 어르신이 목이 메어 더 말씀하시지

못하자 잠깐 기다렸다가 집단진행자는 "형제분들과 좋은 기억은 없으세요?"하고 묻자 "좋은 기억은 없고 나쁜 기억만 난다."고 말씀하셨다.

ⓒ 송아지 어르신은 손을 저으시면서 "없어요."라고 말씀하셨다.

3) 모임정리

한 분씩 돌아가면서 이야기를 다 마치고 난 후 집단지도자는 오늘 가족에 대해 이야기를 했는데 어떠셨는지 소감을 나눠 보자고 제안하자 산토끼 어르신이 제일 먼저 "형제들에게 못해 준 것만 생각나서 속상하다."고 하시며 다시 눈시울이 붉어졌다. 까투리 어르신은 "좋은 시간이었어요."라고, 자원봉사자들도 "오랜만에 누나에 대해 생각해 볼 수 있는 시간이어서 좋았다."라고 말씀하셨다. 집단지도자는 준비한 "행복과 불행이란" 좋은 글을 읽어 주고 난 후 진행된 프로그램 내용을 정리하면서 다 함께 눈을 감고 조용히 "과꽃" 노래를 불러보면서 오늘 나눴던 이야기를 정리해 보자고 하며 노래를 부른 후 프로그램을 정리하였다.

4) 활동자료

행복과 불행이란

사람은 누구나 자기 나름대로 소중한 무엇인가를 기억하며 살아갑니다. 어떤 이는 슬픈 기억을, 어떤 이는 서러운 기억을, 어떤 이는 아픈 상처를 안고 평생을 살아갑니다. 그러나 어떤 이는 기쁜 일, 좋은 일, 아름다운 기억을 하면서 살아갑니다.

아무리 행복한 사람도 슬픈 일이 있고 아무리 불행한 사람도 행복한 일이 있습니다. 누구에게나 똑같이 주어지는 기쁨과 슬픔, 만족과 불만 중 어느 것을 마음에 품느냐에 따라서 행복한 사람이 되기도 하고 불행한 사람이 되기도 합니다. 어느 것을 더 소중하게 기억하며 사느냐에 따라 행복과 불행이 결정됩니다.

행복과 불행은 동전의 양면처럼 늘 붙어 다닙니다. 다만 그것을 받아들이는 사람의 마음에 따라서 불행한 사람이 될 수도 있고, 행복한 사람이 될 수도 있습니다. 이왕이면 좋은 것, 행복한 일, 아름다운 미소를 떠올리며 행복하게 사는 게 좋겠습니다.

3. 프로그램 평가

1) 평가내용

오늘은 갑작스럽게 장안4동사무소에서 자원봉사자 3명이 함께 프로그램에 참여하셨는데 적극적으로 프로그램에 참여해 주셨고 어르신들이 새로운 성원이 프로그램에 참여한 것에 대해 긍정적인 반응을 보이셨다. 성원들 간 피드백이 활발하게 이루어졌으며 관계형성이 잘 되어서 상대방의 이야기에 감정이 상해하거나 부정적으로 받아들이기보다는 긍정적인 이해를 하며 긍정적인 관계를 형성하는 모습을 볼 수 있다.

꺽다리 어르신의 긍정적인 사고는 프로그램에 진행에 큰 도움을 주며 집단지도자가 계획한 프로그램의 목표를 달성하는데 보이지 않는 리더의 역할을 수행하고 있음을 알 수 있다. 산토끼 어르신은 어린 시절 사람들과의 관계에 있어 긍정적인 관계보다 부정적인 관계를 형성했던 사건들이 많이 기억하고 있으며 이에 대해 자신의 감정을 솔직하게 표현하는 모습을 보였다.

어르신들의 경우 살아온 과거에 대해 특히 관계에 있어 긍정적인 기억보다 부정적인 기억이 각인되는 경우가 많은 것 같다. 이는 집단에서 다루기보다 면접상담을 통해 잘못된 인지임을 인식시킬 필요가 있다고 생각된다.

◎ 여섯 번째 모임(2005. 11. 9)

1. 프로그램 개요

주제	단어연상을 통한 회상요법	참가 인원	참가자: 12명 전원참석
소요시간	90분	수행 인력	집단진행자, 보조진행자1, 보조진행자2 보조진행자3
장소	E노인복지관주간보호소 2층	준비물	출석부, 이름표, 녹음기, 필기용구, 테이 프, 음료
목표	단어 및 숫자연상을 통한 자기표현 및 관계형성		
세부 내용	◦ 스트레칭 – "산토끼", "고향의 봄" 노래에 맞춰 가벼운 스트레칭 ◦ 단어연상을 통한 기억력 향상 – 우리나라 떡, 우리나라 밥을 노래에 맞춰 돌아가면서 부름. ◦ 숫자를 통한 연산력 향상 게임– 동물 이름으로 부르면서 손가락으로 몇 개인지 부른다. ◦ 내 마음에 ~이 싹이 트고 있어요 – 사랑 대신에 각자 다른 단어들을 넣어서 자신의 마음을 표현함. ◦ 나는 너를 사랑해 – 둘씩 짝을 이루어서 각자를 소개하고 상대방을 소개해 준 후 "나는 oo를 사랑해"로 노래를 부름.		
진행 과정	도입 (10분)	◦ Hello-song "안녕하세요~하게 삽시다" ◦ 스트레칭 – "산토끼", "고향의 봄"노래에 맞춰 가벼운 스트레칭	
	전개 (60분)	◦ 단어연상 – "무궁화" 노래에 우리나라 떡, 우리나라 밥 종류를 한 명씩 각기 다르게 발표함. ◦ 밥 노래 – 밥 노래를 배워서 두 팀으로 나눠서 팀워크를 형성한다. ◦ 수연산력 – 동물 다리를 노래로 부르면서 합계가 몇 개인지 맞추는 게임을 통해 어르신들의 수연산력을 향상시킴. ◦ "내 마음에 ~이 싹트고 있어요." 노래에 각자의 마음속에 싹트고 있는 가사를 붙여서 노래로 부름. ◦ Love song– 둘씩 짝을 이루어서 이름, 자랑거리를 서로 나눈 후 상대편을 소개하는 시간을 가진 후 Love song노래에 "나는 **를 사랑해"라고 파트너의 이름을 붙여서 노래함.	
	마무리 (10분)	◦ "Good-bye song" – "당신은 사랑받기 위해 태어난 사람" 노래 부르며 모임 정리.	

2. 프로그램 진행 내용

1) 도입과정

집단진행자는 박수를 치면서 Hello-song을 부르면서 먼저 인사를 했다. 집단지도자는 "웃으면서 삽시다."라고 인사를 했으며 말 어르신은 "사랑하며 삽시다.", 사슴 어르신은 "사이좋게 삽시다.", 까투리 어르신은 "행복하게 삽시다.", 벚꽃 어르신은 "사랑하며 삽시다.", 느릅지기 어르신은 "믿으면서 삽시다.", 산토끼 어르신은 "희망으로 삽시다.", 정걸구 어르신은 "웃으면서 삽시다.", 송아지 어르신은 "건강하게 삽시다.", 닭 어르신은 "기쁘게 삽시다.", 돼지 어르신은 "사이좋게 삽시다.", 꺽다리 어르신은 "웃으면서 삽시다.", 황소 어르신은 종이 위에 "건강하게 삽시다."라고 인사하시자 집단진행자는 "우리 모두가 우리가 말한 대로 그렇게 삽시다."고 옆에 사람과 함께 "'행복하게, 웃으면서, 기쁘게, 사랑하며'라고 말씀해보세요."라고 하자 집단성원들은 옆에 있는 집단성원들의 손을 잡고 웃으면서 인사를 나누셨다.

Hello-song을 다 한 후 손뼉만 치면서 산토끼 노래를 부르고 가볍게 주먹을 쥐어서 손끝으로 "산토끼", "고향의 봄" 노래에 맞춰 ① 머리-> ② 어깨 -> ③ 팔 -> ④ 가슴을 가볍게 치면서 몸의 긴장을 풀었다.

2) 본 주제

① 단어연상

동요 "무궁화" 곡에 대한 음감을 기억하도록 다 함께 손뼉을 치면서 부른 후 우리나라 떡이 어떤 것이 있는지 집단지도자가 물어 보았다. 모든 성원들은 찰떡, 시루떡, 송편, 계피떡, 인절미, 증편, 백설기, 쑥떡, 콩떡, 개떡, 수수떡 등 한 명씩 생각나는 떡 이름을 말씀하도록 했다. 각자 말한 떡을 "무궁화" 노래에 맞춰서 3/4박자 강약약(◎oo) 박수에 맞추어 책상을 두드리면서 다 함께 노래를 부르셨다. 본인이 말한 떡 이름을 송아지 어르신이 금방 말씀하시지 못하니까 옆에 앉아 계시던 정걸구 어르신이 "쑥떡"이라고 말씀해 주자 송아지 어르신은 웃으시면서 "쑥떡"이라고 따라하셨다. 돼지 어르신은 "몰라몰라."하고 웃으시면서 말씀하시자 까투리 어르신은 "몰라 몰라 하지 말고 생각을 좀 해 봐."라고 하시자 돼지 어르신이 "우리 집사람도 똑같이 이야기해요."라고 말씀하시며 웃으셨다. 집단진행자는 다시 한 번 돼지 어르신에게 "어떤 떡 좋아하세요?"라고 묻자 돼지 어르신이 "콩떡"이라고 말씀하셔 모두들 "콩떡"을 붙여 노래를 불렀다.

② 밥 노래

두 팀으로 나누어서 우리나라 밥 종류를 서로 말하면서 게임을 한다. 조밥, 찰밥, 콩밥, 떡밥, 꼬들밥, 수수밥, 팥밥 등 자신이 아는 밥 이름을 서로 대며 게임을 하였다.

팀으로 나누어 게임을 하자 더 적극적으로 참여하는 모습을 보이시면서 "집에서 무슨 밥 먹었는지 빨리 생각해서 말해봐."라고 껑다리 어르신이 이야기하자 산토끼 어르신이 "누룽지 밥"이라고 하셔서 모두들 웃으셨다.

일상에서 쉽게 접할 수 있는 주제를 선정함으로써 모든 성원들이 어렵지 않게 적극적으로 참여할 수 있었던 것으로 생각된다.

③ 수 연산력

밥 노래 부를 때 함께했던 구성원들이 계속 같은 팀으로 수연산력 게임을 했다. 집단진행자가 동물 이름을 부르면서 2-3개 부르면 한 팀씩 합이 몇 개인지 맞춘다.

집단으로 하는 게임이지만 각 그룹별로 리더들이 있었으며 껑다리 어르신과 사슴 어르신이 보이지 않는 리더로써의 역할을 수행함을 알 수 있었다. 정확하게 답을 이야기하지 못하는 어르신도 박수를 치거나 노래를 부르는데 있어서는 적극적으로 참여하였다.

집단진행자는 게임이 다 끝난 후 모든 성원들이 적극적으로 참여한 것에 대해 감사해 하며 기계도 자꾸 사용하지 않으면 녹이 슬어 사용할 수 없게 되는 것처럼 사람의 머리도 자꾸 사용해 줘야지만 더 잘 기능을 할 수 있게 된다는 말씀을 해드리자 까투리 어르신이 "예전에는 참 계산이 빠르다는 소리 많이 들었는데 이렇게 간단한 것도 지금은 힘들다."라고 하시자 돼지 어르신이 "나도 그래."라고 하시며 까투리 어르신을 위로해 드렸다.

④ 내 마음에 ~이 싹트고 있어요.

집단지도자는 "내 마음에 사랑이 싹이 나고 있어요." 노래를 가르쳐 준 후 모든 성원들이 함께 노래를 불렀다. 다 함께 2회 정도 노래를 부른 후 집단진행자는 성원들에게 "마음에 사랑이 싹이 나고 있으면 기분이 어떠실 것 같으세요?"라는 물어보자 "행복할 것 같아요, 좋지요."라고 대답하셨다. 집단진행자는 좋은 단어를 연상해 보자고 말씀드리자 어르신들은 "기쁨, 축복, 희망, 행복, 즐거움"을 말씀하셨다. 집단지도자는 "사랑이라는 단어 대신 넣어서 부르고 싶은 마음이 있으면 그걸 넣어서 불러보세요."라고 말씀드리며 다 함께 "내 마음에 사랑이 싹이 나고 있어요." 노래를 불렀다.

말 어르신은 "사랑", 사슴, 닭 어르신은 "평화", 까투리, 문○○ 어르신은 "기쁨", 벚꽃, 느릅지기, 정걸구 어르신은 "사랑", 산토끼, 껄다리, 황소 어르신은 "희망"을 말씀하셨다.

모두들 미리 생각하셨는지 바로바로 본인들이 원하는 마음을 말씀하셨다.

⑤ Love-song

집단진행자는 사랑이 영어로 무엇인지 물어보자 산토끼 어르신이 제일 먼저 "LOVE"라고 말씀하셨다. 집단진행자는 맞는다고 하시 혹시 스펠링을 아냐고 산토끼 어르신께 물어보자 "LOVE"라고 대답하셨다. 집단진행자는 칠판에 산토끼 어르신이 말씀하신 LOVE를 쓰고 손가락으로 LOVE를 만들 수 있다는 이야기와 함께 LOVE를 그려보았다.

집단성원들이 모두 익힌 후 집단지도자는 둘씩 짝을 이루어서 옆 사람의 이름과 소개를 하라고 말했다. 어떤 이야기를 나누셨는지 집단진행자가 물어보았다.

㉠ 말-사슴 어르신은 주로 말 어르신이 말씀하셨고 뇌졸중에 대한 이야기를 나누셨다고 하시면서 우리나라 노인복지제도의 문제점과 더불어서 이런 집단 프로그램을 하는 은천복지관에 대한 감사의 말씀을 하셨다.

㉡ 까투리-벚꽃 어르신은 까투리 어르신이 주로 말씀하셨고 한 동네에 살고 같은 복지관에 다니면서도 이렇게 따로 이야기를 해본 적은 없다고 하시면서 이야기를 주도해 가셨으며 벚꽃 어르신은 까투리 어르신이 묻는 말에 "예, 아니오."라고 짧게 대답만 하셨다.

㉢ 느릅지기-산토끼 어르신은 두 분 사이에 나눴던 대화를 느릅지기 어르신이 주로 대답하셨다. 서로 잘하는 것이 무엇인지에 대해 나눴고 산토끼 어르신은 기계를 잘 다룬다고 하셨고 나는 예전에는 줄넘기를 잘 했었다고 이야기를 했다고 하셨다.

㉣ 닭- 정걸구 어르신은 두 분 중 아무도 자발적으로 말씀하시지 않으셔서 집단진행자가 개입하였다. 닭 어르신은 이름만 알고 아무것도 아는 것이 없다고 말씀하셨고, 정걸구 어르신은 닭 어르신이 건축일을 했었다는 이야기를 하셨다.

㉤ 돼지- 문○○ 어르신은 무슨 이야기를 나누셨는지 집단진행자가 물어보자 돼지 어르신이 먼저 "별 얘기 안 했어."라고 하셔서 집단지도자가 다시

"잘 하시는 게 뭐세요?"라고 묻자 돼지 어르신은 "아무거나 다 잘 한다. 노래 춤 모두 잘 한다."고 하시자 주변에 사슴, 까투리 어르신이 강하게 동의하시면서 주변 분들이 적극 추천해 주셨다. 집단진행자가 노래를 불러달라고 요청하자 망설이지 않고 바로 "돌아와요 부산항에"를 부르셨다.

ⓑ 송아지 어르신에게 어떤 이야기를 나눴는지 물어 보자 송아지 어르신은 "이름만 말했어요."라고 하셨다.

ⓐ 꺽다리- 황소 어르신은 꺽다리 어르신이 말씀하시면서 황소 어르신의 개인력에 대해서 말씀하셨다. 꺽다리 어르신의 이야기에 집단진행자는 "황소 어르신은 늘 밝고 평안해 보인다."고 꺽다리 어르신의 이야기에 공감하자 까투리 어르신이 "운동도 열심히 하신다"고 말씀하시자 다른 어르신들이 까투리 어르신의 말씀에 강하게 동의하셨다.

집단진행자는 "서로에 대해 잘 아셨는데 서로에게 사랑을 고백해 보세요."라고 하며 옆의 짝과 가깝게 앉아서 상대방에게 "나는 00를 사랑해."라고 부르면서 손가락으로 LOVE를 만들어 보라고 하였다. 집단성원들은 상대방의 얼굴을 쳐다보면서 상대방의 이름을 넣어서 노래를 불렀다. 쑥스러워하셨지만 모두들 집단진행자의 리더에 잘 따라하셨다.

3) 모임정리

오늘 느낌과 소감이 어떠했는지 질문함으로써 프로그램을 정리하였다. 꺽다리 어르신은 황소 어르신과 더 가까워진 것 같은 생각이 들어서 좋다고 하셨다.

정걸구 어르신은 "떡 노래가 좋았다."고 하셨다. 까투리 어르신은 "평소 이야기를 나눌 기회가 없었는데 오늘은 벚꽃 어르신과 함께 이야기를 할 수 있어서 좋았다."라고 하시며 벚꽃 어르신을 쳐다보자 벚꽃 어르신이 웃으시면서 고개를 끄떡이며 좋다는 표현을 하셨다.

집단진행자도 오늘 적극적으로 참여해 주신 것에 대해 감사하다는 인사를 한 후 모두 손을 잡고 Good-bye song "당신은 사랑받기 위해 태어난 사람"을 부르며 프로그램을 마쳤다.

3. 프로그램 평가

1) 평가내용

뇌졸중노인의 경우 손이나 팔을 움직이시는데 제한이 있기 때문에 이를 인식하고 스트레칭을 진행해야 하는 것이 중요하다. 본 회기에서는 가볍게 주먹을 쥐어 손끝으로 자신의 신체를 자극하여 몸의 긴장을 완화하도록 하였는데 모든 어르신들이 스스로 최대한으로 손을 올려서 몸을 두드리셨다. 거동이 불편하시기 때문에 강요하거나 강압적인 분위기를 절대로 만들지 않는 것은 집단진행자가 유의해야 할 점이다.

단어연상을 통한 회상요법을 집단진행자가 선택한 내용은 우리나라 밥, 우리나라 떡을 삼았는데 어르신들에게는 아주 적합한 주제였다. 어르신의 경우 새로운 것보다는 예전에 익숙했던 추억 속에 있는 것들이 더 친숙하게 느껴지기 때문에 과거에 익숙한 것을 주제로 하여 진행하는 것이 좋은 것 같다는 생각이 들었다. 주제를 주지 않고 둘씩 짝을 이루어서 자유롭게 이야기를 나누게 하였는데 각자 다른 주제로 이야기를 하셨으며 주도적으로 이야기를 이끌어 가시는 분이 누구인지, 어떤 분야에 관심이 있는지도 알 수 있었던 점에서는 긍정적이었으나 반면 두 분 모두 소극적인 경우에는 자리배치에 신경을 쓰거나 파트너를 좀 더 신경을 써서 진행할 필요가 있을 것 같다. 본 회기에서 둘씩 짝을 이루어서 대화를 나누고 LOVE Song을 부른 것은 걱정했던 것보다 훨씬 잘 하셨다.

◎ 일곱 번째 모임(2005. 11. 16)

1. 프로그램 개요

주 제	유리병 속에 사탕	참가 인원	참가자: 11명 참석
소요 시간	90분	수행 인력	집단진행자, 보조진행자1, 보조진행자2 보조 진행자3
장소	E노인복지관주간보호소 2층	준비물	출석부, 이름표, 테이프, 음료, 칠판, 지우개
목표	화음 이루기를 통해 자신감 및 협동심 향상		
세부 내용	◦ 지난 시간에 배웠던 노래 회상- 밥노래, 꽃노래, 떡노래를 구성원들에게 질문하여 하나씩 말하도록 함. ◦ "~리" "~밥" "~꽃"으로 끝나는 단어들을 노래에 맞추어서 불러봄. ◦ "유리병 속에 사탕"- 4명씩 3팀으로 나누어 ① 유리병 속에 사탕 ② 달고나, ③ 사탕, 사탕을 박자에 맞추어서 부름으로써 자신감 및 협동의 중요성에 대해서 학습함. ◦ 노래를 통한 주변에 착한 일을 하는 사람이 누구인지 알아본다. ◦ 내가 듣고 싶은 말? 내가 해 주고 싶은 말은? 무엇인지 생각해 보고 나눠 봄으로써 행복감을 느끼도록 함.		
진행 과정	도입 (10분)	◦ Hello-song - "고향의 봄" 노래에 맞춰 손뼉 치기, 손 올리기 등의 가벼운 스트레칭을 실시한다. ◦ 지난 시간에 배웠던 노래 회상	
	전개 (60분)	◦ 단어연상을 통한 기억력 향상 - "~리, ~밥, ~꽃"자로 끝나는 노래 부르기 ◦ "유리병 속에 사탕" - 4명씩 3팀으로 나눈다. - ① 유리병 속에 사탕 ② 달고나 ③ 사탕, 사탕을 박자에 맞추어서 부름으로써 자신감 및 협동의 중요성을 학습함. ◦"이 세상 어딘가에" 노래배우기 - 노래배우고 다 함께 불러보기 - 노래가사처럼 우리 주위에 착한 일을 하는 사람이 누구인지 생각해 고 나누기	
	마무리 (10분)	◦ 회기 정리 및 과제 제시 ◦ "Good-bye song" - "신은 사랑받기 위해 태어난 사람"노래 부르며 모임 정리.	
과제	일주일 동안 살면서 좋은 일을 누군가가 해 줬다거나 누군가에게 해 줬던 것을 생각해보고 다음 시간에 나누기.		

2. 프로그램 진행 내용

1) 도입과정

Hello-song "고향의 봄"을 부르면서 노래에 맞춰 손뼉 치기, 손 올리기 등 실시하여 굳어진 몸의 근육을 풀어 준다.

집단진행자는 지난 회기에 배웠던 노래가 무엇이 있는지 구성원들에게 물어 보자 돼지 어르신이 "떡 노래, 밥 노래"라고 대답하셨다. 집단지도자는 돼지 어르신을 칭찬해 드리면서 "기억해 주시고, 대답해 주셔서 너무 감사하다"고 말씀드리자 돼지 어르신이 "별것도 아닌데 쑥스럽네."라고 대답하셔서 모든 성원들이 모두 웃으셨다.

또 다른 노래가 생각나는지 물어보자 "싹 트네 내 마음에 사랑이" 하고 사슴 어르신이 말씀하셨다. 집단지도자는 맞는다고 하며 일주일 동안 마음속에 어떤 싹을 틔우고 오셨는지 사슴 어르신에게 묻자 사슴 어르신은 "웃음을 싹틔워서 다른 사람한테 나눠 줬어요."라고 하셔서 누구에게 나눠 줬는지 집단진행자가 물어보자 "가족들한테도 나눠 주고 주간보호에 같이 있는 친구들한테도 나눠 주고 많이 나눠 줬지요."라고 하셔서 집단지도자는 정말 대단하다고 박수한 번 쳐드리자고 하여서 모든 성원들이 박수를 쳐드렸다.

집단지도자는 지난 시간에 나누었던 이야기를 정리하면서 오늘 프로그램을 시작하였다.

2) 본 주제

① "~리, ~밥, ~꽃"자로 끝나는 노래 부르기
다 함께 책상을 가볍게 두들기면서 "리리리 자로 끝나는 말"은 노래를 불

렀다. 지난 시간에 우리나라 밥, 우리나라 떡을 한 번 해보셨기 때문에 별 어려움 없이 집단성원은 프로그램에 참여하셨다. 집단성원들이 이야기한 '리'자로 끝나는 단어는 개나리, 보따리, 청량리, 왕십리, 닭다리, 유리항아리, 노가리, 개구리 등을 말씀하셨다.

'밥'자로 끝나는 노래는 지난 회기에 진행했던 '우리나라 밥'과 비슷한 내용이여서 똑같은 내용이 나올 거라 생각했는데 '식은 밥, 뜨신 밥, 못밥' 등 새로운 밥을 말씀하셨다. 못밥이 어떤 밥인지 잘 모르겠다고 집단진행자가 물어보자 못밥을 말씀하신 벚꽃 어르신이 "모내기를 할 때 먹는 밥"이라고 말씀해 주셨고 집단진행자는 설명해 주셔서 감사하다고 인사를 했다.

'꽃'자로 끝나는 노래는 어떤 것이 있는지 돌아가면서 노래를 부르면서 노래를 나눴다.

'꽃'자로 끝나는 노랫말을 나누기로 했는데 집단성원들이 '꽃'자로 끝나는 말만 떠오르지 않는다고 하셔서 꽃 종류를 생각나는 대로 이야기한 후 나온 꽃 이름을 기억해서 노래에 맞추어서 불렀다.

② 유리병 속의 사탕

4명씩 3파트로 나누어서 ① 유리병 속에 사탕(4분 쉼표) ② 달고나 ③ 사탕 (4분 쉼표) 사탕(4분 쉼표)로 오스티나토(ostinato) 주법으로 부른다. 오스티나토(Ostinato) 주법은 어떤 일정한 음형을 악곡 전체를 통하여, 혹은 통합된 악절 전체를 통하여 동일 성부, 동일 음높이로 언제나 되풀이하는 것이다.

집단진행자가 설명을 하고 보조진행자 3명이 각자 ①, ②, ③ 파트를 나누어서 연습을 하였다. 처음 어르신들이 할 때에도 어려워하셔서 보조진행자 1명씩이 각 파트에 구성원으로 참여하였다.

처음에는 아주 천천히 하면서 익숙해지도록 하였다. 3회 정도 천천히 연습을 한 후 조금 더 빠른 빠르기로 노래를 불렀다. 집단진행자는 앞에서 지휘를 하면서 각자가 불러야 할 순서를 나타내줬다. 처음에는 지휘를 하는 것도 어색해서 박자를 더 놓쳤으나 노래를 부르라는 사인이 정확하게 이해를 하시자 점점 나아지는 모습을 보이셨다.

시작하는 시점이 서로 맞아서 곡이 되자 모두들 신기해 하시고 좋아하셨으며, 집단진행자는 다 함께 노래를 마쳐야 할 때는 손으로 동그랗게 주먹을 쥐면 노래를 멈추라고 사인을 주자 한 번에 입을 다물어서 아무런 소리도 나지 않자 모두들 신기해하시며 웃으셨다.

사슴 어르신은 "너무 좋다."라고 하시며 또 해보자고 하셔서 집단지도자가 앞에 서서 지휘를 하고 집단성원들은 집단진행자를 보면서 지휘에 맞춰 노래를 부르셨다.

③ "이 세상 어딘가엔"

집단지도자는 어르신들에게 미리 나눠드린 악보를 보게 하고,"이 세상 어딘가엔" 노래를 불렀다. 어르신들이 이 노래를 듣고 주변에 노래가사처럼 착한 일을 하는 사람, 덕행을 하는 사람, 혹은 그 사람을 생각하면 마음이 기쁘고 훈훈해져 오는 사람이 누구인지 생각나는 사람이 있는지 나눠 보자고 하였다.

㉠ 까투리 어르신은 제일 먼저 몸이 불편하니까 착한 일을 남에게 받았기 때문에 생각이 별로 안 난다고 하시며 울먹이셨다. 집단진행자는 까투리 어르신이 말씀하실 때까지 잠깐 기다렸으며 까투리 어르신은 꺽다리 어르신이 차에 오르고 내릴 때 많이 도와준다고 하시며 꺽다리 어르신에게 "고맙다."라고 인사를 하셨다.

㉡ 집단진행자는 산토끼 어르신에게 영어번역할 일이 있었는데 산토끼 어르신이 도와주셔서 감사하다고 인사를 하였다. 산토끼 어르신은 자신도 고마운 사람이 있는데 교인 중 한 사람이 목 디스크로 꼼짝 못했었는데 스포츠마사지 하는 교인이 있어서 그 분에게 마사지를 받고 나서 깨끗하게 나았다며

마사지를 해 주신 분에게 너무 고맙다며 눈물을 글썽이셨다.

ⓒ 정걸구 어르신에게도 집단지도자가 물어보자 "별로 없다."라고 짧게 대답하셨다.

집단진행자는 고마움을 느꼈다면 그것을 표현을 해야지만 알 수 있고 아무리 고마워도 표현하지 않는다면 신이 아니기 때문에 그 마음을 알 수 없다고 하며 가족들에게도 고마움을 표현하라고 정리하였다.

ⓔ 산토끼 어르신은 노래가 좋다고 하시며 함께 배워 보는 것이 좋겠다고 하셨다. 다른 성원들도 배워 보는 것이 좋겠다고 하셔서 집단지도자는 피아노를 치면서 한 소절씩 부르면서 노래를 배웠다.

3) 모임정리

집단지도자는 오늘 나눴던 이야기 중 어떤 것이 가장 기억에 남는지 성원들에게 물어보았다.

ⓐ 사슴 어르신은 노래가 제일 기억에 남는다고 하시며 주변에 어딘가에 착한 일을 하는 사람이 있다고 생각하니까 마음이 뿌듯해진다고 하셨다.

ⓑ 까투리 어르신은 내가 그런 착한 일을 하는 사람이 되었으면 좋겠다고 하셨다.

ⓒ 꺽다리 어르신은 유리병 속에 사탕이 참 재미있었다고 하셨다.

ⓓ 돼지 어르신은 노래 부르는 것이 재미있었다고 하셨다.

ⓔ 느릅지기 어르신은 TV에서 보면 합창하는 사람들이 앞에서 지휘하는 지휘자의 손에 따라 노래를 부르는데 오늘 선생님이 지휘하는 것만 보면서 노래를 부르니까 합창하는 것 같은 기분이 들어서 좋았다고 하셨다.

ⓕ 말 어르신은 각자 다른 노래를 같이 불렀는데 노래가 되는 것이 참 신기했다라고 하셨다.

집단지도자는 시간이 많지 않아서 성원들의 소감을 모두 듣지 못하는 것에 대해 아쉬움을 이야기하면서 일주일 동안 좋은 일을 누군가가 해 줬다거나,

누군가에게 해 줬던 것을 생각해보고 다음 시간에 와서 함께 나누자고 하였다.

다 함께 일어나면서 Good-bye song "당신은 사랑받기 위해 태어난 사람" 노래를 부르면서 프로그램을 정리하였다.

4) 활동자료

이 세상 어딘가엔

1. 이 세상 어딘가엔
남이야 알든 말든 착한 일 하는 사람 있는 걸 생각하라
마음이 밝아진다.
2. 이 세상 어딘가엔
탐욕과 분심 눌러 얼굴이 빛나는 이 있는 걸 생각하라
마음이 밝아진다.
3. 이 세상 어딘가엔
청빈을 감수하고 덕행에 힘쓰는 이 있는 걸 생각하라
마음이 씻기운다.
4. 이 세상 어딘가엔
하늘을 예경하고 이웃을 돕는 사람 있는 걸 생각하라
기뻐서 눈물 난다.

3. 프로그램 평가

1) 평가내용

"리자로 끝나는 말"은 지난 회기에 진행했던 내용과 비슷하기 때문에 별 어려움이 없이 집단성원들이 참여하셨으며 청량리, 왕십리 등 생각지도 못했던

지명을 말씀하셔서 놀랐다. '~밥'도 지난 회기에서 했었던 내용뿐만 아니라 식은 밥, 뜨신 밥, 못밥 등 새로운 밥을 말씀하셨다.

오늘 처음으로 오스티나토(Ostinato) 주법으로 "유리 병 속의 사탕" 노래를 불렀는데 성원들이 처음에는 어려워서 자신이 맡은 부분에만 신경을 쓰면서 자신의 소리에만 귀를 기울이셨는데 점점 익숙해지면서 다른 파트의 소리에 귀를 기울이시며 박자를 맞추는 모습도 보이셨고 책상을 살살 두들기면서 박자를 맞추는 모습도 볼 수 있었다. 처음에는 집단진행자가 앞에서 박자를 맞춰 주는 지휘를 함에도 불구하고 본인이 맡은 부분을 하느라 정신이 없어서 쳐다보지 못했지만 점점 익숙해져서 자신의 것에 익숙해지자 집단지도자를 쳐다보기도 하고 나중에는 함께 노래를 끝마치는 것도 하자 무척 좋아하셨다.

오스티나토 주법은 어르신들로 하여금 협동심과 성취감을 느끼게 하는 데 효과적이라는 생각이 들며 집단진행자의 곡 선정이 어르신들이 하시기에 간단하고 내용이 재미있었던 것이 더 좋은 효과를 냈던 것 같다.

◎ 여덟 번째 모임(2005. 11. 23)

1. 프로그램 개요

주 제	장애는 아름답다	참가 인원	참가자: 11명 참석
소요시간	90분	수행 인력	집단진행자, 보조진행자1, 보조진행자2 보조진행자3
장 소	oo노인복지회관 주간보호소 2층	준비물	출석부, 이름표, 녹음기, 필기용구, 테이 프, 음료
목 표		- 장애를 이기고 성공적인 인생을 살아가는 사람들의 인생을 나눔으로써 자아존중감을 향상시킨다. - 뇌졸중으로 인한 신체적 장애에 대해 서로 나눔으로써 심리적 어려움을 완화시키도록 함.	
세 부 내 용		○ 장애를 극복하여 자아성취감을 이룬 사람들의 이야기를 나눔(앨리슨 래퍼, 장애인 성악가 안드레아 보첼리, 레나마리아)으로써 신체적 장애에 대한 원망 및 심리적 어려움을 해결하고 자존감을 향상하도록 함 ○ 뇌졸중으로 인한 신체적 변화, 어려움에 대해 서로 나눔으로써 나만의 어려움이 아닌 질환으로 인한 변화, 어려움임을 인정하도록 하고 미래에 대한 긍정적인 생각들을 갖도록 유도한다.	
진 행 과 정	도입 (10분)	○ Hello-song - "고향의 봄" 노래에 맞춰 손뼉 치기, 손 올리기 스트레칭을 실시함 ○ 과제점검 - 일주일동안 좋은 일을 누가 해줬다거나, 누군가에게 좋은 일을 해주었던 일에 대해 나누기	
	전개 (60분)	○ 장애를 극복한 사람들 - 장애를 극복한 사람들의 사진을 보여 주고 장애를 극복하는 과정들을 이야기해 줌. - 장애를 극복한 사람들을 보고 들으면서 느낀 점, 소감, 생각들을 나눔. ○ 나의 모습 받아들이기 - 뇌졸중으로 인한 나의 신체적 변화, 생각 나누기 - 구성원간 신체적, 심리적 어려움을 나누며 격려해 줌. - 신체적 변화를 인정하고 극복하는 구체적인 방법에 대해 나눔.	
	마무리 (10분)	○ 느낌 나누기 ○ "Good-bye song" - "당신은 사랑받기 위해 태어난 사람" 노래 부르며 모임 정리	

2. 프로그램 진행 내용

1) 도입과정

Hello-song "고향의 봄" 노래 부르면서 손뼉 치기, 손 올리기 , 어깨 두드리기 등 가벼운 스트레칭을 실시하였다.

지난주에 과제로 내주었던 "일주일 동안 누군가 나에게 좋은 일을 해 주었거나, 누군가에게 좋은 일을 해 주었던 경험을 나누어 봅시다."라고 집단진행자가 제안하였다.

㉠ 느릅지기 어르신은 복지관에 나오려고 하는데 아내가 춥다며 재킷의 지퍼를 채워줘서 너무 고마웠다고 이야기하자 성원들은 모두 대단하다고 하시며 좋겠다고 하셨다.

㉡ 사슴 어르신은 주간보호 같이 하시는 어르신이 한쪽 팔로 옷을 입으시기에 도와줬다라고 말씀하시자 벚꽃 어르신이 "사슴 어르신은 다른 사람 많이 도와줘요. 꺽다리 어르신도 그렇고요." 하시며 다른 성원들을 칭찬하셨다.

㉢ 정걸구 어르신은 복지관에 올 때마다 아들과 며느리가 바쁜데도 꼭 차로 태워다 준다고 하셨다. 까투리 어르신은 "정말 효자, 효부들이네."라고 말씀하시자 정걸구 어르신이 "맞아요."라고 하셨다.

㉣ 송아지 어르신에게 집단진행자가 질문을 하자 웃으시면서 "없어요." 라고 하셨고 까투리 어르신은 "옆집에 사는 아주머니가 지난주에 안부전화를 해줘서 너무 고맙고 좋았다."라고 말씀하셨다.

㉤ 돼지 어르신은 "복지관 선생님이 도와줘서 좋았어."라고 말씀하셔서 집단진행자가 구체적으로 무엇을 도와줬는지 묻자 "밥도 가져다 주고 밥 다 먹으면 물도 가져다 줘."라고 하시며 복지관 주간보호 담당선생을 칭찬하셨다.

집단진행자는 모두들 과제를 잘 수행하신 것에 대해 격려하고 본 주제로 넘어갔다.

2) 본 주제

① 장애를 극복한 사람들

집단지도자는 준비해온 장애인으로 태어났지만 인생을 극복하고 성공한 사람들(영국 구족화가 앨리슨 래퍼, 팔이 없는 성악가 레나 마리아, 시각장애인 성악가 안드레아 보첼리, 수영선수 김진호)의 일대기를 소개하였다. 장애를 넘을 수 없는 벽이라고 생각하지 않고 끊임없이 포기하지 않고 도전하였을 때 결국 그들의 인생에는 값진 열매들이 있게 되었음을 이야기하며 장애를 인정하고 받아들이는 것이 그들이 성공할 수 있었던 첫 걸음이었음을 이야기하였다. 집단진행자는 신문스크랩, 사진 등 시각적인 자료를 준비하여 어르신들은 놀라면서 스크랩, 신문 등에서 눈을 떼지 못했다.

집단진행자가 준비한 자료들을 보여 주자 사슴 어르신은 "희야도 손가락이 네 개밖에 없는데 엄마가 열심히 지도해서 피아니스트가 되었다."라고 하시며 자신이 알고 있는 장애인이면서 피아니스트로 생활하고 있는 희야 이야기를 하셨다.

② 나의 신체화 점수는?

집단진행자는 장애를 극복한 사람들의 이야기 후 "어르신들의 신체 점수는 몇 점인가?" 물어보았다.

까투리 어르신은 지금은 30점이라고 말씀하셨고, 느릅지기 어르신은 50점, 꺽다리 어르신은 80점, 말 어르신은 60점, 돼지 어르신은 6o점, 송아지 어르신은 70점, 산토끼 어르신은 70점, 사슴 어르신은 70점, 정걸구 어르신은 60점이라고 하셨다.

집단지도자는 가장 높은 점수를 주신 꺽다리 어르신에게 "어떻게 그렇게 높은 점수를 주셨어요?"라고 물어보았다.

㉠ 껑다리 어르신은 뇌졸중으로 처음에 몸이 불편할 때 자신의 몸이 불편한 것을 받아들이기 힘들었다고 하시며 아마 그때는 거의 0점에 가까운 점수였으나, 지금은 몸의 불편함을 받아들이기 시작하니까 마음도 편안해졌고 가족들과의 관계도 좋아졌다고 하셨다. 껑다리 어르신의 말에 대해 사슴 어르신이 동의하시면서 자신도 처음에는 많이 힘들었고 거울을 보지 않았었노라고 하셨다. 손을 사용하기 힘들어 혼자 양말 신는 것조차 힘들었을 때는 가족이 양말을 신겨 주는 것도 자존심이 상했었으나 뇌졸중이라는 것을 인정하고 팔, 다리를 움직이는 것이 불편한 것이 내가 부족해서 그런 것이 아니라 뇌졸중으로 인한 후유증이라고 생각을 바꾸고 나니까 몸이 불편한 것을 받아들이기가 훨씬 더 쉬웠다라고 말씀하셨다. 까투리 어르신은 사슴 어르신의 말에 대해 "그래도 잘 걷잖아. 나는 그러지도 못하고……."하시며 울음을 터트리시자 사슴 어르신이 "까투리 할머니는 몸이 아픈 것보다 마음이 아픈 게 병이에요. 늘 부정적으로 생각하고 안 된다고 생각하는 게 병이야."라고 하시자 껑다리 어르신이 "맞다."고 사슴 어르신의 의견에 동의하시면서 "누구나 처음에는 신체적 변화를 받아들이는 것이 힘들지만 받아들이기만 하면 그 다음에는 더 행복해질 수 있다. 까투리 할머니도 그 힘든 시간을 잘 넘겼으면 좋겠다."라고 말씀하셨다.

㉡ 느릅지기 어르신은 "처음에는 내가 뇌졸중에 걸린 것 자체를 받아들이기 힘들었다. 왜 나한테 이런 일이 생겼을까? 왜 하나님은 나에게 이런 벌을 주시는 것이지? 라고 원망도 많이 했다. 부인을 쳐다보면 더 미안하고 더 힘들었다."라고 하시자 정걸구 어르신도 울먹이시며 "가족에게 제일 미안한 마음이 든다. 그래도 부인이 나를 잘 돌봐 주고 이해해 주고 도와줘서 너무너무 고맙다."라고 하시며 울음을 터트리셨다. 잠깐 침묵이 흐르고 집단지도자는 "가족분들에게 미안한 마음과 고마운 마음이 많으신 것 같네요."라고 이야기하자 산토끼 어르신이 "정말 가족이 함께 있어서 너무너무 감사하다."라는 말을 하셨고

정걸구 어르신 옆에 앉아 계시던 까투리 어르신은 정걸구 어르신의 손을 잡으면서 "가족이 있으니 얼마나 좋아. 나도 썩 잘해주지 않지만 남편이 있고 아들이 있어서 좋다."라고 말씀하셨다.

ⓒ 말 어르신은 "우리는 모두 행복한 노인들이다. 뇌졸중 걸리고 치매 걸렸다고 가져다 버리는 자식들도 많은데 그래도 우리들은 갖다 버리지도 않고 함께 살고, 이런 복지관 프로그램에 참여하지도 않냐?"라고 하셔서 모두 웃으셨다.

③ 나의 모습 받아들이기

정걸구 어르신의 감정이 어느 정도 가라앉은 후 집단지도자는 좋은 이야기들을 나눠 주셔서 감사하다는 인사를 하고 난 후 "모두 자신의 신체 점수를 각자 다르게 말씀하셨는데 몇몇 분의 이야기를 들어보면 자신의 신체적 변화를 인정하고 받아들이신 분들은 좀 더 편안하게 몸이 불편하신 것을 받아들이시는 것 같다."라고 말하자, 꺽다리 어르신이 "건강하던 사람이 갑자기 팔이 움직이지 않고 다리를 끌면서 걸으면 내가 이렇게 되었구나 하는 것을 인정하는 것이 정말 힘들다. 힘들어도 자신의 모습을 있는 그대로 받아들이고 나니까 훨씬 더 살기 편하더라."라고 말씀하셨고 집단지도자는 건강하던 사람이 교통사고나 뇌졸중으로 갑자기 몸을 움직이기 불편해지게 되는 경우 겪게 되는 심리적 5단계(부정→분노→교섭→우울→인정)를 설명하면서 가장 마지막 단계인 인정을 하게 되면 신체적 변화를 수용하게 되고 심리적으로 편안함을 느낄 수 있음을 설명하였다.

설명 중 꺽다리, 사슴 어르신의 이야기도 함께 설명하여 드리며 "인정"의 중요성을 다시 한 번 정리하였다.

3) 모임정리

오늘 프로그램 내용에 대한 소감 및 느낌을 나누자 꺽다리 어르신은 태어날 때부터 장애를 가지고 태어난 사람도 긍정적인 생각과 태도로 열심히 노력해서 세계적으로 유명한 사람이 되었는데 나도 나 자신의 신체적 한계에 대해 더 긍정적으로 생각해야겠다는 생각이 들었다라고 하셨다.

㉠ 사슴 어르신은 꺽다리 어르신의 이야기에 동의하시면서 인정의 중요성에 대해 공감한다고 하시면서 자신의 상황과 처지에 대해 받아들이기 힘들겠지만 그래도 인정하는 것이 중요하다고 생각한다고 하셨다.

㉡ 느릅지기 어르신은 팔이 없는 사진작가가 아들과 찍은 사진이 가장 인상적이었고 기억에 남는다고 하시면서 어떻게 저렇게 할 수 있을까라는 생각이 든다고 하셨다.

㉢ 까투리 어르신은 처음에 팔다리를 쓸 수 없을 때 나는 거울을 쳐다보는 것도 싫었는데 어떻게 팔이 없고 다리가 짧은 자신의 몸을 예술품으로 만들었을까 하는 생각이 들었고 대단하다는 생각이 들었다 나라면 아마 그렇게 할 수 없었을 것 같다고 하셨다.

㉣ 정걸구 어르신은 장애를 이겨낸 사람들의 가족의 노력이 정말 대단하다는 생각이 든다고 하시면서 나도 가족들의 노력과 도움 때문에 지금까지 견딜 수 있었던 것 같다고 하셨다.

㉤ 산토끼 어르신은 인정이라는 것이 얼마나 중요하고 대단한 것인지 다시 한 번 생각하게 되었다라고 하셨다.

㉥ 송아지 어르신은 "다 좋았어요."라고 대답하셨고 돼지 어르신은 팔이 없는 사람이 사진을 찍고, 눈이 보이지 않는 사람이 노래를 부른다는 사실이 대단하다는 생각이 든다고 말씀하셨다.

㉦ 말 어르신은 레나 마리아가 그렇게 장애를 극복할 수 있었던 것은 가족이 하나님이 주신 아이라고 생각했기 때문이라는 생각이 든다고 하시면서

가족이 얼마나 소중한 존재인지에 대해 다시 한 번 생각하게 되었다고 하셨다.

집단지도자는 모든 어르신들의 이야기를 정리하면서 솔직하게 이야기를 해 주셔서 감사하다는 인사를 드린 후 Good-bye song "당신은 사랑받기 위해 태어난 사람"을 옆 사람의 손을 잡고 부르며 프로그램을 마쳤다.

4) 활동자료

① 현대의 비너스 앨리슨 래퍼

1965년 양팔이 없고 다리가 짧은 기형으로 태어나 가족과 사회의 편견을 딛고 구족화가 겸 사진작가가 된 영국 여성 앨리슨 래퍼는 2005년 세계여성 성취상을 수상하고 대영제국 국민훈장을 받았다.

래퍼는 생후 6주 만에 어머니로부터 버림받고 장애인 보호시설에 보내졌다. 시설에서 공공연하게 학대받던 앨리슨은 17세 때 비장애인들과 섞여 반스테드에서 미술을 공부하고 1994년 학사학위를 따냈다. 앨리슨은 22세 때 결혼을 했지만 남편의 폭력과 학대에 시달리다 2년 만에 이혼을 했다. 1999년 앨리슨이 임신을 하게 되자 주변의 만류를 뿌리치고 건강한 남자아이를 낳아 비장애인 엄마들도 힘들어하는 육아를 기꺼이 해냈다.

2005년 가을에는 영국 현대미술가 마크 퀸이 임신 9개월의 앨리슨을 모델로 만든 5m높이 조각 작품을 트래펄가 광장에 전시하여 앨리슨은 더욱 유명해졌다. 자신의 몸을 밀로의 비너스를 닮은 '현대판 비너스'라고 자부하는 앨리슨은 자신의 벗은 몸에 빛과 그림자를 이용해 조각 같은 영상을 만들어내며 '장애인의 몸도 비장애인의 몸처럼 아름다울 수 있다'고 주장하면서 작품 활동을 하고 있다.

② 안드레아 보첼리

안드레아 보첼리는 1958년 9월 22일 이탈리아 투스카니의 포토와 올리브를 경작하는 작은 농가에서 태어났다. 농촌에 살면서 음악 교육을 하기에는 많은 어려움이 있었으나 보첼리의 부모는 그를 여섯 살 때부터 피아노 레슨을 받게 하고 또한 플루트와 색소폰을 가르쳤다. 보첼리는 어린 시절부터 유독 오페라 아리아에 많은 관심을 보였다.

"저 역시도 친척들의 모임에서 항상 어른들이 노래를 시켰던 그런 아이 중 하나였죠. 누구든 스스로 가수가 되겠다고 결심하는 사람은 없습니다. 다른 사람들이 그들의 반응을 통해 그 결심을 만들어 내는 거죠."

불행하게도 보첼리는 12세 때 두 눈의 시력을 잃고 말았다.

"사람들이 이 점에 너무 감상적으로 느끼는 것을 원치 않아요. 그것은 단순한 사고였죠. 친구들과 축구를 하다가 머리를 부딪쳐서 뇌가 상처를 입었는데 며칠 뒤부터 시력을 잃기 시작했습니다."

보첼리는 이러한 비극이 자신의 삶에 커다란 영향을 주었다고 생각지 않는다고 말한다. 보첼리는 피사 대학에서 법률을 전공하여 법학박사 학위를 취득하고 다시 노래를 부르기 전까지 몇 해 동안 법정 선임 변호사로 활약하기도 했다. 그러나 음악에 대한 그의 열정은 남다른 것이었고 이를 실현하기 위해 전설적인 테너 프랑코 코렐리를 찾아가 그의 문하생이 된다. 그는 교습비를 마련하기 위해 클럽과 식당에서 피아노를 연주했는데 이때 미래에 그의 부인이 될 엔리카를 만났다.

보첼리의 자서전[82]은 어려웠던 과거사의 눈물과 고생보다는 믿음과 희망, 긍정적인 자신감에 초점을 맞추고 있다. 그의 성공의 비밀은 첫째 일 초 일 분도 과거와 현재의 자신을 한탄하는 데 시간을 보내지 않고 미래를 위해 투자하며, 둘째 자신을 믿고 낙관적인 희망을 버리지 말라는 것이고 셋째는 겸손하라는 것이다. 그는 평범한 주위사람들의 얘기에 귀 기울였으며 거기에서 자신의 나아갈 길을 찾았다.[83]

82) 안드레아 보첼리(Andrea Bocelli), 「침묵의 음악」 *(La) musica del silenzio* 이현경 역(서울: 황금가지, 2003)

③ 레나 마리아

레나 마리아(Lena Maria, 1968. 9. 28, 스웨덴)는 두 팔이 없고 한쪽 다리가 짧은 중증장애인으로 태어났다.

병원에서 보호소에 맡길 것을 권유했지만 그녀의 부모는 하나님이 주신 아이로 확신하고 그녀를 신앙인으로 양육했다. 마리아는 수영, 십자수, 요리, 피아노, 운전, 찬양대 지휘에 이르기까지 오른발로 못하는 것이 없다. 마리아는 그의 저서84)에서 이렇게 고백했다.

"저는 지금까지 한 번도 자신을 장애인이라고 생각해본 적이 없습니다. 단지 다른 사람과 사는 방법이 약간 다를 뿐입니다."

레나 마리아는 1986년 세계 장애인 수영선수권대회에 참가하였으며, 1988년에는 서울 장애인 올림픽 스웨덴 수영 국가대표선수로 활약하였고, 2007년 2월부터는 월드투게더 홍보대사로 활약하고 있다.

3. 프로그램 평가

1) 평가내용

집단진행자는 오늘의 프로그램 진행을 위해 장애를 극복한 사람들의 사진과 내용들을 스크랩해서 집단성원들에게 보여 주었는데 시각적인 효과는 어르신들에게 큰 영향을 미쳤다.

자신의 신체를 점수로 측정하게 함으로써 어르신들의 자존감도 알 수 있었으며, 점수가 높고 낮은 어르신들간의 차이가 무엇인지에 대해 집단진행자가 질문함으로써 집단성원들간 역동을 통해 "자신의 신체적 변화를 인정하는 것"에 대해 이야기가 나올 수 있어서 좋았다.

---

83) http://book.naver.com/bookdb/book-detail.
84) 레나 마리아(Lena Maria), fot noter, 「발로 쓴 내 인생의 악보」 유석인 역 (서울: 토기장이, 2003)

까투리 어르신의 우울 단계에 대해 꺽다리, 사슴 어르신이 역동적으로 피드백을 주셨으며 자신의 신체적 변화를 인정함으로 변화된 것에 대해 심리적 변화들에 대해서도 구체적으로 이야기를 나누어 주셨다.

이번 회기에서 집단진행자는 최소한의 개입만을 함으로써 집단성원들 간에 역동적으로 집단을 이끌어갈 수 있도록 하였는데 이는 집단진행자가 성원들에게 개입하는 것보다 더 큰 효과를 얻을 수 있는 회기였다.

주로 꺽다리, 사슴, 까투리 어르신에 의해서만 주로 집단이 움직였지만 본 회기의 목적을 달성하기에 적절했기 때문에 집단진행자는 더 개입하지 않았으며 그렇게 하였던 것이 오히려 본 회기의 목표를 달성할 수 있도록 만든 원동력이 된 것 같다.

2) 제언사항

뇌졸중 어르신들의 경우 거동이 불편하셔서 만나는 사람이 가족이나 복지관 사람들로 제한되어 과제를 제시하는 데에도 고려되어야 할 필요가 있다.

본 회기는 집단진행자가 의도한 내용들이 몇몇 성원들에 의해 이루어졌는데, 모든 성원들이 프로그램에 참여하지는 않았지만 집단 내에서 이루어지는 대화를 들음으로 인해 집단지도가 목표한 것을 달성하기에는 충분하였다.

필요한 경우 몇 명의 성원에 의해 집단 역동이 일어나지만 집단진행자가 회기를 통해 얻기를 원하는 목표가 달성되는 경우 집단지도자는 무리해서 모든 집단성원을 참여시키기보다는 다른 성원들의 이야기를 경청할 수 있도록 하거나 잘 경청하고 있는지를 확인하는 정도로만 참여하도록 하는 것도 바람직하다고 생각한다.

◎ 아홉 번째 모임(2005. 11. 30)

1. 프로그램 개요

주제	나, 너 그리고 우리	참가 인원	참가자: 11명 참석
소요시간	90분	수행 인력	집단진행자, 보조진행자1, 보조진행자2 보조진행자3
장소	E노인복지관주간보호소 2층	준비물	출석부, 이름표, 녹음기, 행동유형진단 검사지, 필기용구, 테이프, 음료
목표	○ 자기이해- 행동유형진단(Personal Profile System :PPS)을 통해 자신에 대하여 객관적으로 이해함. ○ 타인이해- 타인과 자신의 차이점을 이해함으로써 인간관계를 개선하고 갈등과 스트레스를 관리하는 자세와 방법을 익히고 시너지를 낼 수 있음.		
세부 내용	○ 자신과 타인을 객관적으로 이해하고 효과적인 대인관계 커뮤니케이션을 학습할 수 있다.. ○ 나와 똑같은 사람이 지구상에 단 한 명도 없듯이 나와 타인이 차이가 있을 뿐이지 틀린 것이 아니라는 것을 재인식해 주며 서로를 이해할 수 있도록 한다.		
진행 과정	도입 (25분)	○ 인사하기 - 집단진행자가 큰 소리로 "안녕하세요."하고 인사하면서 박수를 치면서 자연스럽게 어깨, 팔, 가슴, 머리, 손가락 등을 가볍게 두들기며 프로그램 시작함. ○ Hello-song - "안녕하세요 ~하게 삽시다" 노래 부르며 바람과 소망을 노래로 표현함.	
	전개 (50분)	○ 행동유형진단(Personal Profile System : PPS)의 실시 목적 설명 ○ 행동유형진단검사 실시 - 집단진행자가 검사지를 큰 목소리로 읽어주고 보조진행자 3명은 혼자 체크하기 힘들거나 도움이 필요하신 어르신 옆에서 도와주었다.	
	마무리 (15분)	○ 다음 프로그램 내용 소개 및 마무리. - 검사한 결과를 다음 시간에 분석하여 이야기해 주기로 함. ○ "Good-bye song" - "당신은 사랑받기 위해 태어난 사람" 노래 부르며 모임 정리.	

2. 프로그램 진행 내용

1) 도입과정

집단지도자는 "안녕하세요?"라고 인사면서 박수를 치면서 자연스럽게 어깨, 팔, 가슴, 머리, 손가락 등을 가볍게 두들기면서 프로그램을 시작하였다.

두들기기가 끝난 후 집단진행자는 어떠신지? 물어보자 시원하다고 하시고 옆 성원과 이야기가 끝나지 않아 다소 산만해서 집단진행자는 같이 손뼉 치기를 하면서 주의를 집중시켰고 손뼉 치기에서 주의가 집중되자 바로 "Hello-song"을 진행시켰다.

송아지, 돼지 어르신은 "행복하게 삽시다."라고 인사하셨고, 벚꽃 어르신은 "웃으면서 삽시다." 껑다리 어르신은 "긍정적으로 삽시다." 말 어르신은 "기쁘게 삽시다.", 까투리 어르신은 "건강하게 삽시다.", 느릅지기 어르신은 "살맛나게 삽시다.", 산토끼 어르신은 "꿈을 갖고 삽시다.", 정걸구 어르신은 "인정하며 삽시다."라고 말씀하셨다.

정걸구 어르신의 "인정하며 삽시다."라고 말한 것에 대해 집단진행자는 지난 회기에 나누었던 자신의 신체를 인정하는 것의 중요성에 대해 정리를 하면서 지난 회기에 나누었던 이야기를 간단하게 정리하였다.

산토끼 어르신은 "지난 한 주를 참 많은 생각들로 보냈는데 나 자신이 나에 대해 얼마나 인정하고 있는지에 대해 생각해봤다."라고 하셨다. 어떤 생각들인지 집단진행자가 구체적인 내용들에 대해 질문하자 "지난 시간에 나의 신체점수를 70점이라고 말하면서도 '내가 너무 높게 점수를 준 것은 아닌가? 다른 사람들이 네가 뭐 70점짜리가 되니? 라고 이야기하면 어쩌지?'라고 생각을 했었는데 내가 나 자신의 신체적 변화를 인정하고 있다는 생각을 선생님을 통해 들으니까 내 자신이 자랑스럽다는 생각이 들었다."라고 하셨다.

집단진행자는 자신의 상황이나 환경을 인정하는 것의 중요성에 대해 언급하면서 인정이 모든 해결의 시작이라는 이야기를 하자 모든 성원들이 조용히 고개를 끄덕이시는 모습을 보이셨다. 혹시 더 말씀하실 분이 없으신지 집단진행자가 물어보자 느릅지기 어르신은 "지난주에 집에 돌아가서 까투리 어르신과 정걸구 어르신이 많이 생각이 났고 정말 힘들겠구나 하는 생각이 들어서 마음이 아팠다"라고 이야기하셨다. 집단진행자는 까투리 어르신 어르신과 정걸구 어르신에게 어떠셨는지 물어보았고 까투리 어르신은 "괜찮았어요. 처음에는 힘들었는데 지금은 오히려 지난주보다 더 평안하네요."라고 편안한 얼굴로 말씀하셨다. 정걸구 어르신은 "지난주 프로그램 끝나고 가족들과 이야기를 많이 했다."고 하시면서 "그리고 고맙다는 인사를 가족들에게 했다."라고 하셨다. 집단지도자는 모두들 한 주를 잘 보내고 오신 것에 대해 격려를 해드렸다.

2) 본 주제

① 행동유형진단(Personal Profile System: PPS) 실시 목적 및 설명

집단진행자는 본 회기에서 진행될 행동유형진단(Personal Profile System:PPS) 실시에 대한 소개를 하면서 자신의 의도가 잘 전달되지 않을 때, 상대방을 탓하기보다는 상대방의 유형이 다름을 이해하는 것이 필요하며 행동유형진단을 통해 자기를 이해하고 타인을 이해하는 것을 목표라는 프로그램 실시 목적에 대해 설명하였다.

집단진행자의 설명에 대해 사슴 어르신은 재미있을 것 같다는 말씀을 하셨고, 까투리 어르신은 누가 날 도와줘야지 할 수 있노라고 하셔서 집단진행자는 보조진행자가 도와 드릴 것이라고 말씀드리자 벗꽃 어르신이 "나도 혼자 하기는 힘든데……."라고 말씀하시자 보조진행자가 "도와드릴 게요."라고 말씀드렸다.

② 행동유형진단(Personal Profile System: PPS) 실시

집단진행자가 설문문항을 큰 목소리로 천천히 읽으면 성원들이 한 문항씩 체크하였고 보조진행자 1,2,3이 혼자 하시기 힘드신 어르신들 옆에서 함께 도와드렸다.

성원이 잘 체크하지 못하는 경우에는 집단진행자가 다시 한 번 읽어 모든 성원이 한 문항을 체크하면 다음 문항으로 진행시켰다.

3) 모임정리

집단진행자는 검사가 다 끝나고 오늘 검사된 내용을 다음 시간에 유형별로 설명하고 나의 행동유형이 어떤지 다른 사람과 어떻게 다른지 알아보는 시간을 갖겠노라고 다음 프로그램 진행 내용에 대해 소개하였다.

㉠ 돼지 어르신께서 "이걸로 그걸 알 수 있어?"라고 물어보시자 집단진행자는 오늘 체크하신 검사내용이 나의 행동유형이 어떠한지를 알 수 있는 내용으로 구성되어 있음을 다시 한 번 설명한 후 다음 주에는 그 유형에 대해 설명하겠노라고 돼지 어르신에게 다시 한 번 설명하였다.

㉡ 사슴 어르신은 다음 시간이 너무 기대된다고 하시면서 이런 검사를 실시해 본 적이 단 한 번도 없었노라고 빨리 다음 주가 왔으면 좋겠다고 하셨다.

㉢ 까투리 어르신은 사슴 어르신의 의견에 대해 "나는 오히려 겁이 난다."고 하시며 "내가 나쁘게 나오면 어떻게 하냐?"고 하셨다. 꺽다리 어르신은 "까투리 할머니는 저게 병이라니까"라고 하시며 "걱정을 사서 한다니까 좋고 나쁜 게 어디에 있겠어? 그냥 좋으면 더 좋게 나쁘면 좋게 바꾸면 되지."라고 하시자 까투리 어르신이 "꺽다리 어르신은 좋겠어. 항상 긍정적으로 생각하니까 나도 저렇게 배우고 싶은데 그렇게 안 되네."라고 하시며 웃으셨다.

집단진행자는 행동유형이 좋고 나쁨이 없으며 나의 행동유형이 마음에 들

지 않는다면 껑다리 어르신이 말씀하신대로 "좀 더 좋은 방향으로 바꾸도록 노력하면 되고, 나의 행동유형을 아는 것은 다른 사람과의 관계에서도 정말 중요하며 더 좋은 관계를 형성할 수 있는 중요한 자료가 될 것입니다."라고 설명하였다.

      ⓔ 산토끼 어르신도 다음 시간이 기다려진다고 하시면서 다음 시간에는 무슨 일이 있어도 늦지 말고 와야겠다고 하셨다.

집단진행자는 다음 주에는 정말 산토끼 어르신 말씀처럼 늦지 마시고 빠지지 마시고 모두 참석하셨으면 좋겠다고 하면서 Good-bye song – "당신은 사랑받기 위해 태어난 사람"을 부르면서 프로그램을 정리했다.

3. 프로그램 평가

1) 평가내용

도입 부분에서 집단진행자는 지난 회기에서 나누었던 내용에 대해 다시 한 번 정리하면서 집단성원들의 생각이나 의견을 충분히 들은 것은 바람직하다고 생각한다.

특별히 오늘 회기에서는 검사지를 실시하는 것이어서 다른 회기보다 시간적인 여유가 있었기 때문에 도입부분에서의 성원들의 이야기를 충분히 들을 수 있었던 점이 좋았던 것으로 생각된다. 특별히 지난 시간에 자신의 신체적 변화를 받아들이지 못하던 까투리, 정걸구 어르신에 대해 느릅지기 어르신이 자발적으로 두 어르신에 대한 염려를 나누어져서 자발적으로 점검할 수 있었다. 이처럼 구성원간 역동이 자연스럽게 일어나는 것은 구성원들간 관계형성이 긍정적으로 되고 있음을 확인할 수 있는 시간이었다.

2) 제언사항

도입부분에서 몸을 가볍게 두들기는 동안은 침묵상태가 아니라 그냥 가벼운 안부나 인사를 집단진행자가 성원들에게 물어 보면서 진행하면 좋다. 크게 주의를 요하는 작업이 아니기 때문에 시간을 절약하면서 일주일 동안의 삶을 나눌 수 있다.

지난 시간에 나누었던 신체적 변화 인정하기에 대해 다시 한 번 정리하는 시간이 필요하며 특별히 신체적 변화를 받아들이지 못하는 어르신의 경우 일주일 동안 어떻게 지내셨는지 확인함으로써 인지 및 심리적 변화에 대해 점검할 필요가 있다.

◎ 열 번째 모임(2005. 12. 7)

1. 프로그램 개요

주제	행동유형검사(PPS) 결과분석 I	참가 인원	참가자: 12명 전원참석
소요시간	90분	수행 인력	집단진행자, 보조진행자1, 보조진행자2, 보조진행자3
장소	E노인복지관주간보호소 2층	준비물	출석부, 이름표, 행동유형 검사 결과지, 녹음기, 필기용구, 테이프, 음료
목표	◦ 나의 성격유형 이해하기 ◦ 타인의 성격유형 이해하기		
세부 내용	○ 지난 회기에 검사한 행동유형검사 결과지와 그에 대한 간단한 설명이 들어간 표를 나누어 줌. ○ DISC 유형소개 및 세부내용 이해하기 - D=주도형(Dominance) / I=사교형(Influence) / S=인정형(Steadiness) / C=신중형(Conscientiousness) ○ 유형이 비슷한 구성원들을 묶어서 성격유형 설명하기 ○ 구성원들 각자가 자신의 성격변화에 대해 인식하고 구체적인 변화를 나눔.		
진행 과정	도입 (20분)	○ Hello-song - "고향의 봄", "산토끼" 노래 부르며 목, 어깨, 얼굴을 가볍게 두들기며 긴장된 근육을 이완시킴. - "안녕하세요~하게 삽시다" 노래 부르며 인사하기	
	전개 (60분)	○ 좋은 글 읽어주기 "또 하나의 열매를 바라시며" ○ 행동유형검사 결과지와 간단한 내용이 들어간 표를 나누어 갖고 집단진행자가 DISC 유형소개 및 세부내용을 설명함. ○ 집단진행자가 구성원 개개인의 성격유형과 유형이 비슷한 구성원들의 성격특징을 설명하기. ○ 구성원들 각자가 자신의 성격과 변화된 성격이 있는지 나눔.	
	마무리(10분)	○ 느낌 나누기 ○ Good-bye song 부르며 마무리 - "나는 사랑받기 위해 태어난 사람"을 자신을 향해 불러 줌.	
과제	나의 행동유형과 얼마나 많이 맞는지 생각해보기.		

2. 프로그램 진행 내용

1) 도입과정

다 함께 "Hello-song"을 부르면서 프로그램을 시작하였다. 가볍게 주먹을 쥐고 노래에 맞추어서 목, 어깨, 머리, 가슴, 팔 등을 두드리며 긴장된 근육을 이완시켰다.

Hello-song을 진행하면서 집단진행자는 "어떻게 지내셨어요?"하고 물어보자 사슴 어르신은 "잘 지냈어요. 오늘 선생님이 지난 시간에 친 시험 성적 발표하신다고 하셔서 가슴이 떨리네요."라고 하셔서 모두 웃었다.

"다른 분들도 사슴 어르신처럼 가슴이 떨리셨나요?"하고 집단진행자가 물어보자 황소 어르신은 고개를 흔드시면서 소리가 나지 않지만 아니라고 말씀하셨다. 집단진행자는 "황소 어르신은 어떻게 지내셨어요?"라고 말씀드리자 "딸네 가족이랑 주말에 저녁식사를 같이 했다."고 종이 위에 쓰셔서 집단진행자가 읽어드렸다.

Hello-song이 끝나고 집단진행자는 "다 함께 박수를 5번 쳐 볼까요?" 하면서 구령을 붙이며 박수를 쳤고 이어서 "안녕하세요~하게 삽시다" 노래로 연결하면서 인사를 나누었다.

벚꽃 어르신은 "행복하게 삽시다.", 사슴 어르신은 "웃으면서 삽시다.", 까투리 어르신은 "기쁘게 삽시다.", 돼지 어르신은 "자신감 있게 삽시다.", 말 어르신도 "행복하게 삽시다.", 느릅지기 어르신은 "인정하며 삽시다.", 산토끼 어르신은 "기쁘게 삽시다.", 황소 어르신은 "행복하게 삽시다.", 꺽다리 어르신도 "행복하게 삽시다.", 정걸구 어르신은 "감사하며 삽시다.", 송아지 어르신은 "건강하게 삽시다."라고 인사를 하셨다.

집단진행자는 모두들 얼굴도 밝고 목소리고 크고 씩씩하게 부르시는 것에 대해 긍정적인 피드백을 제시하고 난 후 본 주제로 들어갔다.

2) 본 주제

① "또 하나의 열매를 바라시며" 노래 듣기

집단지도자는 지난 회기 후 결과지를 분석하면서 집단성원 한 분 한 분이 얼마나 소중한지에 대해 다시 한 번 깨닫고 생각하는 시간을 가졌노라고 이야기하면서 "또 하나의 열매를 바라시며"라는 노래를 불렀다.

집단성원들은 눈을 감거나 아래를 내려다보면서 집단지도가 부르는 노래를 들으셨으며 노래가 끝나자 모두 박수를 치면서 까투리 어르신이 "가사가 너무 좋다."고 하시면서 "노래를 들으니까 내가 감사라는 단어가 귀에 들어왔다"고 하셨다. 벚꽃 어르신은 "좋아 정말 좋아."라고 하시면서 고개를 끄떡이셨다. 산토끼 어르신은 "악보를 하나 얻을 수 있을까요?"라고 물어보셔서 집단진행자가 프로그램 끝나면 복사해 드리겠노라고 하였다.

사슴 어르신은 "우리도 모두 이 노래를 배웠으면 좋겠다."고 하셔서 다음 시간에 다 같이 이 노래를 배워보기로 하였다.

② PPS 유형 소개 및 세부내용을 설명함

집단진행자는 지난 시간에 실시한 행동유형 검사 결과를 성원별로 정리하여 한 장씩 나누어 주었고 각 유형별 특성을 읽어가면서 진행하였다.

	성명	행동유형	
1	꺽다리 님	다혈 점액(담즙)	IS=DC
2	까투리 님	다혈 점액	ISCD
3	느릅지기	우울 다혈	CIS=D
4	돼 지 님	점액 우울	SCID
5	벗 꽃 님	점액 우울(담즙)	SC=DI
6	정걸구 님	점액 우울	SCDI
7	산토끼 님	점액 담즙	SDCI
8	말 님	점액 담즙	SDIC
9	사슴님	점액 담즙	SDCI
10	송아지 님	점액 다혈(우울)	SI=CD
11	황 소 님	점액 다혈	SICD

② 성격유형 결과 분석

미리 나눠 주었던 구성원들의 성격유형을 한 분씩 돌아가면서 읽어 보며 미리 나눠 주었던 4가지 기본적인 기질들의 도표를 한 명씩 돌아가면서 읽어 보면서 각자 어느 부분이 맞는지 서로 이야기를 나눠 보았다.

꺽다리 어르신의 성격을 사슴 어르신이 읽으면서 이런 부분은 맞는 것 같지만 그렇지 않은 부분도 있는 것 같다는 생각이 든다고 하셨다.

사슴 어르신은 자신의 성격이랑 맞는 것 같다고 하셨으며 까투리 어르신도 자신의 성격유형과 너무 흡사하다고 하셨다.

사람과의 관계에서 내가 어떤 사람인지 알고 타인이 어떤 사람인지 알고 대인관계를 맺게 된다면 좋은 관계를 형성할 수 있다고 설명하자 모두들 고개를 끄떡이거나 맞다고 하셨다.

집단진행자가 송아지 어르신의 성격유형에 대한 분석을 읽어드리자 웃으시면서 "맞아요."라고 말씀하셨다. 돼지, 벚꽃, 정걸구 어르신은 점액 우울로 보조진행자가 성격유형분석을 읽어드리자 까투리 어르신께서 "돼지 어르신은 내가 잘 아는데 거의 맞는 것 같다."라고 하셨다. 정걸구 어르신은 작은 소리로 "맞아요."라고 대답하셨다.

벚꽃 어르신은 "내 성격이 결과처럼 그런지 잘 모르겠다." 하시자 집단진행자가 "다른 분들은 어떻게 생각하세요?"라고 물어보자 돼지 어르신이 "벚꽃 어르신의 성격이 결과와 똑같아요."라고 이야기하셨다. 산토끼, 말, 사슴 어르신이 해당하시는 점액담즙질 성격유형에 대해 보조진행자가 읽어드리자 말 어르신은 "사실 그래요."라고 대답하시고 사슴 어르신은 "좋은 것은 나랑 딱 맞지만 나쁜 것은 맞지 않는다."라고 하셔서 모두들 웃으셨다. 산토끼 어르신도 "저 자신과 많은 부분이 맞아요. 나이가 드니까 더 소극적으로 되는 것 같습니다."라고 하셨다. 황소 어르신의 점액다혈에 대해서 읽어드리고 난 후에 집단진행자가 황소 어르신의 장난기에 대해 "맞는 것 같습니다."라고 하자 황소 어르신께서 "80%정도 맞는 것 같아요. 저의 성격유형과 많이 맞는 것 같습니다."고 하셨다.

3) 모임정리

집단성원의 성격 유형을 들으면서 어떤 생각이 들었는지 물어보았다. 사슴 어르신은 분석을 잘 해서 좋기는 한데 내용이 어렵다고 생각한다고 하시면서 혈액형은 이해하는 것이 더 쉽다고 하셨다.

㉠ 까투리 어르신은 예전에는 참지 못하고 말했었는데 뇌졸중 이후 참는 것을 배웠다라고 하시면서 예전에는 다른 사람이 한 마디 하면 열 마디씩 했는데 지금은 입도 쩍 못한다고 하시면서 꺽다리 어르신의 성격을 들으면서

속으로 "나랑 똑같네."라는 생각하며 혀를 찼다고 하셨다.

ⓛ 돼지 어르신은 "나랑 비슷한 것 같네"하시면서 웃으셨다.

ⓒ 송아지 어르신은 "나랑 똑같아요. 정말 신기하네요."라고 하셨다.

ⓔ 정걸구 어르신은 "내 성격과 거의 맞는 것 같다."고 하셨다.

ⓜ 산토끼 어르신은 "자신의 성격과 맞고 들으면서 좋은 점은 긍정적으로 생각하게끔 만들어 줬다."라고 하셨다.

ⓗ 벚꽃 어르신은 "잘은 모르겠는데 안정적이고 변화를 싫어하는 성격이 있다는 부분은 내 성격이랑 비슷하다"고 하시며 웃으셨다.

ⓢ 꺽다리 어르신은 "내 성격이 이렇다는 걸 알 수 있어서 좋았고 이런 검사를 통해 보다 정확한 성격유형을 알 수 있게 되어서 감사하다."라고 하셨다.

ⓞ 황소 어르신은 "나를 알 수 있어서 좋았다."라고 하셨다.

집단진행자는 오늘은 개인별로 성격유형을 보았지만 다음시간에는 성격유형별로 함께 이야기를 해보겠노라고 다음 프로그램 내용을 소개하고 난 후 "Good-bye song ""당신은 사랑받기 위해 태어난 사람"을 당신을 나로 바꾸어서 노래 부르면서 프로그램을 마쳤다.

4) 활동자료

'또 하나의 열매를 바라시며'

설경욱

감사해요
깨닫지 못했었는데
내가 얼마나 소중한 존재라는 걸
태초부터 지금까지 하나님의 사랑은

항상 날 향하고 있었다는 걸

고마워요
그 사랑을 가르쳐 준 당신께
주께서 허락하신 당신께
그리스도의 사랑으로 더욱 섬기며
이제 나도 세상에 전하리라

당신은 사랑받기 위해 그리고 그 사랑 전하기 위해
주께서 택하시고 이 땅에 심으셨네

또 하나의 열매를 바라시며

3. 프로그램 평가

1) 평가내용

성격유형 검사에 대한 분석에 대해 많은 관심을 보이면서 눈이 반짝이시는 모습 보이시면서 대부분이 맞는 것 같다고 하셨다. 성격유형에 대해서 구체적으로 비추어서 긍정적인 부분에 대해서는 많이 수긍하고 인정하는 모습이나 성격유형의 단점부분에 대해서는 방어하는 모습을 보이기도 하셨다.

개개인의 성격유형을 집단진행자가 말할 때마다 모든 성원들이 매우 집중하여 경청하였으며, 자신 이외에도 다른 성원들의 성격유형에 대해서도 많은 관심을 보이면서 본인이 맞다고 생각되는 부분에 대해서는 고개를 끄덕이거나 맞다고 이야기를 하며 동의하는 모습을 보이셨다.

집단지도자가 성격유형을 이야기해 주고 난 후 바로 어떤 생각이 드는지? 다른 사람들로부터 어떤 평가를 많이 듣고 있는지를 물어봄으로써 집단성원들의 피드백을 받을 수 있도록 하였다.

2) 제언사항

뇌졸중노인 집단은 뇌졸중을 전후로 하여 행동유형에 변화가 있음을 인식하도록 하는 것이 필요하다. 이 경우 자연스럽게 이야기가 나오는 것이 좋지만 그렇지 않을 경우 가장 협조적이고 긍정적인 사고를 가진 집단성원에게 뇌졸중 전후 성격 변화가 있었는지 물어 보는 것도 좋은 방법이다.

한 가지 유의할 점은 뇌졸중으로 인해 행동유형이 부정적으로 변한 경우 부분과 긍정적인 변화 부분에 대해 적절히 개입함으로써 뇌졸중으로 인한 자신의 변화된 부분을 인정하고 보다 긍정적인 변화를 개발할 수 있도록 하는 것이 필요하다.

따라서 긍정적인 변화에 대해 집단진행자는 초점을 맞출 필요가 있으며 이 경우 해결중심적 관점에서 접근하는 것이 좋을 것으로 생각된다.

◎ 열한 번째 모임(2005. 12. 14)

1. 프로그램 개요

주 제	행동유형검사(PPS) 결과분석Ⅱ	참가 인원	참가자: 12명 전원참석
소요시간	90분	수행 인력	집단진행자, 보조진행자1, 보조진행자 2, 보조진행자3
장 소	E노인복지관주간보호소 2층	준비물	출석부, 이름표, 행동유형검사결과지, 녹음기, 필기용구, 테이프, 음료
목 표	○ 나의 성격유형을 이해하기 ○ 타인의 성격유형을 이해하기		
세 부 내 용	○ 성격유형별 소그룹으로 앉음. ○ 소그룹별로 잘하는 것과 좀 더 잘하고 싶은 점에 대해 서로 나누도록 함. ○ 평소 소그룹성원들이 비슷하다고 생각했는지 다른 소그룹성원들로부터 이야기 듣기.		
진 행 과 정	도입 (20분)	○ Hello-song - "고향의 봄", "산토끼" 노래 부르며 목, 어깨, 얼굴을 가볍게 두들기며 긴장된 근육을 이완시킴. - "안녕하세요~하게 삽시다" 노래 부르며 인사하기	
	전개 (60분)	○ 지난 회기에 나누었던 성격유형별로 집단을 나누어 앉음. ○ 소그룹별로 잘하는 것과 좀 더 잘하고 싶은 것 나눠보기. ○ 소그룹별로 발표하기 ○ 소그룹별로 칭찬해주기	
	마무리(10분)	○ 느낌 나누기 ○ Good-bye song 부르며 마무리 - "또 하나의 열매를 바라시며" 노래를 다 함께 부르며 마무리	
과 제	개인별 행동유형분석결과와 성격유형별 특성내용을 정리한 유인물을 나누어 주고 일주 일 동안 좀 생각하고 정리하여 다음회기에 나누기		

2. 프로그램 진행 내용

1) 도입과정

집단진행자와 보조진행자는 성격유형별로 구성원들이 앉으실 수 있도록 자리를 배치하고 도착하는 순서로 자리를 안내했다.

프로그램 시작 시간이 되어서 집단진행자는 프로그램 내용과 목적을 소개하면서 프로그램 진행을 위해 자리를 다른 때와 달리 지정해서 앉았음을 먼저 설명하고 프로그램을 시작하였다.

자리가 바뀌고 다소 소란해서 집단진행자는 박수치기를 시작해서 Hello-song을 진행시켰다. 건강하게 삽시다, 행복하게 삽시다, 웃으면서 삽시다, 즐겁게 삽시다, 긍정적으로 삽시다, 소망 갖고 삽시다, 기쁘게 삽시다, 아프지 말고 삽시다, 꿈꾸며 삽시다 등 다양한 내용으로 Hello-song을 부르셨다.

Hello-song을 부르고 난 후 소그룹 구성원끼리 스트레칭을 진행하게 하였다.

송아지 어르신은 같은 성격유형의 성원이 없었기 때문에 까투리, 꺽다리 어르신과 같은 소그룹으로 포함시켰으며 보조진행자 중 한 명이 함께 참여하여 송아지 어르신이 소그룹에 참여할 수 있도록 하였다.

오늘은 소그룹별로 프로그램을 진행해야 하기 때문에 성원 간 관계형성을 위해서 성원들이 함께할 수 있는 스트레칭을 실시하였다. 매 시간 진행하였던 동작을 소그룹 구성원간 서로의 등, 어깨를 두들겨 주도록 하였다. 까투리 어르신과 짝을 이루어서 스트레칭을 실시하였다.

2) 본 주제

① 지난 회기 내용 정리하기

집단진행자는 지난 시간에 어떤 내용을 나누었는지 구성원들에게 질문하였다. 사슴 어르신이 가장 먼저 지난 시간에는 우리의 성격 유형에 대해 알아보았다고 대답하셨다. 집단진행자는 사슴 어르신에게 감사하다는 인사를 하고 "혹시 1주일 동안 나누었던 내용들에 대해 생각해 보셨어요?"라고 묻자, 까투리 어르신이 "많이 생각해 봤어요. 정말 내 성격이랑 너무 비슷하다는 생각을 했고 나의 강점과 단점이 모두 맞는 것 같다는 생각도 했습니다."라고 대답하셨다. 껑다리 어르신은 "우리 가족들도 함께 성격검사를 받으면 좋겠다는 생각을 했다. 그러면 가끔씩 집사람의 행동이나 아이들의 행동이 이해되지 않을 때가 있는데 식구들의 행동이나 말을 더 잘 이해할 수 있을 것 같았습니다."라는 말씀을 하셨고, 다른 분들도 껑다리 어르신의 말씀에 대해 "맞아"라고 이야기하거나 고개를 끄떡이는 등 동의하는 표현들을 하셨다.

돼지 어르신이 "맞아, 맞아"하면서 고개를 끄떡이시면서 말씀하셔서 집단진행자는 "어떤 부분이 그렇게 맞다고 생각하시는가?"라고 돼지 어르신에게 물어보자, "가족들이 나랑 정말 다를 때가 많아."라고 하셨다. 벚꽃 어르신이 침울한 표정으로 앉아 있어서 집단진행자는 벚꽃 어르신에게 "가족들을 이해하지 못할 때가 많으세요?"라고 묻자 고개만 끄떡이시고 말씀은 하지 않으셨다.

집단진행자는 성격에 따라 정말 생각이나 행동 등이 많이 다름을 다시 한 번 설명하고 이번 회기 내용도 성격유형에 따라 어떻게 다른지 알아보고 다른 사람을 이해하고 가족들과 타인과의 관계를 향상시키는 것이 프로그램의 목적이라고 설명한 후 프로그램을 시작하였다.

② 나는 이런 사람이에요.

집단진행자는 성원들에게 자신을 소개해 보라고 하면서 내가 무엇을 잘하고, 무엇을 좋아하는지 함께 구성원들끼리 이야기를 나누어보도록 하고 구성원들간 공통점이 무엇인지 발견해서 발표를 해 보자고 하였다. 성원들은 처음에는 쑥스러워하였지만 점점 더 자유롭게 이야기를 나누었다. 충분하게 집단 내에서 이야기를 하도록 한 후 소그룹별로 발표하도록 하였다.

㉠ 꺽다리, 까투리, 송아지 어르신으로 구성된 소그룹집단은 까투리 어르신이 발표를 하셨는데 모두 공통적으로 다른 사람으로부터 착하다는 이야기를 많이 듣고 자랐다고 하셨으며, 꺽다리 어르신과 까투리 어르신은 친구를 잘 사귀는 장점을 가지고 있어 학교 다닐 때 항상 주변에 친구가 많았고, 누구랑 싸워보지를 않았다는 공통점이 있었노라고 하셨다.

㉡ 송아지 어르신은 어떠신지 집단진행자가 물어보자, 까투리 어르신이 남한테 싫은 소리를 못하는 사람이라고 하시면서 "그런 점에서는 우리랑 좀 다른 것 같아요."라고 하셨다.

㉢ 돼지, 벚꽃, 정걸구 어르신 소그룹집단은 정걸구 어르신이 발표를 하셨는데 구성원 소개를 하시고 공통점은 조용하고, 화를 낼 줄 모르고, 집에 있는 걸 좋아한다는 점이라고 하셨다. 집단진행자가 구성원들에게 "정말 그런 공통점을 가지고 계신가요?" 하고 물어보자 돼지, 벚꽃 어르신은 맞는다고 하시면서 고개를 끄떡이셨다.

㉣ 산토끼, 말, 사슴 어르신 집단은 산토끼 어르신이 발표를 하셨는데 공통점으로 찾은 것은 고집이 있고, 화가 나면 말을 하지 않고, 맡은 일은 목숨을 걸고 끝까지 하는 책임감이 강하고, 남한테 싫은 소리 듣는 것을 싫어한다는 점에서는 공통점이라고 하셨다.

㉤ 느릅지기, 황소 어르신은 황소 어르신이 말이 통하지 않아서 보조진행자가 함께 그룹에 참여하여 느릅지기 어르신과 의사소통을 하실 수 있도록

도와드렸다.

느릅지기 어르신이 발표를 하셨는데 공통점으로는 남을 배려하는 마음이 많고, 사람들이 좋아하고, 정직하고, 가끔 웃긴 소리를 해서 사람들을 웃기기도 하다는 점에서 공통점이라고 하셨다.

소그룹 모임에서 처음에는 보조진행자가 리드하였으나 이야기가 진행되고 난 후부터는 느릅지기 어르신과 황소 어르신이 이야기를 하실 수 있도록 뒤로 물러서서 지켜보는 역할만을 수행하였다. 이에 집단진행자는 서로 이야기를 나누시면서 어떠했는지 물어보았다.

㉠ 사슴 어르신은 다른 사람이 나랑 비슷하다는 점에서 정말 놀랐다라고 하셨다. 이야기를 들으면서 잃어버린 쌍둥이를 찾은 것 아닌가 하는 생각이 들 정도로 정말 비슷했다라고 하셨다.

㉡ 까투리 어르신은 평소에 꺽다리 어르신을 보면서 나랑 참 비슷하다는 생각을 많이 했었는데 오늘 이야기하면서 정말 똑같다는 생각을 많이 했다고 하셨다.

㉢ 말 어르신도 자신과 같은 사람이 있다니 재미있다고 하셨다.

㉣ 돼지 어르신도 성격이 비슷한 사람은 다른 사람한테 듣는 이야기도 비슷하다는 생각을 했다고 말씀하셨다.

㉤ 황소 어르신은 입모양으로 "재미있어."라고 말씀하셨다.

㉥ 산토끼 어르신은 평소에는 잘 몰랐는데 오늘 이야기를 하면서 정말 자신이랑 비슷하다는 걸 느꼈다고 하시면서 앞으로 더 친하게 지낼 수 있을 것 같다는 생각이 든다고 하셨다.

㉦ 송아지 어르신은 좋았었노라고 하셨다.

③ 나와 다른 사람 이해하기

집단지도자는 다른 그룹에 계신 분들의 이야기를 들으시면서 어떠했는지 물어보았다.

　　㉠ 말 어르신은 그것도 재미있었다라고 하시면서 다른 사람이 나를 보면서도 재미있다고 생각할 것 같다는 생각이 든다고 하시면서 웃으셨다.

　　㉡ 사슴 어르신은 우리 집사람은 송아지 어르신이랑 성격이 비슷한 점이 있는 것 같다고 하시면서 너무 착해서 손해 보는 편이여서 참 이해하기 힘들었는데, 오늘 이야기를 들으면서 좀 이해가 되었다라고 하셨다.

　　㉢ 까투리 어르신은 전에 아이들을 키우면서 우리 아이들이 왜 저렇게 다를까? 하는 생각을 했었는데 이 이야기를 들으면서 조금 이해가 됐다. 어떤 점이 이해가 되었는지 물어보자 다른 부모 밑에서, 다른 음식 먹고, 다른 사람이랑 살아온 꺽다리 어르신이 나랑 이렇게 비슷한 것처럼 같은 부모한테서 난 아이들도 다를 수 있다는 생각을 하게 되었노라고 하셨다.

　　㉣ 돼지 어르신은 어떤지 물어보자 내가 이야기하면 우리 집사람이 이해하지 못 할 때가 많은데 나도 우리 집사람이 이야기하면 이해하지 못할 때가 많았다. 그런데 그게 당연하다는 생각이 들었다라고 하시면서 앞으로는 집사람을 좀 더 잘 이해할 수 있을 것 같다는 생각이 든다고 하시며 웃으셨다.

　　㉤ 느릅지기 어르신은 황소 어르신 이야기를 들으면서 나랑 비슷한 유형인데 장점이 많다는 생각이 들었다. 나는 내가 잘하는 것도 없고 장점도 없다고 생각했는데 오늘 황소 어르신이 나랑 비슷한 성격유형을 가지신 분이신데 장점이 많은 것을 보면서 나도 장점을 많이 가졌구나 하는 점을 깨달았다라고 하셨다.

　　㉥ 산토끼 어르신은 성격에 따라 좋아하는 것이 비슷하다는 것이 참 재미있었다라고 하시면서 우리는 모두 말하는 것을 좋아하는 사람들인 것 같다고 하시면서 웃으셨다.

　　㉦ 꺽다리 어르신은 좋아하는 것도 비슷하지만 싫어하는 것도 비슷하다고 하시면서 웃으셨다.

집단진행자는 전에 가족들과 함께 같은 내용으로 프로그램을 진행한 적이 있었다. 그때 가족들이 공통적으로 나누었던 얘기가 평소에 이해할 수 없었던 적이 많았는데 나랑 이렇게 달라서 그랬구나 하는 생각을 하니까 좀 마음이 편하고, 앞으로 더 잘 지낼 수 있을 것 같다는 이야기를 했다고 하면서 가족들 간에도 참 이해할 수 없는 행동, 말 등을 하는데 이것이 성격이 다름에서 유인된 것임을 설명했다.

④ 노래배우기
지난 시간에 집단진행자가 불렀던 "또 하나의 열매를 바라시며"노래 가사를 집단진행자와 성원들이 함께 읽은 후 다 함께 노래를 배웠다.

3) 모임정리
집단진행자는 이번 회기에 대한 느낌 및 소감을 구성원들에게 물어보았다. 모두들 재미있었다고 하시면서 까투리 어르신은 "친구를 얻은 것 같은 기분이네요."라고 하셨다. 산토끼 어르신은 "다른 사람을 좀 더 잘 이해할 수 있을 것 같다."고 하셨다.
사슴 어르신은 "오늘 집에 가서 가족들에게 이야기를 해 주고 내가 어떤 사람인지 좀 가족들에게 설명을 할 필요가 있는 것 같다."고 하셨다.
벚꽃 어르신은 "가족들을 좀 더 잘 이해할 수 있을 것 같다."고 하셨다.
정걸구 어르신은 "재미있는 시간이었다. 내가 나 자신을 잘 알 수 있어서 좋았다."고 하셨다.
느릅지기 어르신은 "내가 장점이 있다는 것을 알게 되어서 기쁘다."고 하셨다.
집단지도자는 모두들 열심히 참여해 준 것에 대해 감사하다는 인사와 함께 구성원 한 명 한 명이 얼마나 소중한 분들인지를 늘 기억하고 살았으면 좋겠노라고 마무리 인사를 하였다.

다함께 "또 하나의 열매를 바라시며" 노래를 부르면서 프로그램을 마쳤다.

3. 프로그램 평가

1) 평가내용

다른 회기와 달리 이번 회기에는 소그룹으로 진행되었으며 성원들도 같은 유형의 성격을 가진 성원들이 함께 이야기를 나눴기 때문에 더 활발하고 적극적으로 참여하는 모습을 보였다.

소그룹으로 이야기가 진행될 처음에는 좀 어색해하고 쑥스러워하였으나 이야기가 전개되고 자신과 비슷한 유형의 사람이라는 점에서 할 이야기가 많았던 것 같다. 특히 점액담즙 유형인 산토끼, 말, 사슴 어르신들은 말이 끊이지 않고 진행되었다. 점액다혈인 느릅지기, 황소 어르신은 처음에는 거의 말씀을 서로 않으셔서 보조진행자가 주도적으로 소그룹으로 이끌어 갔으나 공통점을 발견하고 난 후에는 두 분이 활발하게 대화를 나누시는 모습을 보이셨다.

2) 제언사항

소그룹으로 집단을 진행하는 경우 성원간 관계형성을 위해서 스트레칭이나 간단한 게임 등을 통해 마음을 열고 소그룹간 관계를 형성하도록 하는 것이 좋다. 혹시 어르신 중에 자신의 몸에 손을 대는 것을 싫어하는 경우도 있기 때문에 혼자 자신의 몸을 스트레칭 할 때와 다른 누구와 함께할 때의 강점을 잘 설명할 필요가 있고 모든 성원들의 동의를 얻어서 진행하는 것이 좋다.

소그룹별 진행에 있어서 진행에 어려움이 있을 것 같은 소그룹은 보조진행자가 함께 참여함으로써 원활하게 진행이 이루어지도록 하였는데 이는 적절하고 좋은 운영방법인 것 같다. 특별히 유의해야 할 점은 보조진행자가 소그룹에서 주도적으로 개입하는 것은 바람직하지 않으며 구성원들이 스스로 소그룹을 이끌 수 있도록 초기의 역할을 하고 난 후에는 뒤로 빠져서 성원들이 자체적으로 그룹을 이끌어갈 수 있도록 하는 것이 좋다.

보조진행자의 역할에 대해서는 사전에 충분한 논의하는 것이 중요하다.

◎ 열두 번째 모임(2005. 12. 21)

1. 프로그램 개요

주제	내가 가장 많이 듣는 말 & 내가 가장 좋아하는 말	참가 인원	참가자: 12명 전원참석
소요시간	90분	수행 인력	집단진행자, 보조진행자1, 보조진행자2 보조진행자3
장소	E노인복지관주간보호소 2층	준비물	출석부, 이름표, 녹음기, 필기용구, 테이프, 크리스마스카드, 선물, 음료
목표	○ 들으면 힘이 되는 긍정적인 말을 발견함으로써 자존감을 향상시킨다.		
세부 내용	○ 가장 많이 듣는 말 & 가장 좋아하는 말 & 들으면 힘이 되는 말을 생각해 봄. ○ 긍정적인 말에 대해 나눠 보고 그 말을 서로 해 줌으로써 자존감을 향상시킴.		
진행 과정	도입 (20분)	○ 인사나누기 - 다함께 손뼉을 치면서 인사나누기 - 손바닥 비벼서 눈, 코, 볼 등에 대어 봄으로써 기(氣)를 줌. ○ Hello-song - "고향의 봄", "산토끼" 노래 부르며 목, 어깨, 얼굴을 가볍게 두들기며 긴장된 근육을 이완시킴.	
	전개 (60분)	○ 두 명씩 짝을 이루어 마주 보고 앉는다. ○ 가장 많이 듣는 말과 좋아하는 말을 나누어 보고 발표함. ○ 들으면 힘이 되는 말 - 들으면 힘이 되는 말을 한 명씩 나누고 내용 중 핵심이 되는 말 한 마디를 모든 구성원이 한 목소리로 격려해 줌.	
	마무리(10분)	○ 크리스마스카드와 선물 주기 ○ Good-bye song - 모두 손을 잡고 "나는 사랑받기 위해 태어난 사람" 노래 부르며 프로그램 정리	
참 고	내가 가장 많이 듣는 말에 대해 미리 생각해오도록 전 회기에서 과제로 내 주는 것도 좋을 것 같다.		

2. 프로그램 진행 내용

1) 도입과정

"반갑습니다!"라고 박수치면서 인사를 나누자 모두들 "반갑습니다."라고 인사 나누면서 "날씨가 추운데 오시느라고 추우셨죠?"라고 인사를 하며 손바닥을 비벼서 얼굴, 눈 등에 기를 넣었다. 몸을 따뜻하게 만들기 동작을 하면서 며칠 남지 않은 크리스마스에 대한 계획 및 이야기를 나누었다.

2) 본 주제

① 지난 시간 배운 내용 정리

지난 시간에 어떤 내용으로 이야기를 나눴는지 물어보자 까투리 어르신이 "성격이 같은 사람끼리 앉아서 비슷한 점을 찾는 일을 했었죠?"라고 이야기하셨다. 까투리 어르신의 답변에 대해 감사하다고 집단진행자는 인사를 한 후 "1주일 동안 그 이야기가 어르신들에게 어떤 영향을 미쳤는가?" 질문하였다.

㉠ 사슴 어르신은 가족들을 보는 눈이 달라졌는데 삐뚤어진 눈에서 똑바로 보는 눈으로 바뀌게 되었다고 하셨다.

㉡ 느릅지기 어르신은 나 자신에 대한 생각이 바뀌게 되었다고 하셨다.

㉢ 정걸구 어르신은 가족들을 더 잘 이해하게 되었다고 하셨다.

㉣ 벚꽃 어르신은 아들과 며느리를 긍정적으로 생각하려고 노력하게 되었다고 하셨다.

집단진행자는 어르신들의 변화에 대해 긍정적인 피드백을 주고 난 후 12가지 성격유형을 나눈 것으로 나의 성격이 어떠한지를 알고 본인이 단점이라고 생각하는 부분을 강점으로 바꾸고 나와 다른 사람을 이해하여서 더 행복하게 사는 것이 성격유형검사를 실시하게 된 목적이었고 말하여 성격유형검사 실시의 목적에 대해 언급하였다.

② 내가 가장 많이 들은 말 & 내가 좋아하는 말

어려서 혹은 지금까지 살면서 내가 가장 많이 들었던 말과 누군가 나에게 이런 말을 했을 때 기분이 좋았던 경험에 대해 이야기를 나눠 보자며 프로그램을 진행하였다.

㉠ 까투리 어르신은 "내 자랑하는 것 같아서 말하기 그렇다."라고 하시자 집단진행자가 그렇지 않으면 그걸 말씀하셔야만 된다고 하자 글로 쓰셨다.

㉡ 사슴 어르신은 "어려서 창자머리가 고약하다는 말을 많이 들었고 그래서 싸움을 많이 했고 이기지도 못하는데 많이 맞았다. 지금은 그렇지 않다."고 말씀하셨다.

㉢ 황소 어르신은 "셈이 정확하다."라는 말을 많이 들었다고 하셨다. 그래서 조금만 거짓말을 하면 그 사람을 사기꾼으로 보게 된다고 한다.

㉣ 말 어르신은 "정직하고 착하다, 적극적이다."라는 말을 많이 들었고 그래서 가까운 곳에 적이 많았다고 하셨다. 그래서 가까운 사람(친척)들이 시기와 질투를 많이 해서 어려움을 많이 겪었다고 하셨다.

㉤ 벚꽃 어르신은 착하다는 말을 많이 들었다고 웃는 얼굴로 말씀하셨다.

㉥ 산토끼 어르신은 뭐든지 잘 해서 똑똑하다는 소리를 많이 들었다고 했다. 공부도 잘 하고 만들기도 잘 하고 그래서 사람들이 하다가 안 되면 "똑똑아, 이리와 봐!"라고 많이 불렀다고 말씀하셨다. 그러나 "나쁜 것도 많이 했다. 형님 가방에 있는 열쇠 다 뜯어서 왜 그것이 열리는지 뜯어봐야지만 직성이 풀린다. 그래서 매도 많이 맞았다. 손톱깎기로 분해를 해서 손톱깎기가 잘 되지 않아서 야단도 많이 받았다."고 이야기하셨다. 똑똑이라고 불렸던 것이 인상적이라고 하자 사슴 어르신께서 "앞으로 똑똑이라고 부를 게요."라고 말씀하

셔서 모두들 웃으셨다.

　ⓢ 송아지 어르신은 "착하다."라는 말을 집사람에게 많이 듣는다고 하셨다. 목소리가 작고 힘이 없어서 귀 기울여 듣지 않으면 잘 들리지 않았다.

　ⓞ 돼지 어르신은 착하고 인정한다는 말을 많이 들었다고 하셨다. 누구로부터 많이 들었는지 집단진행자가 물어보자 직장상사로부터 많이 들었으며, 직장생활을 오래했었다고 하셨다.

　ⓩ 정걸구 어르신은 성실하다는 이야기를 형들에게 많이 들었다고 하셨다. 7남매였는데 위로 형님이 3분이 다 돌아가셨고 남동생만 1명 남았다고 한다. 누나에 대한 이야기를 할 때 힘이 없다는 집단진행자의 이야기에 사슴 어르신이 "부인이 어제 관절염 수술로 입원했다."라고 하시자 목이 메어서 말을 하지 못하시고 한참을 계시다가 "어제는 호흡곤란이 있었다."고 하시며 눈물을 흘리시는 모습을 보이셨다. 까투리 어르신 관절염 수술은 그리 큰 수술이 아니니까 너무 염려하지 말라고 격려하시는 모습을 보이셨다.

　ⓩ 까투리 어르신은 "야무진 살림꾼"이라는 이야기를 많이 들었다고 한다. 또 "해결사 노릇을 잘 한다. 약방의 감초 마냥 꼭 필요한 사람이다, 배울 점이 많다, 쌀쌀맞다."등의 소리도 많이 들었다고 하셨다. 사슴 어르신은 까투리 어르신이 자신이 들었던 이야기에 대해 말씀하고 난 후 함께 지내보니까 좋은 점이 참 많은데 너무 비관적으로 생각하는 것이 안 좋아서 그것만 고치면 좋겠다며 피드백을 주셨다.

　집단지도자가 그래도 처음보다 많이 좋아졌다고 긍정적인 반응을 보여 주자 모두들 고개를 끄떡이면서 수긍하는 모습을 보이셨다. 까투리 어르신은 자신의 몸이 불편하니까 다른 사람의 일이 남의 일이 아니라 모두 내 일 같다는 생각이 많이 든다고 하셨다.

　ⓚ 황소 어르신은 "나는 부모님을 모실 묘지를 150평을 사서 나의 가족들이 모두 그 곳으로 갈 것이고 나의 가족들이 그런 나에 대해 모두 좋은 사

람이라고 이야기해줬다."라고 종이 위에 쓰셔서 집단진행자가 큰 소리로 읽어
주자 다른 성원들이 황소어르신 정말 좋은 사람이라며 공감해 주시면서 박수
를 쳐 주셨다.

③ 무슨 말을 들을 때 힘이 나는가?

집단진행자는 말이 주는 힘에 대해 소개한 후 어떤 말을 들으면 기분이
좋은지 물어보았다. 집단성원들은 "잘 생겼다. 잘 사셨네요, 건강하세요, 부자되
세요, 사람 참 좋네."라는 이야기를 들으면 기분이 좋다고 하셨다.

사슴 어르신은 "여자한테 '건강하네.'라고 이야기하면 그건 좋은 말이 아네
요. 뚱뚱하다는 이야기잖아요."라고 하시자 모두들 맞는다고 동의하셨다. 집단
진행자는 여성의 언어와 남성의 언어의 차이를 설명하면서 여자는 외모와 관
련된 칭찬을 들으면 좋아하고, 남성은 인정해 주는 말을 들으면 좋아한다고 하
자 모두들 동의하셨다.

집단진행자가 먼저 본인이 들으면 힘이 나는 말로 "뭔가 이룰 사람이다.
큰일을 할 사람이다."라는 말을 들으면 낙담했던 마음도 없어지고 힘이 난다라
고 이야기하면서 무슨 말을 들으면 힘이 나는지 함께 이야기해 보자고 하여
집단성원들이 참여하도록 하였다.

㉠ 까투리 어르신은 "난 없다. 내가 무슨 말을 들을 수 있겠는가?"라고
목이 메어 말을 하시자 집단지도가 개입하여 긍정적인 생각을 가질 수 있도록
격려하자 주간보호에서 일하시는 분이 "우리 어머니는 열 발자국도 못 움직이
시는데 할머니는 참 건강하시다."라고 이야기를 듣자 힘이 많이 났다며 눈물을
흘리셨다. 까투리 어르신의 이야기에 사슴 어르신께서 "처음 복지관에 왔을 때
보다 정말 많이 좋아지셨다"라며 지지해 주셨다. 다른 성원들은 어떤 이야기를
들으시면 힘이 나는지 나누고 나머지 성원들이 다 함께 들으면 기분이 좋은
말을 외쳐 주도록 하였다.

ⓛ 산토끼 어르신은 믿을 만하다는 말 들으면 기분이 좋아진다. 다 함께 산토끼 어르신께 "당신은 믿을 만합니다."라고 외쳐 주자 '씩' 웃으시며 기분이 좋다고 하셨다.

ⓒ 황소 어르신은 "나무장사를 하면 잘 하실 것 같습니다."라는 말을 들으면 기분이 좋아진다고 하셔서 모두들 그렇게 외쳐드리자 좋아하셨다.

ⓔ 말 어르신은 "자녀들이 잘 되면 기분 좋고 나도 좋다."고 하셔서 모든 성원들이 "자녀들일 잘 될 겁니다."라고 외쳐드리자 눈물을 글썽이며 고맙다고 하셨다.

ⓜ 사슴 어르신은 "인정과 격려의 말을 들으면 힘이 난다."고 하셔서 집단진행자가 우리가 어떻게 이야기해 줬으면 좋겠느냐고 물어보자 "인정합니다."라는 말을 들으면 힘이 날 것 같다고 하셔서 모든 성원들이 "당신을 인정합니다."라고 외쳐드리자 눈물을 흘리셨다.

ⓗ 벚꽃 어르신은 "똑같아요."라고 말씀하셔서 집단진행자가 누구랑 똑같은지 여쭤보자 다른 사람들과 똑같다고 하셔서 집단진행자가 오늘 생기도 있으시고 말씀도 많이 해 주셔서 너무 좋다고 하자 "기분이 좋아졌다."고 하셨다.

ⓢ 산토끼 어르신은 "믿을 만 하다라는 말을 들으면 기분이 좋아진다."고 하셨다. 집단진행자가 지금도 하고 싶은 일이 있는지 물어보자 산업기기를 자동화 하는 일을 하고 싶다고 하셨다. 모든 성원들이 "당신을 믿습니다."라고 외쳐주자 목 멘 소리로 "감사합니다."라고 말씀하셨다.

ⓞ 송아지 어르신은 "착하다는 말을 들으면 기분이 좋아진다."고 하자 사슴 어르신이 먼저 "착해!"라고 하셔 한바탕 웃으셨다. 모두들 "송아지님은 착하십니다."라고 하시자 환하게 웃으셨다.

ⓩ 돼지 어르신: "모두 좋아요, 특별한 말은 없어요."라고 말씀하시자 꺽다리 어르신이 돼지 어르신의 긍정적인 성격에 대해 칭찬하시면서 "당신은 참

소중한 사람입니다."라고 이야기해 주자고 제안하셔서 "당신은 참 소중한 사람입니다."라고 외쳐드리자 돼지 어르신이 환하게 웃으시면서 "고마워요, 힘이 나네요."라고 하셨다.

ⓒ 정걸구 어르신은 "없어요."라고 하자 말 어르신이 마음이 울적할 때는 기분 좋은 말을 들으면 기분이 좋아진다고 힘이 되는 이야기를 말해 보라고 격려하자 부인에 대한 걱정이 많아서 "'걱정하지 마세요.'라는 말 들으면 좋을 것 같다."고 하셨다. 모두들 "정걸구님 걱정하지 마세요, 곧 좋아질 겁니다."라고 하자 환하게 웃으셨다.

㉠ 까투리 어르신은 "좋아지실 겁니다, 좋아지셨습니다."라는 말을 들으면 기분이 좋아진다고 하자 보조진행자가 프로그램 초기보다 지금이 많이 좋아졌다고 말하자 집단구성원들이 모두 많이 좋아졌다라고 동의하자, 말 어르신이 "내일 일은 내일 걱정하지 미리 걱정하지 않으면 좋겠다."라고 하셨다. "좋아지실 겁니다. 좋아지셨습니다."라고 모든 성원들이 외쳐 주자 우시면서 "꼭 그 말을 들었으면 좋겠어요."라고 말씀하셨다.

집단진행자는 긍정적인 말이 우리에게 힘을 주고 희망을 줌을 언급하며 우리 집단성원들끼리 서로를 향해 힘이 되는 말을 해 주는 모임이 되었으면 좋겠노라고 하였다.

3) 모임정리

① 좋은 글 나누기 "사랑과 이해"

② 크리스마스카드 및 선물 나누기
집단진행자와 복지관에서 미리 준비한 카드와 크리스마스 선물을 나누어 주면서 서로서로 크리스마스 인사를 나누었다.

③ 나는 사랑받기 위해 태어난 사람

눈을 감고 자신의 가슴에 손을 올리고 "당신은 사랑받기 위해 태어난 사람"을 개사하여 "나는 사랑받기 위해 태어난 사람" 노래 부르면서 모임 정리하였다.

4) 활동자료

사랑과 이해

'사랑하고 있는 사람은 이해하고 있으며
 이해하고 있는 사람은 사랑하고 있습니다.
이해받고 있다고 느끼는 사람은 사랑받고 있다고 느끼는 사람이며
사랑받는다고 느끼는 사람은 분명 이해받고 있다고 느끼는 사람입니다.'
사랑받는다는 것은 곧 이해받고 있다고 느끼는 것이어서 좋은 것이다.
누구보다도 가족과 좋은 관계를 맺으면서
 삶이 행복해질 수 있도록 하는 노력들이
 우리 모두에게 필요한 것이다.

3. 프로그램 평가

1) 평가내용

정걸구 어르신이 부인의 관절염 수술로 인해 많이 힘들어하시는 모습을 보이셨으나 까투리 어르신이 "병명을 알지 못하는 병이 걱정이지 병명을 알면 거의 치료된 것이다. 요즘은 의술이 발달해서 관절염 수술 별 거 아니다. 너무

걱정하지 마라."라고 하시는 등 긍정적인 feed-back을 주시는 모습을 보이셨다.

까투리 어르신의 부정적인 정서 및 감정에 대해서 사슴 어르신, 말 어르신 등이 부정적으로 생각하지 마라는 말씀을 하시는 등 집단구성원 간에 지지체계(support system)가 형성되어 있음을 알 수 있는 회기였다.

2) 제언사항

뇌졸중 환자들은 신체적 기능의 손상으로 인해 낮은 자존감을 가지고 있다. 본 회기에서 진행하였던 "내가 들으면 힘이 되는 말"을 다른 성원들과 함께 외쳐 주는 것은 이처럼 낮은 자존감을 가지고 있는 집단성원들에게 긍정적인 영향을 미쳤음을 알 수 있다. 이는 뇌졸중 성원으로 집단원들이 구성되었기 때문에 집단 내에서 공감과 지지가 억압된 감정을 여는데 도움을 주었던 것으로 생각된다.

◎ 열세 번째 모임(2005. 12. 28)

1. 프로그램 개요

주 제	나처럼 해봐요	참가 인원	참가자: 11명 참석
소 요 시 간	90분	수행 인력	집단진행자, 보조진행자1, 보조진행자2, 보조진행자3
장 소	E노인복지관주간보호소 2층	준비물	출석부, 이름표, 중간검사지, 녹음기, 필기 용구, 테이프, 음료
목 표			○ "나처럼 해봐요"를 통해 자신을 표현하고 모든 구성원이 동작으로 따라 함으로써 자 존감과 행복감을 느끼도록 함. ○ 중간평가 실시를 통해 프로그램 효과성 평가
세 부 내 용			○ "나처럼 해봐요" 노래에 맞춰 자신만의 동작을 만들어 봄. ○ 중간평가 실시 ○ "나에게 하루만 주어진다면"이라는 좋은 글 읽기
진 행 과 정	도입 (15분)		○ 크리스마스에 대한 재미있는 추억 나누기 ○ Hello-song - "안녕하세요~하게 삽시다." 노래에 맞추어 한 명씩 돌아가면서 노래 부르기
	전개 (60분)		○ "나처럼 해봐요" 노래에 맞추어서 독특한 동작을 만드심 ○ 중간평가 실시 - 사전검사와 동일하게 집단진행자가 설문내용을 큰 목소리로 읽어주고 문항에 대한 이해를 돕기 위한 예시설명도 집단진행자만 하도록 함으로써 설문문항을 객관화시킴.
	마무리 (15분)		○ "나에게 하루만 주어진다면"이라는 좋은 글 읽기 ○ 오늘 모임 평가와 요약 ○ 남은 프로그램 내용에 대한 전반적인 설명과 적극적인 참여에 대한 격려 ○ Good-bye song - "당신은 사랑받기 위해 태어난 사람"을 다 함께 손을 잡고 부르기

2. 프로그램 진행 내용

1) 도입과정

집단지도자는 "크리스마스 때 어떻게 인사를 하죠?"라고 집단진행자가 물어보자 집단성원들은 "'메리크리스마스'라고 인사하죠."라고 대답하셔서 집단진행자가 "크리스마스가 지나기는 했지만 메리크리스마스!"라고 인사를 해보자고 제안해서 모두들 "메리크리스마스!"라고 손을 흔들면서 인사를 나누었다.

집단진행자는 크리스마스에 대한 즐거운 추억을 나누어 보자고 제안하자,

㉠ 말 어르신이 "크리스마스 전날 밤에 교회에서 손자들이 연극하고 노래하는 것을 보는 것이 가장 즐거운 기억이다. 이번 크리스마스 전날에도 갔었다."라고 환하게 웃으면서 말씀하셨다.

㉡ 사슴 어르신은 젊어서 교회에 예쁜 처녀들 보러 크리스마스 이브날 교회에 갔었노라고 하시면서 크리스마스 전날에는 빵도 줘서 교회 가는 것이 참 좋았다고 하셔서 모두들 웃었다. 사슴 어르신의 이야기에 대해 꺽다리 어르신인 "사슴다운 행동이야."라고 하셔서 모두들 한바탕 웃었다.

㉢ 꺽다리 어르신은 크리스마스 때 성당에서도 연극, 노래 등을 하는데 동방박사가 별을 보고 예수님 생일을 축하하러 동방에서부터 오는 연극은 볼 때마다 감동이라고 하셨다.

㉣ 정걸구 어르신은 아들부부랑 모두들 모여서 맛있는 음식을 많이 먹는 것이 가장 큰 즐거움이라고 하셨다.

㉤ 까투리 할머니는 아이들이 어려서 산타할아버지가 선물을 가져다 줄 것을 기다리다가 잠이 들면 머리맡 위에 선물을 놓아두고 아침에 일어나서 산타할아버지가 선물을 가져다 줬다고 좋아하는 모습이 아직도 생각이 나노라고 말씀하시면서 행복해하셨다.

집단진행자는 모두들 크리스마스에 대한 즐거운 추억이 있으신데 들으시

면서 모두들 어떤지 물어보자 까투리 어르신이 "행복하네요."라고 하셨고, 황소 어르신은 "좋아요."라고 하셨다. 느릅지기 어르신은 "교회를 다니지 않아도 왠지 크리스마스가 되면 기분이 좋고 행복한 느낌이 든다."라고 하셨다. 산토끼 어르신은 "옛날에 크리스마스 때 교회에서 연극했던 기억이 났다."라고 하시자 사슴 어르신이 "무슨 역할을 했었는지?" 물어보시자 동방박사의 역할을 했었노라고 하시자 사슴 어르신이 "똑똑해서 연극 대사도 잘 외웠을 것 같다."고 하자 모두들 고개를 끄떡이거나 맞다고 하시면서 공감을 표현하셨다.

집단진행자는 "모두들 크리스마스를 잘 보내고 오신 것 같아서 좋다."고 하면서 다함께 Hello-song을 부르자는 제안을 하였다.

모두들 밝은 얼굴로 박수를 치거나 책상을 두들기면서 "안녕하세요" 노래를 부르셨다.

사슴, 황소 어르신은 "행복하게 삽시다", 까투리, 말 어르신은 "기쁘게 삽시다.", 돼지, 산토끼, 벚꽃 어르신은 "웃으면서 삽시다.", 송아지, 정걸구, 느릅지기 어르신은 "건강하게 삽시다.", 껑다리 어르신은 "긍정적으로 삽시다."라고 인사를 나누었다.

2) 본 주제

① "나처럼 해봐요 요렇게"
집단지도자는 "나처럼 해봐요 요렇게"라는 노래를 소개하면서 다 함께 노래를 배워보았다. 3-4회 정도 노래를 부르고 난 후에 집단지도자가 "나처럼 해봐요 요렇게" 할 때 한 가지씩 동작을 만들어서 따라하는 것이라고 진행방법을 소개하였다.

집단진행자가 먼저 시범을 보이자 모두들 집단진행자의 동작을 따라하였다. 방법을 충분히 잘 설명한 후 집단진행자의 우측에 앉아계시던 황소 어르신부터 동작을 보이셨고 모두들 따라하셨다. 처음에는 손으로만 하는 간단한 동작을 보이셨는데 점차 진행됨에 따라 자신의 머리, 어깨, 책상을 두들기거나 옆에 앉아 있는 구성원의 볼을 쓰다듬거나 윙크를 하는 등 적극적이고 활동적인 동작으로 변화됨을 알 수 있었다.

② 중간검사 실시

집단진행자는 오늘이 프로그램을 시작한 지 3개월이 되었음을 설명한 후 처음 우리가 10월에 진행했던 사전검사와 마찬가지로 중간검사를 실행함을 설명하고 중간평가를 실시하였다.

집단진행자가 설문내용을 읽어주고 다른 보조진행자는 도움이 필요한 어르신 옆에서 도와주었다. 객관적인 평가를 위해 집단진행자 외에는 문항에 대한 설명을 하지 않았으며 설문문항에 대한 예시도 집단진행자만이 설명하도록 하였다. 어르신들이 사전검사를 해보셨기 때문에 큰 어려움 없이 중간평가를 마칠 수 있었다.

③ "하루의 시간이 나에게 주어진다면"이라는 좋은 글 읽어주기

3) 모임정리

집단진행자는 오늘 프로그램에 대해 소감이나 느낌을 나누어보자고 제안하였다. 집단진행자의 제안에 대해,

㉠ 껵다리 어르신은 오늘은 참 즐거웠는데 '나처럼 해봐요.'를 하니까 어린이가 된 것 같아서 더 행복했었다고 하셨다.

㉡ 산토끼 어르신은 다른 사람 모두가 나를 따라하니까 대장이 된 것 같은 기분이 들어서 좋았다고 하셨다.

㉢ 정걸구 어르신도 손주들이랑 "나처럼 해봐요"를 해봤었는데 여기에

서 하니까 기분이 다르고 다른 사람들 모두가 나를 따라하니까 기분이 좋았다고 하셨다.

ⓡ 까투리 어르신은 크리스마스 이야기를 하니까 예전에 아이들과 크리스마스트리 만들던 기억, 남편이랑 아이들 선물을 고르던 기억, 아이들이 선물 받고 행복해하던 모습이 떠올라서 행복했었다고 하셨다.

ⓜ 말 어르신은 기분이 좋고, 프로그램 시작한지 이렇게 많은 시간이 흘렀다는 사실이 믿어지지 않는다고 하셨다.

ⓗ 벚꽃 어르신은 기분이 좋아졌다고 하시면서 환하게 웃으셨다.

ⓢ 산토끼 어르신은 크리스마스 추억을 서로 나눌 수 있어서 참 좋았고 즐거웠다고 하셨다. 황소 어르신은 종이 위에 젊어진 것 같은 기분이 든다고 하셔서 모두들 웃으셨다.

ⓞ 느릅지기 어르신은 "나처럼 해봐요."를 하고 다른 어르신들이 모두 나를 쳐다보고 열심히 따라 해서 처음에는 쑥스럽기도 했는데 나중에는 그런 것이 신경 쓰이지 않았다고 하시면서 재미있었다고 하셨다.

ⓩ 송아지 어르신은 "좋았어요."라고 짧게 이야기하자 무엇이 좋았는지 집단진행자가 구체화하자 "다른 사람이 나를 따라하는 것이 좋았어요."라고 대답하였다.

ⓒ 돼지 어르신은 어떠셨는지 물어보자 "좋았어 좋았어."라고 대답하면서 "재미있었어."라고 덧붙여 말씀하셔서 모두 함께 웃으셨다.

집단진행자는 모두들 손잡고 "당신은 사랑받기 위해 태어난 사람"을 부르자고 제안하면서 프로그램을 마무리했다.

4) 활동자료

하루의 시간이 나에게 주어진다면

덜 미워하고 더 사랑하겠습니다.
덜 가지고 더 행복하겠습니다.
눈물을 흘리는
대신 웃겠습니다.

다가오지 않는 내일을 두려워하는 대신
오늘을 열심히 살겠습니다.

잘못된 결정을 후회하는 대신
새로운 결정을 내리겠습니다.

실패를 안타까워하는 대신
다시 무언가를 시작하겠습니다.
아프다고 말하는 대신
아픔을 견디겠습니다.

바쁘다고 말하는 대신
쌓인 일을 하나씩 해 나가겠습니다.

남들에게 어떻게 보일까 걱정하는 대신
나 자신에게 어떻게 보일까 생각하겠습니다.

남들의 잘못을 용서하는 대신

나 자신의 잘못을 뉘우치겠습니다.

갖지 못함을 불평하는 대신
베풀지 못함을 마음 아파하겠습니다.

죽음을 두려워하는 대신
살아 있음을 기쁘게 즐기겠습니다.

단 하루의 시간이
내게 주어진다면 말입니다.

('마지막 소풍' 중에서)

3. 프로그램 평가

1) 평가내용

이번 회기는 다른 때와 달리 크리스마스에 얽힌 즐거운 추억을 먼저 나누면서 프로그램을 시작하였다. 그래서인지 프로그램 전체 진행에 있어서 다른 때보다 모든 성원들이 적극적이고 밝은 표정으로 프로그램에 참여하는 모습을 보였다.

"나처럼 해봐요 요렇게"를 함께하면서 모두들 즐거워하였으며 처음에는 다른 사람의 시선이 한 사람에게 집중되는 것에 대해 불편해하고 눈을 잘 맞추지 못하고, 목소리도 작은 등 소극적인 참여의 모습을 보였으나 두 차례 이상 반복하면서 점차 동작에 자신감이 생기고 옆에 있는 사람의 어깨, 손, 팔 등을 두들기면서 함께하는 동작을 보이기도 하였다.

이 내용으로 프로그램을 진행할 경우 소극적으로 참여할 경우 집단진행자와 보조진행자도 구성원으로 함께 참여하여 다른 성원의 어깨를 주무르거나 두들기거나 둘이 함께 하트를 만드는 동작 등을 시연함으로써 좀 더 적극적이고 자신감 있는 동작을 통해 자존감과 자신감을 향상시키도록 하는 것이 필요할 것 같다.

중간평가를 실시하였는데 같은 내용으로 사전평가와 같은 내용으로 진행되었기 때문에 그렇게 큰 어려움이 없이 중간평가를 실시하였다.

2) 제언사항

"나처럼 해봐요"는 다른 사람이 자신의 작은 동작이라도 모두 따라함으로써 자존감을 향상시킬 수 있는 좋은 내용이다. 특별히 뇌졸중으로 인해 신체적 불편함이 있는 경우는 특별히 신체적인 장애로 인해 자존감이 많이 낮아지고 이로 인한 우울감이 생기는 경우가 많아 자존감을 향상시키기 위한 좋은 프로그램 내용인 것 같다.

◎ 열네 번째 모임(2006. 1. 4)

1. 프로그램 개요

주 제	1.4 후퇴	참가 인원	참가자: 11명 참석	
소요시간	90분	수행 인력	집단진행자, 보조진행자1, 보조진행자2 보조진행자3	
장 소	E노인복지관주간보호소 2층	준비물	출석부, 이름표, 녹음기, 필기용구, 테이 프, 음료	
목 표	날짜를 통해 1.4 후퇴를 연상함			
세 부 내 용	○ 1.4 후퇴 당시 어떤 상황(나이, 거주지, 일화 등)이였는지 구체적으로 나눔　으로써 과거의 경험을 회상한다.			
진 행 과 정	도입 (20분)	○ 새해 인사나누기 - 새해 덕담나누기 ○ Hello-song - 안녕하세요~하게 삽시다.		
	전개 (60분)	○ 좋은 글 나누기 ○ 날짜와 관련된 1.4 후퇴 경험 나누기		
	마무리 (10분)	○ 느낌 나누기 ○ Good-bye song - "고향의 봄" 부르면서 마무리		
참 고	과거 힘들고 어려웠던 시간에 대한 회상이기에 억압되었던 감정들과 함께 가족에 대한 그리움 등이 많이 표현된다. 따라서 다른 회기보다 마무리 시간이 좀 더 필요하다.			

2. 프로그램 진행 내용

1) 도입과정

집단진행자는 일주일 동안 잘 지내셨는지? 새해가 되고 처음 만나는 것에 대해 알리고 새해 인사를 하였다. 사슴 어르신은 "작년에 만나고 일 년 만에 만나니까 너무 반갑네요."라고 하셔서 모두들 웃으셨다.

집단진행자는 "새해가 되고 처음 만나는 것이니까 서로 덕담을 해주는 시간을 갖자."고 제안하였고 모든 성원들이 좋다고 하여서 한 명씩 돌아가면서 덕담을 하는 시간을 가졌다. 구성원 한 명씩에게 덕담을 나누는 시간을 가졌는데 대부분이 "새해 복 많이 받으세요, 건강하세요, 행복하세요."라는 내용이 많았으나 까투리 어르신에게는 "긍정적으로 생각하라, 부정적인 생각을 버려라, 자신감을 가져라", "정말 가진 것이 많고 좋은 분인데 왜 스스로 그렇게 부정적으로 생각하는지 모르겠다. 힘을 내라."는 등 부정적인 사고를 긍정적으로 바꿀 것에 대한 덕담을 많이 받았다.

집단진행자는 까투리 어르신이 받으신 덕담에 대해 까투리 어르신에게 느낌이 어떠신지 물어보았다. 어르신은 "모두들 나를 걱정해 주는 것 같아서 좋다."고 하시면서 "나도 모르게 부정적인 생각들이 들어와서 많이 힘들고 어렵다. 나도 이 병을 빨리 고쳤으면 좋겠다."라고 하시면 눈시울을 적시셨다.

사슴 어르신은 "우리 반은 정말 모두들 마음도 여리고 착한 사람들만 모여서 너무 좋다."라고 하시면서 "우리 모두 반 모두 소원 성취하는 한 해가 되었으면 좋겠다."라고 하시자 모두들 박수를 치시며 좋아라 하셨다.

구성원들간 새해 인사가 끝난 후에 집단진행자는 덕담을 나누었던 마음을 담아서 우리 모두 축복해 주는 노래를 부르자고 제안하면서 "Hello-song"을 불렀다.

성원들 모두 큰 소리로 박수를 치면서 Hello-song을 불렀는데 대부분의 내용이 새해 덕담과 비슷한 내용으로 진행되었다.

집단진행자는 "올 한 해 지금 나눈 덕담이 다 이루어지는 한 해가 되었으면 좋겠습니다."라고 서로 인사를 나누도록 하며 프로그램을 시작하였다.

2) 본 주제

① 좋은 글 나누기

집단진행자는 "처음처럼"이라는 좋은 글을 읽어 주면서 프로그램을 시작하였다. 좋은 글을 읽은 후 느낌을 서로 나눠 보기로 하였다.

까투리 어르신은 "새해를 시작하는 처음의 이 마음을 12월 말까지 잘 간직해야겠구나 하는 생각이 들었다."고 하셨다. 껵다리 어르신은 "처음이라는 것은 언제나 좋은 것이라는 생각이 들면서 처음 이 땅에 내가 태어났을 때 어떤 모습이었을까? 하는 생각이 들었다."라고 하셨다.

돼지 어르신은 "새해에 딱 맞는 좋은 글이네요."라고 하시면서 "좋아요, 좋아."라고 하셔서 모두들 웃었다.

사슴 어르신은 "아침에 있으면 밤이 있는 것처럼 처음이 있으면 끝이 있는 거다. 아침을 시작할 때 하루를 어떻게 보낼지 생각하면서 보내는 것처럼 새해를 시작하는 지금 처음처럼 희망차게 한 해를 보냈으면 좋겠다."라고 하셔서 모두들 박수를 쳐드리자 사슴 어르신이 "쑥스럽다."라고 하시며 고개를 숙이셨다.

집단진행자는 좋은 글에 대한 느낌을 말한 어르신들의 이야기에 공감한다며 지지를 해 준 후 "우리 모두 새해의 마음과 각오가 한 해를 마치는 그때까지 지속될 수 있기를 바란다."며 내용을 정리하였다.

② 1. 4 후퇴 경험 나누기

집단진행자는 오늘이 무슨 며칠인지, 무슨 날인지 아는가? 질문하자 대부분의 어르신들이 1월 4일이라는 말씀을 하시고 무슨 날인지에 대해서는 한참을 생각하시다가 벚꽃 어르신이 1.4후퇴라고 말씀하시자 집단진행자가 박수를 치면서 "1.4후퇴를 기억하시다니 대단하십니다."고 격려해주면서 "1.4후퇴 하면 어떤 기억이 있으신가요?"라고 물어보았다.

㉠ 벚꽃 어르신은 22살이었는데 대부분이 다 전쟁터에서 죽었다고 하셨다. 당시 군인이었는데 어린 나이에 전쟁에 참여하는 것이 어려움이었다고 하셨다. 이야기하는 도중에 눈물을 흘리셨다.

㉡ 황소 어르신은 1·4 후퇴 당시 15세로 집에 있었다고 하셨다.

㉢ 꺽다리 어르신도 15세여서 전쟁과 관련된 기억은 없다고 하시며 먹을 것이 없고 전쟁의 공포에서 힘들었던 기억은 남아 있다고 하셨다.

㉣ 닭 어르신은 자신은 6.25 참전 용사라고 하시며 어렵고 힘든 시간이었다고 하셨다. 자신의 이야기를 하실 때에도 다른 사람의 이야기를 들을 때에도 감정이 많이 흔들리는 모습을 보이셨다. 평소와 달리 다른 성원이 이야기를 할 때에도 집중하여 응시하는 모습을 보이셨다.

㉤ 산토끼 어르신은 금곡이 고향인데 1.4후퇴 때 용인까지 걸어서 피난을 갔던 기억이 난다고 하셨다.

㉥ 돼지 어르신은 대구까지 피난 갔는데 육군본부의 이동에 맞춰서 함께 움직였다고 하자 다른 성원들이 전쟁에 참전했었는지 물어보자 어려서 참전하지는 않았노라고 하셨다. 프로그램 내내 눈물을 흘리셨으며 백마고지에 대한 이야기를 하시면서는 엉엉 우셨다. 다른 성원들의 이야기도 경청하셨으며 다른 회기에 비해 적극적으로 참여하시는 모습을 볼 수 있었다.

◎ 벚꽃 어르신은 한강에 시체가 쌓여 있었다고 말씀하셨는데 집단진행자가 잘 알아들을 수 없어서 다시 확인하자 돼지 어르신이 벚꽃 어르신의 이

야기를 재확인해 주셨다. 벚꽃 어르신은 평소와 달리 많이 흥분한 상태로 1.4
후퇴와 관련된 이야기를 하셨다.

ⓐ 사슴 어르신은 집단진행자에게 "1.4후퇴 때 피해가 없었습니까?"라고
되물어 보시면서 자신은 1.4후퇴에 대한 기억이 분명하지 않아서 할 이야기가
별로 없다고 하시며 주로 다른 성원들의 이야기를 경청하고 그에 대한 질문을
많이 하셨다.

ⓒ 말 어르신은 자신은 6.25 참전용사로 전쟁에 참여하셨던 이야기를
많이 말씀하셨는데 주도적으로 이야기를 하셔서 집단진행자가 중간에 개입하
여야 했다. 벚꽃 어르신이 참전용사라고 하시자 반가와 하시면서 군번이 어떻
게 되냐고 물어보셨다.

ⓔ 까투리 어르신은 망골공원에서 시체를 죽은 것을 많이 봤다고 하시
자 꺽다리 어르신이 "독하긴 되게 독하다."라고 하셨다. 까투리 어르신은 당시
시체를 봤던 광경을 자세하게 묘사하시면서 한참을 이야기하셨다. 시체를 많이
봐서 나중에는 무섭지도 않고 대포소리는 자장가 소리 같았다라고 하시자 나
머지 성원들이 "정말 독하네. 여자가 남자보다 더 독하다니까."라고 하셨다. 까
투리 어르신의 강인한 부분을 볼 수 있었던 회기였다.

ⓕ 송아지 어르신은 배가 아프셔서 프로그램 내내 화장실을 왔다 갔다
하셨다.

3) 모임정리

집단진행자는 오늘 프로그램에 대한 소감과 느낌을 나눠보자고 제안하였
다. 집단진행자의 제안에 말 어르신이 가장 먼저 옛날이야기를 하니까 감회가
새롭고 또 오늘 이야기를 하면서 같은 참전용사를 알게 되어서 너무너무 좋다
고 하시며 벚꽃 어르신을 쳐다보셨다.

돼지 어르신은 피난 가던 일이 생각나서 슬픈 생각이 들었고 함께 고생했

던 가족들의 생각이 많이 났다고 하셨다.

닭 어르신도 침울한 표정으로 6.25 참전 당시의 힘들었던 생각이 났다고 하시면서 그래도 지금 이 정도 생활할 수 있는 것이 감사하다고 하셨다.

사슴 어르신은 옛날 힘들었던 시절이지만 다시 한 번 생각하면서 이야기를 나눌 수 있어서 좋았고 약한 줄 알았던 까투리 할머니가 얼마나 강한 사람인지 새삼 알게 되었다고 하셨다.

까투리 어르신은 그렇게 힘들고 어려운 시간들도 있었는데 생각하니까 지금은 뇌졸중이라는 몹쓸 병이 있기는 하지만 그래도 생명은 안전한 거니까 감사해야겠다는 생각이 들었다고 하셨다.

꺽다리 어르신은 모두들 힘들고 어려운 시간들을 잘 이겨 여기까지 오신 것이 대단하다는 생각이 든다고 하셨다. 집단진행자는 꺽다리 어르신의 이야기에 공감하며 프로그램을 정리하였다.

4) 활동자료

처음처럼[85]

신영복

처음으로 하늘을 만나는 어린 새처럼
처음으로 땅을 밟고 일어서는 새싹처럼
우리는 하루가 저무는 저녁 무렵에도
아침처럼 새봄처럼
처음처럼 다시
새날을 시작하고 있다.

---

[85] 신영복, 「처음처럼」 신영복 서화 에세이 (서울, 랜덤하우스코리아, 2007) 표제작.

3. 프로그램 평가

1) 평가내용

날짜와 관련하여 예전의 기억을 회상하는 내용으로 진행하였는데 모든 성원들은 자신이 직접 경험한 과거의 일이기 때문에 모두들 적극적으로 참여하셨다. 특히 까투리 어르신의 이야기에 모든 성원들이 놀라면서 "그렇게 독한 사람인줄 몰랐다.", "여자가 어떻게 시체를 들추냐?"는 등 까투리 어르신의 이야기에 반응을 보이셨다. 말 어르신과 벚꽃 어르신은 군인으로 1.4 후퇴를 겪으셔서 서로 말씀을 많이 나누셨고 말 어르신이 계속해서 말 어르신에게 질문을 하기도 하시고 손을 잡기도 하시면서 반가움을 표현하셨다.

프로그램이 끝나고 난 후에도 한참을 자리에 앉으셔서 말씀을 나누셨다.

다른 회기와 달리 과거의 경험을 나누는 시간이여서 집단성원들의 새로운 모습을 볼 수 있었으며 평소와는 다른 내용과 모습을 볼 수 있었다.

2) 제언사항

어르신들은 자신의 과거에 경험을 나누는 회상기법을 통해 더 많은 이야기를 나눌 수 있는 장점이 있다. 또한 구성원 모두가 1.4후퇴라는 힘들고 어려웠던 시간들을 공유하고 있기에 그 경험을 함께 나눔으로써 성원간 새로운 관계를 형성하는 모습을 볼 수 있었다.

반면 과거의 경험 속에서 해결되지 않은 문제가 집단 내에서 건드려지게 되어 슬픔, 분노 등을 보일 때는 집단진행자가 개입하여 감정을 적절히 다룰 수 있어야지만 하기 때문에 집단진행자의 적절한 개입 및 역량이 필요하다.

◎ 열다섯 번째 모임(2006. 1. 11)

1. 프로그램 개요

주 제	효과적인 의사소통	참가 인원	참가자: 11명 참석
소 요 시 간	90분	수행 인력	집단진행자, 보조진행자1, 보조진행자2 보조진행자3
장 소	E노인복지관주간보호소 2층	준비물	출석부, 이름표, 녹음기, 필기용구, 테이프, 음료
목 표	○ 효과적인 의사소통 방법을 배워 본다. ○ 의사소통 방법을 연습해 봄으로써 보다 나은 대인관계를 형성함.		
세 부 내 용	○ 효과적인 의사소통을 위한 교육 ○ 의사소통 원리 이해하기 ○ 대화의 수준 이해하기 -①인사-> ②안부-> ③사실 및 정보 -> ④정서, 감정표현-> ⑤기대요망 ○ Role-play를 통해 효과적인 의사소통과 비효과적인 의사소통을 연습해 봄. ○ 효과적인 의사소통과 비효과적인 의사소통을 통한 느낌을 구체적으로 나눔으로써 긍정적인 의사소통을 하도록 함.		
진 행 과 정	도입 (20분)	○ 인사나누기 - 다함께 손뼉을 치면서 인사나누기 - 손바닥 비벼서 눈, 코, 볼 등에 대어 봄으로써 기(氣)를 줌. ○ Hello-song -"고향의 봄", "산토끼" 노래 부르며 목, 어깨, 얼굴을 가볍게 두들기며 긴장된 근육을 이완시킴.	
	전개 (60분)	○ 효과적인 의사소통의 원리 및 대화의 수준 이해하기 - 집단진행자가 이론적 내용들을 화이트보드를 이용해 적음으로써 교육시킴. - 내용별로 구성원들에게 질문함으로써 구성원들도 참여할 수 있도록 함. ○ 효과적 의사소통 연습하기 - 두 명씩 짝을 이루어 Role-play를 시연함으로써 효과적인 의사소통과 비효과적 의사소통을 할 경우 느낌, 생각 등을 나눠보도록 함.	
	마무리 (10분)	○ 느낌 및 소감 나누기 ○ Good-bye song - "당신은 사랑받기 위해 태어난 사람" 부르며 모임 정리하기	

2. 프로그램 진행 내용

1) 도입과정

집단진행자는 박수치며 "반갑습니다!" 인사하자 모든 성원들이 박수치며 인사를 나누었다. 집단진행자는 날씨가 많이 추워서 손바닥을 비벼서 몸에 있는 기를 얼굴, 코, 눈, 볼 등에 대면 그곳으로 기(氣)가 들어가게 된다고 설명하며 모든 집단성원들과 함께 손을 비벼 본인이 피곤하거나 건강이 좋지 않은 곳에 대어보도록 하였다.

다 함께 손바닥을 치면서 건강박수에 대해 설명하였다. 박수를 많이 치면 뇌가 건강해지고 혈액순환이 잘되어서 건강에도 좋다고 하며 모두 박수를 치면서 "Hello-song"("고향의 봄"과 "산토끼")를 부르며 목, 어깨, 얼굴을 가볍게 두드렸다.

2) 본 주제

본 주제는 먼저 지난 시간에 까투리 어르신께서 의사소통 방법에 대해 함께 이야기했으면 좋겠노라고 말씀하셨다는 이야기를 함으로써 진행되었다.

"의사소통이 무엇인 것 같은가?"하고 구성원들에게 물어보자 사슴 어르신은 "마음이 서로 통할 수 있는 것"이라고 대답하자 집단진행자는 "그렇죠."라고 대답하면서 마음을 여는 것이 정말 중요하다면서 처음 사람을 만났을 때부터 진행되는 의사소통의 단계에 대해 화이트보드에 그려진 그림을 설명하였다.

① 의사소통의 단계

① 인사 → ② 안부 → ③ 사실정보 → ④ 정서감정 → ⑤ 기대요망

인사 다음에 무엇을 해야 하는지 묻자 산토끼 어르신께서 "안부를 물어야죠."라고 대답하셨고, 안부의 구체적인 예들을 집단진행자가 제시하여 이야기하

였다. 안부인사 다음에는 무엇을 하는지 묻자 산토끼 어르신께서 "내 사정을 알려야 한다. 그 동안 나에게 있었던 이야기를 이야기해야 한다."라고 말씀하시자 집단진행자는 산토끼 어르신께서 정말 잘 하신다면서 칭찬해드리고 "선생님 같아요."라고 산토끼 어르신의 반응에 대한 강화를 하자 산토끼 어르신께서 환하게 웃으시며 좋아하셨다. 사실과 정보에 대한 구분을 설명하면서 다음 주에 프로그램이 종결되는 것을 정보의 예로 제시하였다.

다음 주 프로그램 종결에 대한 이야기를 들었을 때 마음이 어떤지 묻자 사슴 어르신은 "섭섭하죠."라고 대답하시자 "섭섭하다는 것은 감정, 정서를 말하는 것이다. 마지막에는 앞으로 되어졌으면 좋겠다는 소망에 대해 설명하면서 사슴 어르신이 앞에서 말씀하셨던 프로그램이 끝이라는 생각이 안 들고 앞으로 계속했으면 좋겠다고 말씀하신 것이 바로 기대, 소망을 말하는 것이라고 설명하였다.

황소 어르신이 자신의 생각을 말을 표현하셨는데 집단진행자가 못 알아듣겠노라고 이렇게 알아듣지 못한 것은 의사소통이 아니라면서 글로 쓰시라고 하시자 보조진행자3이 웃으면서 "떡 하느냐"고 물어보신다고 하시자 집단진행자는 황소 어르신과 보조진행자3 사이에서 의사소통이 진행된 것이라고 말하자 황소 어르신이 고개를 끄떡이셨다.

말하지 못하는 갓난아이와 엄마사이의 의사소통은 울음인데 갓난아기가 똑같이 운다고 해도 아기가 표현하고자 하는 내용이 다른 것이다.

배고프다고, 기저귀를 갈아달라고, 안아달라고 우는 것을 엄마는 아이의 울음을 다 알아들을 수 있다. 아기는 아기 나름대로의 의사표현이 있다. 예를 들어서 벚꽃 어르신이 집에 갔을 때 "누군가 '이제오세요?'라고 하면 기분이 어떠실 것 같으세요?"라고 묻자 벚꽃 어르신이 "기분 좋죠."라고 대답하시면서 집단진행자는 이어서 "집에 갔을 때 누구도 인사를 하지 않으면 기분이 어떤가요?", "기분 안 좋아요"라고 대답하셨다. 벚꽃 어르신의 대답에 대해 집단진행자는 "아무도 나를 반겨하지 않는구나."하는 생각이 들어서 서운한 마음이 드는 것이다. 예를 들어서 "시어머니가 밖에 나갔다 오마."하고 설거지하는 며느리에게 인사를 했는데 며느리는 설거지 중이여서 물소리 때문에 그 소리를 들었는지 못 들었는지 아무 대답이 없으면 시어머니 입장에서는 어떨 것 같은가? 산토끼 어르신이 "기분이 안 좋겠죠."라고 대답하셨다. 집단진행자는 산토끼 어르신에게 다시 한 번 "며느리 입장에서는 어떤 생각이 들것 같은가?" 하고 질문하자 잠시 생각하다가 "물 소리 때문에 못 들었어요."라고 대답할 것 같다고 하셨다. 집단진행자는 대화를 할 때 내면의 소리가 무엇인지 알아듣는 것이 중요하다고 하면서 의사소통이란 서로 통하는 것으로 황소 어르신께서 아까 말씀하셨는데 잘 못 알아들었지만 선생님은 의사소통이 이루어진 것이라고 정리하였다.

② 부정적 의사소통 연습하기

2명씩 짝을 이루어서 요즘에 힘들었던 이야기를 주제로 서로 이야기하되 한 명은 열심히 이야기를 하고 다른 한 명은 쳐다보지도 않고 딴청을 부리도록 역할극을 시켰다.

껑다리 어르신이 너무 졸려 해서 집단진행자가 누워있으라고 하셨다.

㉠ 느릅지기 어르신 : 송아지 어르신이 전혀 이야기를 하지 않았다. 이야기를 하고 싶은데 이야기를 하지 않으니까 답답했다.

㉡ 정걸구 어르신 : 벚꽃 어르신이 전에 나눴던 이야기를 기억하고 얘기해 주니까 반가웠다.

㉢ 돼지 - 산토끼 어르신: 돼지 어르신이 옛날이야기를 했는데 산토끼 어르신이 잘 들어 주지 않아서 재미가 없었다.

㉣ 사슴 어르신: 말 어르신이 말씀하신 것을 사슴 어르신이 잘 들어 주지 않아서 별로 말하고 싶지 않았다.

ⓜ 황소 어르신: 집단진행자와 짝을 이루어서 연습하셨는데 집단진행자가 내 얼굴을 쳐다보지 않고 글씨만 쳐다보니까 기분이 나빴다라고 종이 위에 글 쓰셨다.

ⓗ 느릅지기 어르신: 얘기했는데 들을 사람이 없었다. 얘기를 들어 주지 않으니까 혼자 이야기하는 것 같았고 기분이 나빴다.

ⓢ 말 어르신: 딴 데 쳐다보니까 얘기를 할 수 없었다.

ⓞ 사슴 어르신: 부부간에는 쳐다만 봐도 의사소통이 되는데 남이니까 더군다나 얼굴을 쳐다봐야지만 이야기가 되는데 얼굴을 쳐다보지 않으니까 의사소통이 전혀 되지 않았다.

③ 긍정적인 의사소통하기

프로그램 시작 초기에 지었던 별명을 기억하면서 둘씩 짝을 지어 손잡아 주면서 눈 마주치면서 원활한 의사소통 연습하기(20여분)

㉠ 황소 어르신: 잘 들어주니까 기분이 좋았다.

㉡ 사슴 어르신: 잘 들어주니까 솔직하고 진솔한 대화를 할 수 있었다.

㉢ 말 어르신: 그냥 그렇죠. 뭐.

㉣ 돼지 어르신: 솔직하게 이야기하다 보니까 인하대학교라는 공통된 주제가 있어서 이야기를 잘 나눌 수 있었고 기분이 좋다.

㉤ 정걸구 어르신: 옛날에 살았던 이야기를 나눴는데 좋았어요.

㉥ 산토끼 어르신: 이야기가 서로 통했고 그래서 좋았다.

㉦ 느릅지기 어르신: 파트너가 워낙 말수가 적어서 그랬지만 웃으면서 잘 들어줘서 기분이 좋았다.

㉧ 꺽다리 어르신: 잘 들어 주니까 기분이 좋고 더 많이 말하고 싶었다.

④ 의사소통의 구성요소에 대한 이해

집단진행자는 앞에서 진행했던 부정적 의사소통과 긍정적 의사소통의 중요성에 대해 언급하면서 의사소통의 구성요소에 대해 집단성원들에게 설명하였다. 의사소통의 구성요소는 55%: 비언어적 요소(몸짓, 행동, 눈빛, 환경), 38%: 억양, 어조, 음색, 7% : 언어로 구성되어 있다고 이야기하자, 꺽다리 어르신이 "그래, 말보다 태도가 더 중요하다니까."라고 하시며 집단진행자의 설명에 대해 공감해 주셨다. 산토끼 어르신은 집단진행자의 설명을 수첩에 메모하시는 적극적인 태도를 보이셨다. 사슴 어르신은 "오늘 배운 것 집에 가서 꼭 이야기해 주고 내가 이야기할 때 나를 좀 꼭 쳐다보고 고개도 끄떡여 달라고 이야기를 해야겠네."라고 하셨다.

⑤ 여자와 남자의 서로 다른 의사소통 유형 및 내용에 대한 소개

여자와 남자의 의사소통 유형이 다르다는 것을 알고 있는지 집단진행자가 물어보자 산토끼 어르신이 "어떻게 다른지는 모르겠는데 분명히 다른 것 같다. 집사람이랑 이야기할 때 나는 잘 전달하고 위한다고 했는데 집사람은 화를 내서 당황한 적이 있었다."라고 하셨다. 집단진행자는 산토끼 어르신의 이야기를 지지하면서 남자와 여자의 의사소통 방식이 서로 다름에 대해 이해하는 것이 효과적인 의사소통을 위해 필요하다고 말씀드렸다. 내용을 다 들은 후에 사슴 어르신이 "아, 그래서 내가 첫사랑에 실패한 거구나."라고 하셔서 모두 웃었다.

3) 모임정리

오늘 프로그램 내용에 대한 느낌이 어떠했는지 함께 나눠 보자고 이야기하자 느릅지기 어르신은 "새로운 내용들이 배울만했고 송아지 어르신이 거의 말씀이 없으셔서 별로 할 이야기가 없었다."라고 말씀하셨다. 송아지 어르신은 "좋았어요.", 정걸구 어르신은 "서로 통하니까 좋았어요."라고 하심, 벚꽃 어르

신은 "의사소통이 잘되어서 좋았어요."라고 하셨다.

산토끼 어르신은 "좋았고 앞으로 활용하는데 많은 도움이 될 것 같다.", 돼지 어르신은 "여러 가지 면에서 좋았고 자주 만나는 것이 인연이 되었다."라고 하셨으며, 사슴 어르신은 "가까움을 느꼈고, 속에 있는 이야기를 나눌 수 있어서 좋았다."라고 하셨다.

말 어르신은 "좋았어요."라고 간단하게 느낌을 나누셨다. 꺽다리 어르신은 "말을 많이 해야 하는데 상대방이 듣기 좋은 말, 듣기 싫은 말을 구분해서 앞으로는 해야겠다는 생각이 들었다."라고 하셨다. 황소 어르신은 "좋았어요."라고 종이 위에 쓰셨다.

집단진행자는 효과적인 의사소통을 위해서는 상대방의 이야기를 눈으로 귀로 잘 들어 주는 것이 중요하다는 것에 대해 다시 한 번 언급한 후에 "당신은 사랑받기 위해 태어난 사람"을 부르면서 프로그램을 정리하였다.

4) 활동자료

① 남자는 사실과 정보를 나누고 문제를 해결하기 위해 주로 대화를 나눈다. 그러나 여자들은 개인적 관계를 위해, 감정적 지지와 공감을 얻기 위해 대화를 나눈다.

② 남자는 여자보다 개인적인 질문을 덜 하는 편이다. 더불어 "그녀가 나에게 말해 줄 것이 있으면 내가 묻지 않아도 알아서 말해 주겠지"라고 생각한다. 그러나 여자는 남자보다 더 개인적인 질문을 한다. 또한 "내가 질문을 하지 않으면 그는 내가 무관심하다고 생각할 거야"라고 생각한다.

③ 그래서 여자들은 남자에게 많은 질문을 한다. 그러나 남자들은 그러한 질문이 침해적인 간섭이나 프라이버시 침해로 느낀다. 반면 여자는 이러한 질문이 친밀감과 돌봄의 표현으로 생각한다.

④ 남자는 여자보다 상대방이 말을 마칠 때까지 기다리지 못하고 대화

도중에 발언을 해 대화의 흐름을 막을 가능성이 높다. 그래서 아내들은 '그이는 아예 내 말을 듣지 않아요.'라고 불평한다.

⑤ 남자는 머리의 언어를 사용한다. 그러나 여자는 가슴의 언어, 마음의 언어를 사용한다.

그래서 달 밝은 밤에 아내가 "여보, 달이 밝지요?"라고 말하는 것은, 남자들의 생각같이 "달이 밝다"는 정보전달을 위한 대화가 아니라 '이렇게 분위기가 있으니까 우리 둘이서 사랑의 대화를 나누자'라는 감정을 전하는 말인 것이다. 그러나 남자들은 그러한 속뜻도 모르고 '이 사람아! 보름달이니까 당연히 밝지!' 또는 '어, 벌써 보름이 되었나?'라고 분위기 없는 대화를 하기 십상인 것이다.

⑥ 여자는 관계 지향적이고, 남자는 과제중심적인 경향이 있다.

3. 프로그램 평가

1) 평가내용

의사소통을 Role-play를 통해 긍정적인 의사소통과 부정적인 의사소통을 시현해 보는 것에 모두들 적극적으로 참여하셨다. 처음 실시한 부정적인 의사소통 방법 중 상대방이 이야기할 때 경청하지 않기, 반응보이지 않기의 내용에 대해서는 어르신들이 충분히 인지되지 않아서 집단진행자가 원하는 결과에서 다소 빗나갔지만, 경청을 열심히 하시는 어르신들에게는 경청을 잘 함으로써 이야기를 계속하게 되는 것이라고 긍정적인 피드백을 제시함으로써 성원들이 긍정적인 감정을 갖게 하는 것이 좋은 역할을 하게 된 것 같다는 생각이 든다.

본 회기는 모든 구성원들이 직접 역할을 시연해 보는 것을 주 내용으로 구성되었기 때문에 모두들 적극적으로 참여하였으며 자신의 생각, 느낌, 기분

등에 대해 솔직하게 잘 표현하는 모습을 보였다. 성원들이 그 동안 지내면서 나누었던 과거의 일들을 기억하고 그것을 소재로 삼아서 오랫동안 함께 이야기하는 모습도 보였으며 전에 진행된 프로그램 내용에 대해 구성원들이 잊지 않고 기억하려는 노력과 구성원들에 대한 관심이 서로 있음을 알 수 있었다.

2) 제언사항

의사소통 유형의 다양한 방법들을 집단진행자와 보조진행자가 역할극을 통해 시범을 보이고 이를 지켜봤을 때 관찰자로서의 느낌이나 생각에 대해서도 함께 나누면 좋았겠다는 생각이 들었다. 둘씩 짝을 이루어서 역할극을 시연하는 것에 모두 좋아하셨다. 부정적인 의사소통(경청하지 않기, 딴 짓하기, 반응하지 않기)은 어르신들이 잘 이해하지 못한 것 같아 경청하기보다 더 어려워하셨던 것 같다. 부정적인 의사소통 유형을 보다 잘 설명하고 역할시연을 보였더라면 어르신들께서 내용을 더 잘 이해하시는데 도움이 되었을 것 같다.

◎ 열여섯 번째 모임(2006. 1. 18)

1. 프로그램 개요

주제	나의 의사소통은?	참가 인원	참가자: 12명 전원참석
소요시간	90분	수행 인력	집단진행자, 보조진행자1, 보조진행자2 보조진행자3
장소	E노인복지관주간보호소 2층	준비물	출석부, 이름표, 녹음기, 필기용구, 테이 프, 음료
목표	○ 효과적인 의사소통이 무엇인지 파악하여 원만한 인간관계를 맺을 수 있도록 한다. ○ 경청의 중요성을 파악하여 효과적인 의사소통을 하도록 함.		
세부 내용	○ 의사소통의 단계(① 눈맞춤→② 손맞춤→③ 입맞춤→④ 마음맞춤)를 설명함. ○ 둘씩 짝을 이루어서 단계별로 연습하기. ○ 경청의 중요성에 대해 인식하도록 하고 구성원 중 2명에게 경청할 때와 하지 않을 때 를 Role-play하도록 하고, 다른 구성원들은 이를 지켜본 후 소감을 나누도록 함.		
진행 과정	도입 (20분)	○ 인사나누기 - 일주일 동안 어떻게 지냈는지 나눈다. ○ Hello-song - "안녕하세요.~하게 삽시다." 인사하기 -"산토끼" 노래 부르며 목, 어깨, 얼굴을 가볍게 두들기며 긴장된 근육을 이완 시킴.	
	전개 (60분)	○ 의사소통의 실제를 화이트보드를 이용하여 단계별로 설명함. - 대인관계에서 의사소통 단계를 구성원들에게 물어 봄. - 의사소통의 단계(① 눈맞춤->② 손맞춤->③ 입맞춤->④ 마음맞춤) 설명 ○ Role-play 시연 - 둘씩 짝을 이루어서 의사소통 단계별로 연습하도록 함. - 여러 차례 반복하여 실시하며 각 단계별로 느낌을 나누도록 함. ○ 내가 가장 잘 하는 단계와 더 잘하고 싶은 단계는? -의사소통의 실제 중 가장 잘 하는 단계와 더 잘 하고 싶은 단계를 나누어본다. -더 잘 하고 싶은 단계는 어떻게 하면 더 잘 할 수 있는지 스스로 방법을 찾아 본다.	
	마무리 (10분)	○ 느낌 및 소감 나누기 ○ Good-bye song - "당신은 사랑받기 위해 태어난 사람"을 다 같이 손을 잡고 부르며 모임 정리 하기	

2. 프로그램 진행 내용

1) 도입과정

집단진행자는 일주일 동안 어떻게 지냈는지 안부를 물으면서 프로그램을 시작하였다.

㉠ 황소 어르신은 치과에 다녀오셨다고 하시면서 금니를 보여주셨고 어르신들은 모두 누가해 줬는지에 대해 질문을 하셨다. 황소 어르신은 "딸이 해 줬다."고 하시자 까투리 어르신은 "딸이 이를 해 주고 얼마나 좋겠냐? 나는 아들만 둘이여서 딸이 늘 있었으면 좋겠다. 딸은 엄마의 마음을 그렇게 잘 안다. 딸이 있는 사람이 늘 부럽다."라고 하셨다. 사슴 어르신도 "딸이 정말 효녀다. 정말 부럽다."라고 하셨다.

㉡ 꺽다리 어르신은 성당에서 교육을 받는 것이 있었는데 지난주에 모두 마쳤다라고 하셨고 교육을 잘 받으신 것에 대해 박수를 쳐 드렸다.

㉢ 말 어르신은 감기에 걸려서 고생했다고 하시면서 아직도 다 낫지 않았다고 하셨다. 집단진행자는 몸이 아픈데도 불구하고 이렇게 와 주셔서 너무 감사하다고 인사를 하였다.

㉣ 송아지 어르신은 어떻게 지내셨는지 집단진행자가 물어보자 "특별한 것 없었어요."라고 웃으면서 대답하셨다. 모두들 건강하게 잘 지내다 오셔서 감사하다는 인사를 집단진행자가 하면서 Hello-song으로 함께 인사를 나눠보자고 하면서 Hello-song을 불렀다.

모두들 박수를 치시면서 "행복하게, 건강하게, 활기차게, 즐겁게 삽시다." 등 인사를 하셨다.

집단진행자는 어린 시절 겨울철에 주로 뭐하셨는지 물어 보았다. 사슴 어르신이 제일 먼저 팽이치기, 썰매 타기를 했다고 말씀하셨고 다른 어르신들도 눈썰매타기, 토끼, 꿩 잡으러 산으로 다녔다고 하셨다. 겨울밤에 가래떡, 밤 화

롯불에 구워먹기, 감자 구워먹기, 곶감 먹기 등을 이야기하였다.

지도자는 "모두들 겨울철을 즐겁게 보내신 것 같네요."라고 하면서 산토끼 잡으러 가셨던 힘으로 다 같이 "산토끼" 노래를 부르면서 목, 어깨, 얼굴을 가볍게 두들기면서 긴장된 근육을 이완시키도록 하였다.

2) 본 주제

① 지난 회기 내용 점검하기

집단진행자는 지난 회기에 어떤 내용을 나눴는지 집단성원들에게 물어보았다. 성원들은 지난 시간 내용 중 경청의 중요성, 사람을 만나서 이야기를 할 때 단계가 있다, 남자와 여자가 다르게 이야기한다, 말보다 표정이 더 중요하다는 이야기를 했다고 하셨다.

모두들 대부분의 내용을 정확하게 기억하고 계셨으며 산토끼 어르신은 자신이 지난 시간에 자신이 필기한 것을 꺼내놓고 보면서 말씀하셨다.

집단진행자는 일주일 동안 실제로 경청을 잘 해 보셨는지 성원들에게 물어보자, 꺽다리 어르신은 가족들이 이야기할 때 다른 때보다 더 경청을 잘 하려고 애썼다고 하셨고, 산토끼 어르신은 아내가 이야기할 때 잘 이해가 안 되는 부분도 있었는데 지난주에 남자와 여자가 서로 의사소통하는 방법이 다르다는 이야기를 듣고 나니까 아내의 이야기가 더 많이 이해가 되었다고 하셨다.

② 의사소통의 실제에 대한 이해

집단진행자는 지난 회기에서 나눴던 이야기를 한 번 더 정리하면서 이번 회기의 구체적인 내용들을 설명하였다. 눈맞춤→ 손맞춤 → 입맞춤 → 마음맞춤에 대해 설명하였다.

모든 성원들이 진지하게 이야기를 들으면서 고개를 끄떡이는 등 공감을 보이셨다.

③ 의사소통의 실제 시연하기

의사소통의 실제에 대한 이론적 설명을 마친 후에 집단진행자는 두 명씩 짝을 지어서 각 단계를 시연해 보도록 하였다. 각 단계별로 몇 차례씩 반복하여서 연습하도록 하였다.

처음에는 오른쪽에 앉은 사람과 하도록 하고, 다음으로 왼쪽에 앉은 사람과 하도록 하고, 그 다음으로 맞은편에 앉은 사람과 하도록 하였다.

말 어르신도 처음에는 상대방의 1-2초간 쳐다보고 고개를 바로 떨구셨는데, 집단진행자가 지지하고 격려하자 다시 고개를 들어 상대방의 눈을 쳐다보셨다.

눈맞춤 단계가 끝나고 난 후 느낌을 묻자, 처음에는 어색했는데 자꾸 보니까 좀 더 오랫동안 쳐다볼 수 있었다고 대답하셨다.

모두들 잘 하셨노라고 칭찬하고 난 후 다음 단계가 무엇인지 성원들에게 물어보자 손맞춤 단계라고 모두들 대답하셨고 손맞춤 단계를 연습해 보도록 하였다. 성원들 모두 손맞춤 단계는 쉽게 하셨다.

집단진행자는 1단계보다 2단계를 더 잘 하시는 것 같다고 하자 말 어르신이 "악수는 하도 많이 해서 쉽다."고 하셨다.

집단진행자는 그럼 이번에는 손을 잡기만 하는 것이 아니라 손을 잡으시고 눈을 쳐다보면서 눈으로 대화를 나누라고 하였고 처음 손을 잡았던 같은 파트너와 짝을 이루었다.

잘 하셨다고 집단진행자는 칭찬을 하고 난 후 상대방과 대화를 나눠보셨는지 물어보자,

㉠ 까투리 어르신이 제일 먼저 "느릅지기 어르신의 손이 참 따뜻하니까 마음도 따뜻하겠구나 하는 생각을 했다."고 하셨다. 느릅지기 어르신은 무슨 생

각을 하셨는지 물어보자 "까투리 어르신이 젊어서 얼마나 아름다우셨을까?"하는 생각을 했다고 하셨다. 까투리 어르신은 웃으시면서 "예쁘기는 뭐가 예뻐!"라고 하셨다. 모두들 지금도 까투리 어르신이 예쁘다고 인정해 드렸다.

ⓒ 꺽다리 어르신은 "황소 어르신의 손을 잡고 있으니까 고생을 참 많이 했겠구나 하는 생각과 그래도 삶에 대한 힘을 느낄 수 있었다."라고 대답하셨다. 황소 어르신은 "따뜻했어요."라고 하시며 꺽다리 어르신의 손을 다시 한번 쓰다듬었다.

ⓒ 말 어르신은 "벚꽃 어르신의 눈을 쳐다보고 있으니까 외로움이 느껴졌고 나처럼 외롭구나 하는 마음이 들어 슬펐다."고 하셨다. 벚꽃 어르신은 고개를 끄떡이시면서 눈에 눈물이 맺히셨다. 집단진행자는 벚꽃 어르신에게 말 어르신과 어떤 이야기를 나눴는지 물어 보았다. 벚꽃 어르신은 "손을 잡고 있으니까 참 힘든 시절을 살아 오셨구나."하는 생각이 들었다고 하셨다. 벚꽃 어르신의 말이 끝나자 말 어르신이 벚꽃 어르신의 손을 쓰다듬어 주시면서 고개를 끄떡이셨다.

ⓡ 송아지 어르신과 정걸구 어르신은 두 분이 어떤 대화를 나눴는지 물어보자 정걸구 어르신은 "참 잘 생기고 착한 사람이 왜 이런 병에 걸려서 참 안타깝다는 생각이 들었다."고 하셨다. 송아지 어르신은 "참 좋은 분이구나."하는 생각을 했다고 하셨다.

ⓜ 사슴 어르신은 "돼지 어르신이 참 착하게 생겼구나, 법 없이도 이 분은 사셨겠구나 하는 생각이 들었다."라고 하셨다. 돼지 어르신은 사슴 어르신의 말에 "맞아!"라고 하셨다. 돼지 어르신은 사슴 어르신을 보시면서 어떤 생각이 들었는지 물어보자 "참 남자답게 생겼구나, 좋은 사람이다."라는 생각이 들었다고 하셨다.

집단진행자는 모두들 잘 하셨다고 하면서 그냥 악수를 할 때와 지금 눈맞춤을 하면서 손을 잡을 때는 어떻게 다른지 물어 보았다.

말 어르신은 "눈을 바라보면서 손을 잡으니까 더 가깝게 느껴진다."고 하셨다. 말 어르신의 이야기에 대해 모두들 공감하셨다. 산토끼 어르신은 "3개월 동안 함께 하면서도 눈 마주치지 않고 인사는 많이 했었는데 눈을 마주치면서 인사를 하니까 훨씬 더 좋고 가깝게 느껴져요."라고 하셨다.

집단진행자는 정말 좋다고 하면서 그 다음 단계인 입맞춤을 진행시켰다. 둘씩 짝을 이루신 파트너 중 오른쪽에 계신 분이 왼쪽에 있는 분에게 요즘 힘든 일이 무엇인지 이야기를 나눠 보라고 지시하였다. 모두들 눈을 쳐다보면서 손을 잡고 상대방의 이야기를 경청하는 모습을 보이셨다. 5-7분 정도 시간을 준 후 어땠는지 물어보았다.

"상대방이 나의 이야기를 잘 들어 주니까 마음 깊이 힘든 이야기도 할 수 있었다.", "정말 나의 마음을 이해하는구나 하는 생각이 들었다."는 이야기를 하셨다.

이번에는 이야기를 들었던 사람이 이야기를 하도록 하였다. 동일하게 5-7분 정도 이야기를 나눌 수 있는 시간을 주고 난 후 어떠했는지 물어보았다.

"내 이야기를 정말 듣고 있고 나를 진심으로 이해해 주고 있구나하는 생각이 들었다", "속에 있는 이야기를 하고 나니까 마음이 시원해졌다", "가족에게도 할 수 없었던 이야기를 하고 누군가에게 하고 나니까 막혔던 것이 내려간 느낌이다."라고 하셨다.

집단진행자는 마지막 단계인 마음맞춤에 대해 잠깐 소개하자 사슴 어르신이 "앞에 맞춤들을 다 하면서 입맞춤까지 하니까 마음맞춤은 저절로 되는 것 같네요."라고 하시자 모두들 맞는다고 공감하셨다. 앞에 눈맞춤, 손맞춤, 입맞춤이 진심으로 되지 않는다면 마음맞춤은 정말 힘든 것이고 형식적으로 눈맞춤, 손맞춤, 입맞춤을 한다면 마음맞춤도 진정한 마음맞춤이 될 수 없다는 이야기를 나누었다.

④ 내가 가장 잘 하는 의사소통 & 더 잘 하고 싶은 의사소통 단계

집단진행자는 지금까지 단계들을 연습하면서 혹은 평상시 내가 가장 잘 하는 의사소통 단계는 무엇인지 나눠 보자고 하였다.

㉠ 까투리 어르신은 입맞춤을 잘 한다고 하시면서 남의 이야기를 들어 주는 것을 잘 하는 것 같다고 하셨다. 까투리 어르신의 이야기에 느릅지기 어르신이 맞는다고 하시면서 "내가 하는 이야기를 정말 잘 들어 주셨다."고 하셨다.

㉡ 산토끼 어르신은 눈맞춤을 잘하는 것 같다고 하시면서 상대방의 눈을 쳐다보는 것이 별로 어렵거나 불편하지 않다고 하셨다.

㉢ 꺽다리 어르신은 나도 눈맞춤을 잘 하는 것 같다고 하시자 까투리 어르신이 꺽다리 어르신은 입맞춤도 잘 하신다고 하시면서 누가 이야기를 해도 얼굴 한 번 찡그리지 않고 이야기를 들어 주신다고 하셨다.

㉣ 말 어르신은 손맞춤을 가장 잘 하는데 그 손맞춤도 잠깐 하는 손맞춤이고 눈맞춤이 제일 힘들고 어렵다고 하셨다. 혹시 더 잘하고 싶은 의사소통 단계가 있는지 집단진행자가 물어 보자 눈맞춤을 잘 하고 싶다고 하셨다.

㉤ 사슴 어르신은 나는 입맞춤을 잘 하는데 남의 이야기를 듣기보다는 내가 말을 많이 하는 편이다고 하셔서 모두 웃었다. 집단진행자는 사슴 어르신에게 어떤 단계를 좀 더 잘 하고 싶은지 물어보자 사슴 어르신은 남의 이야기를 들어 주는 입맞춤을 잘 하고 싶다고 말씀하셨다.

㉥ 까투리 어르신은 나는 입맞춤을 잘 하는 것 같아요. 그래서 옛날부터 사람들이 나를 참 좋아했다고 하셨다.

㉦ 황소 어르신은 난 눈맞춤이 어렵다고 하시면서 상대방을 눈을 맞추는 것이 쑥스럽고 어색하다고 하셨다. 집단진행자가 모든 사람에게 눈맞춤 하는 것이 어려운지 물어보자 황소 어르신은 편한 사람에게는 어렵지 않다고 하셨다. 까투리 어르신은 정말 황소 어르신이 처음에는 "내가 이야기할 때 쳐다

보지 않아서 왜 저럴까?" 하고 생각했었는데 "눈맞춤을 어려워하시는 분이여서 그랬구나." 하는 생각이 든다고 하셨다.

집단진행자는 황소 어르신에게 지금도 까투리 어르신과 눈맞춤 하는 것이 어렵냐고 물어보자 지금은 괜찮다고 하셨다. 꺽다리 어르신은 처음에는 낯선 사람하고 눈 마주치는 것이 어렵지만 자꾸 하다보면 괜찮아 지더라고 하시면서 황소 어르신을 지지하셨다.

◎ 느릅지기 어르신도 다른 맞춤은 그래도 괜찮은데 눈맞춤이 많이 어색하고 힘들다고 하시면서 예전에는 안 그랬는데 뇌졸중이 오고 난 후에 누가 내가 이야기할 때 나를 쳐다보면 '내가 이상해서 저렇게 쳐다보나?' 하는 생각이 들어서 불편하다고 하셨다.

집단진행자는 느릅지기 어르신에 대해 다른 성원들은 어떻게 생각하는지 물어 보았다.

㉠ 산토끼 어르신은 느릅지기 어르신의 이야기에 공감하면서 "나도 그렇다. 처음에 뇌졸중으로 마비가 오고 손발이 불편할 때 사람들이 나를 쳐다보면 시선이 따갑고 불편했다. 그런 나에게 가족들이 많이 도와주었고, 공원에 나가니까 나같이 뇌졸중인 사람들이 많았고 그래서 나만 그런 것이 아니라는 생각을 하게 되었다."며 생각을 바꿔야 한다고 느릅지기 어르신에게 이야기하셨다.

㉡ 꺽다리 어르신과 까투리 어르신도 느릅지기 어르신의 이야기에 공감하시며 생각을 바꿔야만이 더 행복하게 살 수 있고 사람들과의 관계도 편안해질 수 있다고 하셨다. 느릅지기 어르신은 다른 성원들의 이야기에 고개를 끄떡이며 "사람들이 나를 쳐다보는 것에 대해 내 생각이 틀렸다는 생각이 든다."고 하시며 "내 자신에 대해 좀 더 자신감을 가져야겠다는 생각이 든다."고 하셨다.

3) 모임정리

집단진행자는 이번 회기에 대한 느낌과 소감에 대해 물어보았다.

까투리 어르신은 느릅지기 어르신의 이야기를 들으면서 사람이 참 똑같다는 생각이 든다고 하시면서 그래서 사람이 죽으라는 법은 없다는 생각이 든다고 하셨다.

꺽다리 어르신은 내가 내 자신을 사랑하지 않으면 아무도 나를 사랑할 수 없다는 것을 뇌졸중을 통해 많이 경험했다고 하시며 내가 나를 사랑하니까 주변의 사람도 사랑하게 되더라, 우리가 비록 몸이 불편하지만 우리 자신을 좀 더 사랑하는 사람들이 되었으면 좋겠다고 하셨다.

황소 어르신은 꺽다리 어르신의 이야기에 고개를 끄떡이시며 공감을 표현하셨다.

느릅지기 어르신은 오늘 다른 성원들의 이야기를 들으면서 많은 도움을 받았다고 하시며, 내가 나를 사랑해야지 다른 사람도 나를 사랑한다는 말이 마음에 와 닿는다고 하셨다. 뇌졸중으로 인해 나도 힘들지만 가족들도 정말 많이 힘들고 어려운데 내가 나를 사랑하지 않아서 가족을 더 많이 힘들게 했던 것 같다고 하시며 나 자신을 더 사랑하는 연습을 해야겠다고 하셨다.

집단진행자는 의사소통의 단계는 아이가 말을 배우는 것과 같다고 하며 자꾸 연습하면 더 익숙해져서 눈맞춤도 손맞춤도 더 쉽게 자연스럽게 될 수 있다고 정리하였다.

다 같이 손을 잡고 Good-bye song을 부르며 프로그램을 정리했다.

3. 프로그램 평가

1) 평가내용

의사소통의 단계 중 1단계인 눈맞춤 단계를 가장 어려워하셨다.

처음에는 완전히 경직되어서 눈만 쳐다보거나 아예 눈을 못 마주치시는 등 자연스럽지 못하게 하셨는데 반복함으로써 점차 자연스럽고 편안하게 하시는 모습을 볼 수 있었다.

의사소통의 단계 연습을 통해 자신이 잘하는 단계와 부족한 단계를 인식하는 것도 좋은 접근법이었다.

또한 느릅지기 어르신이 자신이 눈맞춤을 어려워하는 데 있어 잘못된 인지를 인식하고 이에 대해 집단성원들의 공감과 피드백으로 자연스러운 집단의 역동이 이루어졌다.

2) 제언사항

의사소통의 단계를 둘씩 시연해 보는 것은 자신의 의사소통의 강점과 보완점을 발견하는데 좋은 방법이었다. 집단 내 역동이 일어나지 않는 경우 집단 진행자의 개입으로 뇌졸중으로 인한 의사소통의 변화가 있었는지에 대해 이야기를 나누는 것도 좋을 것으로 생각된다.

◎ 열일곱 번째 모임(2006. 1. 25)

1. 프로그램 개요

주제	나 메시지(I-Message)	참가 인원	참가자: 12명 전원참석
소요 시간	90분	수행 인력	집단진행자, 보조진행자1, 보조진행자2, 보조진행자3
장소	E노인복지관주간보호소 2층	준비물	출석부, 이름표, 녹음기, 필기용구, 테이프, 음료
목표	○ 나-메시지를 통해 효과적인 의사소통하기		
세부 내용	○ 효과적인 의사소통을 통해 원만한 인간관계를 맺을 수 있도록 한다. ○ '나 메시지'를 이해하고 적용해 봄		
진행 과정	도입 (20분)	○ 인사나누기 - 일주일 동안 어떻게 지냈는지 나눈다. ○ Hello-song "안녕하세요~하게 삽시다" 인사하기 -"고향의 봄" 노래 부르며 목, 어깨, 얼굴을 가볍게 두들기며 긴장된 근육을 이완시킴.		
	전개 (60분)	○ 지난 시간에 나눴던 의사소통 실제를 기억하면서 단계별로 연습해보기 ○ 갈등상황을 제시하고 어떤 생각과 행동을 하는지 한명씩 물어봄. ○ I-message와 You-message에 대한 소개 ○ 구체적인 상황을 적용하여 나 메시지 연습하기 - 집단진행자가 갈등이 생길 수 있는 상황을 제시하고 나 메시지와 너 메시지로 나누어서 어떻게 말하는지 나눠보도록 함. - 나 메시지 사용하여 연습하기		
	마무리 (10분)	○ 느낌 및 소감 나누기 ○ Good-bye song - "당신은 사랑받기 위해 태어난 사람"을 다 같이 손을 잡고 부르며 모임 정리하기.		
참고	○ 나 메시지는 노인들에게 생소하여 표현하기가 어색하다고 느끼는 경우가 많다. 따라서 실례를 어르신들에게 적절한 예를 들어 설명함으로써 공감할 수 있는 내용을 제시하는 것이 중요하다.		

2. 프로그램 진행 내용

1) 도입과정

집단진행자는 날씨에 대한 이야기로 프로그램을 시작하였다. 일주일 동안 어떻게 지냈는지 이야기를 나눴다. 대부분의 어르신이 날씨가 춥고 길이 미끄러워서 집에서만 지내서 특별한 일이 있지는 않았노라고 하셨다. 집단진행자는 추운 날씨에도 모두 참석해 주셔서 감사하다는 인사를 하며 프로그램을 시작하였다.

2) 본 주제

① 지난 회기 내용 점검하기

집단진행자는 지난 회기에 나누었던 내용이 어떤 것이었는지 물어보자 산토끼 어르신이 수첩을 꺼내 ① 눈맞춤 ② 손맞춤 ③ 입맞춤 ④ 마음맞춤을 배웠노라고 하셨다.

집단진행자는 지난 시간에 배웠던 내용들을 다시 한 번 해 보자고 제안하였고 집단성원들은 각 단계에 맞추어서 둘씩 짝을 이루어서 연습을 해보았다. 집단진행자는 본회기 프로그램의 목적에 대해 설명한 후 효과적인 의사소통을 위한 방법에 대해 이야기를 나눠 보자고 제안하였다.

② 갈등상황에서 나의 생각과 행동 살펴보기

갈등상황에서 어떻게 생각하고 행동하는지 집단성원들에게 물어보았다. 성원들은 날 무시하나, 힘들다, 화가 난다, 짜증난다 등과 같은 생각이 들고 그런 생각이 들면 그 자리를 피하거나, 고함을 지르거나, 말을 하지 않거나, 울거나, 물건을 집어 던지거나, 상처받을 말을 퍼붓거나 한다고 하셨다.

대부분의 성원들은 자신과 비슷한 생각을 하거나 행동을 보이는 이야기에 공감도 잘 하고 경청도 잘 해 주었다.

③ I-message & You-message

집단진행자는 갈등상황에서 보다 적절하게 반응할 수 있는 대화법으로 I-message를 소개하였다.

3) 모임정리

집단진행자는 오늘 내용에 대한 소감과 느낌을 집단성원들에게 물어 보았다. 사슴 어르신은 내가 쓰는 언어는 '너 때문이야'라고 말하는 너-메시지라는 것을 알았고 그것이 그렇게 나쁜 결과를 초래하는지 처음 알았다. 까투리 어르신은 연습하기가 너무 도움이 되었다고 하시며 처음해 보는 거라 낯설지만 자꾸 연습하다 보면 점점 관계가 좋아질 것 같다고 하시며 나중에 아이들이 집에 오면 꼭 이야기해 줘야겠다고 하셨다.

꺽다리 어르신도 여러 가지 사례들이 많은 도움이 되었으며 집 사람에게도 자꾸 연습해봐야겠다고 하셨다. 돼지 어르신은 좋다. 나 메시지로 누가 나한테 이야기해 주면 기분이 나쁘지 않을 것 같다고 하셨다. 모두들 새로운 대화법이 낯설기는 하지만 적절한 사례들을 통해 반복하다 보니까 화가 나는 상황에서 어떻게 이야기를 해야 하는지 알 것 같다고 하시며 많은 도움이 되었다고 하셨다.

4) 활동자료

① I-message & You-message

(1) 나-메시지와 너-메시지의 차이
 너-메시지는 '너'를 중심으로 표현하는 말이고, 나-메시지는 '나'를 중심으로 표현한 것이다.
* 출근하는 남편이 집에 일찍 들어왔으면 하는 마음을 전달하는 방법

	너-메시지	나-메시지
표현법	일찍 들어와요	저녁에 해물탕 끓여놓을께요
특징	명령형, 지시형	호소형, 부탁형

* 아내가 몸이 안 좋아서 쉬고 있는데 남편이 와서 뭔가 이야기를 한다.

너 - 메시지				
아내의 상태	표현	남편의 해석	반응	결과
아프다	"나중에 이야기해요" "대답하지 않음"	날 무시하는구나.	문을 쾅 닫고나감	냉전

나 - 메시지				
아내의 상태	표현	남편의 해석	반응	결과
아프다	"여보 내가 몸이 많이 아픈데 다음에 이야기하면 안 될까요?	아, 아내가 몸이 많이 아프구나.	약은 먹었어?	화목

(2) 3요소 언어법
① 어떤 상태나 상대 행동에 대해 비난 없는 서술(행동서술)
② 그것이 미치는 구체적인 영향(영향)
③ 상태나 행동 또는 구체적인 영향에 대한 당신이 느낌(느낌)
④ 나-메시지 연습하기
사례) 복지관에 나오느라 며느리에게 "다녀오마." 했는데 설거지만 하고 쳐다보지도 않는다.

①	행동	며느리가 내 말에 대답하지 않는다.
②	나에게 미치는 영향	시아버지를 무시하는구나.
③	느낌	화가 남
④	행동	며느리랑 말하지 않는다.
⑤	나 메시지	내가 복지관에 다녀오겠다고 인사했는데 네가 쳐다보지도 않아서 내가 많이 섭섭했다.

3. 프로그램 평가

1) 평가내용

나-메시지 전달법은 처음 접하는 내용이라 어렵게 느껴질 수 있으나 집단 진행자는 노인들이 쉽게 접할 수 있는 사례들을 제시하여 여러 차례 반복하여 연습해 봄으로써 쉽게 이해할 수 있도록 도움이 되었다.

2) 제언사항

나-전달법은 어르신들에게 도움이 되지만 낯선 내용이여서 노인과 직접적인 사례를 가지고 함께 연습해 보고 시연해 보는 것이 좋다. 또한 나-메시지와 너-메시지를 역할극을 통해 각각 어떤 느낌과 생각이 드는지도 함께 나눠 보는 것이 나-메시지를 이해하는데 도움이 될 것이다.

◎ 열여덟 번째 모임(2006. 2. 1)

1. 프로그램 개요

주제	핸드벨로 나를 표현하기	참가 인원	참가자: 11명 참석
소요 시간	90분	수행 인력	집단진행자, 보조진행자1, 보조진행자2, 보조진행자3
장소	000노인복지회관 주간보호소2층	준비물	출석부, 이름표, 녹음기, 필기용구, 테이프, 디지털카메라, 핸드벨, 리듬악기, 따뜻한 음료
목표	핸드벨과 여러 가지 악기를 이용하여 자신감을 향상시키고 협동심을 학습하도록 함.		
세부 내용	○ 명절에 자녀들에게 해 준 덕담을 서로 나누어 봄으로써 올 한해 어르신들의 소망을 알아본다. ○ 핸드벨과 여러 가지 다양한 악기들을 이용하여 자신의 심리적인 상태를 표현한다. ○ 각자 다른 악기를 가지고 하나의 곡을 연주함으로써 자신감을 향상시키고 협동심을 학습하는 의미를 가진다.		
진행 과정	도입 (20분)	○ 안녕하세요- 노래를 부르면서 각자 자신만의 인사를 함. ○ 덕담 나누기- 명절동안 자녀에게 해 준 덕담을 서로 나누도록 함.	
	전개 (60분)	○ 핸드벨 연주- 각자 악기를 나누어 갖고 "학교 종", "까치까치 설날은", "송아지" 등 노래를 함께 연주함.	
	마무리 (10분)	○ 느낌 나누기 ○ 좋은 글 나누기- <지금 곧 뿌리십시오> ○ "당신은 사랑받기 위해 태어난 사람" 노래 부르며 헤어지기	
참고	- 한 손이 불편하신 분들에게는 핸드벨이 아주 적합한 악기임. - 계이름이 골고루 들어갈 수 있는 곡을 선정하여 모두 함께 참여할 수 있도록 하는 것이 좋을 것 같음. - 기회가 된다면 핸드벨을 마지막 회기 프로그램 종료할 때 연주회를 짧게 하는 것도 자존감향상에 좋을 것 같다.		

2. 프로그램 진행 내용

1) 도입과정

"안녕하세요!" 노래 부르면서 각자 다른 인사나누기를 하자 꺽다리 어르신은 "명랑하게 삽시다."라고 인사하였으며 말 어르신은 "웃음 웃고 삽시다.", 닭 어르신은 "기분 좋게 삽시다.", 벚꽃 어르신은 "건강하게 삽시다.", 느릅지기 어르신은 "행복한 기분으로 삽시다.", 산토끼 어르신은 "즐거운 마음으로 삽시다.", 송아지 어르신은 "행복하게 삽시다.", 돼지 어르신도 "행복하게 삽시다.", 까투리 어르신도 "행복하게 삽시다."라고 인사노래를 부르셨으며 사슴 어르신은 "즐겁게 삽시다."라고 인사하셨다.

명절 후 첫 모임이여서 모두들 명절 때 자녀들에게 어떤 덕담을 해 주었는지 나누어 보았다.

꺽다리 어르신은 건강하게 살라는 덕담을 해 줬으며 돈도 중요하지만 건강을 잃게 되면 이 모든 것이 부질없는 것이기 때문에 건강하게 살라는 덕담을 해 줬다고 하셨다.

말 어르신은 "화목하게 살라."는 덕담을 해줬으며 닭 어르신은 "절약해서 살라.", 벚꽃 어르신은 "행복하게 살라."고 이야기해 주었으며, 느릅지기 어르신은 가족들에게 "즐겁게 살라."고 덕담을 했다고 하셨다. 산토끼 어르신은 "건강하고 소원 이루면서 살라."고 덕담을 해 줬다고 말씀하셨다. 산토끼 어르신의 소원이 무엇인지 집단진행자가 구체적으로 물어보자 산토끼 어르신은 변리사가 되는 것이 자신의 소원이라고 말씀하셨으며 사슴 어르신과 몇몇 어르신은 변리사가 구체적으로 어떤 일을 하는 사람인지 질문을 하자 산토끼 어르신은 자세히 설명을 하셨으며 얼마 전 TV에서 유망 직업소개 코너를 보면서 자신에게 맞는 것이 '변리사'라는 생각을 하셨다며 소원을 가지게 된 구체적인 배경까지 말씀하셨다. 송아지 어르신은 "즐겁게 삽시다."라고 말씀하셨으나 불명확한 발음으로 말씀하셔서 집단진행자가 다시 한 번 큰 소리로 말해 줬다.

　돼지 어르신은 "행복하게 살라,"고 덕담을 해 주셨다고 하셨으며, 정걸구 어르신은 "정답게 살라."는 덕담을 해 줬다는 말씀을 해 줬다고 하셨다. 까투리 어르신은 "조금씩 서로 이해하고 살자, 다투지 말고 서로 이해하면서 살자."는 덕담을 했다고 하셨으며, 사슴 어르신은 "욕심가지지 말고 살자."는 덕담을 하셨다고 하시며 세뱃돈과 관련된 손자와의 에피소드를 말씀하셔서 모두 웃었다.

　집단진행자도 명절연휴 동안 다녀온 대만여행에 대해 잠깐 이야기하자 모두들 경청하면서 자신들의 여행 이야기를 짧게 말씀하셨다.

2) 본 주제

　각자 계이름이 다른 핸드벨을 나누어 갖고 악기연주방법을 집단진행자가 어르신들에게 설명해 주었다. 악기사용법을 설명하는 동안 모두들 처음 보는 악기여서 한 번씩 흔들어 보셔서 잠깐 동안 어수선한 분위기였다.

　악기연주방법을 설명한 후 미리 준비한 "학교종" 악보를 나누어 주고 난 후에 함께 연주해 보았다. 집단진행자는 지휘를 하며 어르신들이 "학교종"을 연주할 수 있도록 리드하였으며 처음에는 계이름을 부르면서 해당 악기를 가진 어르신들의 이름을 불렀으나 두 번째 연주부터는 노래나 계이름을 부르지 않고 눈짓, 손짓 등 비언어적인 의사표현으로 악기를 연주해야 하는 어르신들에게 사인을 주면서 곡을 연주하도록 하였다.

　"학교종", "설날", "송아지" 등 노래를 핸드벨로 연주하자 한 번씩 나오거나 혹은 곡에 따라서 한 번도 나오지 않는 계이름을 가진 느릅지기, 닭, 송아지 어르신들은 악기를 아예 책상 위에 올려놓고 방관적인 태도를 보이셨다. 집단진행자는 "내가 맡은 악기가 한 번밖에 안 나온다고 '나는 뭐야.'라고 생각하면 안 되며, 한 번 나오는 음이 없어지면 이 노래는 제대로 된 노래가 될 수 없다."라고 설명하며 한 음 한 음이 얼마나 중요한 지에 대해 설명하였다. 그러자 핸드벨을 책상 위에 올려놓으셨던 어르신들이 다시 핸드벨을 손에 잡고 자신이 맡은 음이 연주될 때까지 집중해서 집단진행자를 응시하는 모습을 보이셨다. 악기연주가 30분 정도 진행되고 난 후 잠깐 쉬는 시간을 갖기 위해 집단진행자는 "일소일소일로일로"(一笑一少 一怒一老)라는 4자성어의 뜻을 이야기하면서 한 번 웃음의 중요성을 이야기하며 집단진행자가 미리 준비한 북한에서 쓰는 우리말을 어르신들에게 질문하였다. 속옷, 키스, 텔레비전을 북한에서 뭐라고 이야기하는지를 묻고 실제로 사용하는 용어들을 설명해 주자 모두들 큰 소리로 웃으셨으며 특히 사슴 어르신은 속옷이라는 단어에 큰 관심을 보이시면서 크게 웃으셨다.

어떤 곡을 연주하면 좋겠는지 물어보자 "송아지"를 연주했으면 좋겠다고 까투리 어르신이 말씀하셔서서 다함께 노래를 불러보고 난 후 집단진행자가 지휘를 하면서 악기를 연주하게 하였다. "송아지", "학교종"을 몇 차례 연주한 후에 집단진행자는 핸드벨 연주의 목적에 대해 이야기하였다. "악기이지만 내 소리를 내야 할 때 소리를 내는 것을 통해 내가 소리를 내야 할 때 소리를 안 내고 있으면 전체적으로 깨지는구나, 내가 무슨 말을 해야 할 때에는 망설이지 말고 자기표현을 잘 해야 한다. 음 하나하나가 다 중요한 것처럼 내가 정말 중요한 사람임을 알았으면 좋겠다."라고 이야기함으로써 본 회기 프로그램의 목적을 구체적으로 설명하였다.

3) 모임정리

오늘 프로그램에 대한 느낌을 물어보자 "좋아요, 재미있었어요, 노래가 되니까 좋았어요, 기뻐요, 노래를 만드는 것이 신기하네요, 단합이 되는 것 같아요."라고 말씀들 하셨으며, 사슴 어르신은 까투리 어르신이 매일 죽고 싶다 하더니 요즘은 그 얘기 안 해서 너무 좋다고 하셔서서 모두들 까투리 어르신을 지지하는 모습을 보이셨다. 집단진행자도 까투리 어르신의 변화에 대해 긍정적인 피드백을 제시하였으며 까투리 어르신은 쑥스러워하시며 살짝 웃으셨다.

집단진행자는 "지금 곧 뿌리십시오"라는 좋은 글을 읽어 주며 좋은 생각의 씨앗을 지금 바로 뿌리는 것이 중요하다는 것을 다시 인지시켜 주며 "당신은 사랑받기 위해 태어난 사람" 노래를 부르며 프로그램을 정리하였다.

4) 활동자료

지금 곧 뿌리십시오

좋은 사람이 되고 싶으면
지금 좋은 생각의 씨앗을 마음 밭에 뿌리십시오.
지금 뿌리지 않으면
내 마음 밭에는 나쁜 잡초가 자라
나중에는 아무리 애써 좋은 생각의 씨앗을 뿌려도
싹조차 나지 않을지도 모르니까요

친절한 말 한 마디가 생각나면
지금 그 말을 가까이 있는 이에게 하십시오
당신이 머뭇거리고 있는 동안
그는 다른 쪽으로 가버릴 것이고
다시는 똑같은 친절의 기회가
오지 않을지도 모르니까요

하고 싶은 일이 있으면 지금 시작하십시오
지금 그 일을 시작하지 않으면

그 일을 당신으로부터 날마다 멀어져

아무리 애써 손을 뻗어도

닿지 않는 날이

가까이 다가오고 있으니까요

("좋은 글" 중에서)

3. 프로그램 평가

1) 평가내용

핸드벨을 처음 보는 분들이 많으셔서 악기를 연주방법을 가르쳐드리고 곡을 선정해서 연주하는 것에 대해 설명해 드렸음에도 불구하고 처음 보는 악기이기에 호기심에 모두들 흔들어 보기도 하셨다. 집단진행자는 성원들의 호기심이 채워질 때까지 잠깐 시간을 두고 기다려 주었는데 이는 주의를 집중시키기 위해서 성급하게 개입하지 않았던 것이 좋았다고 생각된다.

또한 각자 자기가 원하는 음색을 가진 핸드벨을 선택하게 하는 것은 집단성원들로 하여금 참여를 높일 수 있는 좋은 방법이다.

2) 제언사항

핸드벨은 뇌졸중 한쪽 팔이나 손의 움직임이 불편하신 분들을 위해서, 같은 악기임에도 불구하고 하나하나 소리의 높낮이가 달라 협동심과 책임감을 배우기에 아주 좋은 악기였다. 핸드벨 이외에도 리듬스틱, 탬버린 등을 꺼내놓음으로써 자유롭게 본인이 원하는 악기를 선택하게 함으로써 자신이 존중받는 느낌이 들게 하였던 점도 프로그램 진행에 있어 참 좋았다. 다만 핸드벨을 연주할 수 있는 곡 선정을 다양한 계이름이 들어간 곡을 선정하여 더 많은 역할을 하게 하거나 시간적 여유가 있다면 팀을 나누어 서로 연주하는 곡을 듣고 느낌을 나눠 보게 하는 것도 좋을 것 같다는 생각이 든다.

◎ 열아홉 번째 모임(2006. 2. 8)

1. 프로그램 개요

주제	인생그래프그리기	참가 인원	참가자: 12명 전원참석
소요시간	90분	수행 인력	집단진행자, 보조진행자1, 보조진행자2, 보조진행자3
장소	E노인복지관주간보호소 2층	준비물	출석부, 이름표, 인생그래프A4용지, 녹 음기, 필기용구, 테이프, 음료
목표	출생부터 현재까지의 삶을 돌아봄으로써 자신의 인생을 정리할 수 있는 시간을 가질 수 있도록 함.		
세부 내용	·출생 당시 가족의 분위기 ·학창기 시절 ·결혼과 자녀 출생 이 후 ·뇌졸중 발병 이후 ·현재와 미래 나의 인생		
진행 과정	도입 (20분)	○ 인사 -'안녕하세요' 노래 부르며 인사하기 ○ 스트레칭 - 고향의 노래에 맞춰 가벼운 맨손체조와 같은 스트레칭을 실시	
	전개 (60분)	○ "더 좋은 것을 받게 되는"이라는 좋은 글을 통해 인생 그래프의 의미와 필요 성에 대한 설명 (미국 초등학교 교과서에 실린 글 중 본 회기와 관련 있다고 생 각되는 내용을 집단지도자가 발췌하여 읽어 줌으로써 인생그래프 그리기에 대한 이해를 쉽게 하고 마음을 열도록 하는데 촉매역할을 하도록 하였다) ○ 인생그래프그리기 - 인생그래프 A4 용지를 나눠주기 - 집단진행자의 인생그래프를 보여주며 그리는 방법 설명하기 - 내 인생 돌아보기 - 인생그래프 그리기	
	마무리 (10분)	○ 인생그래프 그리면서 느낌 나누기 ○ 오늘 모임 평가와 요약 ○ 다음 모임의 주제 소개	
과제	오늘 그린 인생 곡선 그래프를 다시 한 번 생각해 보고 다음 시간에 그린 것에 대해 구 체적으로 나누기로 함.		

2. 프로그램 진행 내용

1) 도입과정

집단진행자가 자리에 앉으면서 밝은 목소리로 "안녕하세요?"라고 인사를 하였다. 그리고 다 같이 "안녕하세요"라는 노래를 부르면서 프로그램을 시작하였다. "안녕하세요" 노래 뒷부분을 개사하여 한 명씩 돌아가면서 불렀는데 정걸구 어르신께서 밝고 큰 목소리로 가장 먼저 "행복하게 삽시다."라고 노래를 불렀고 그 뒤를 이어 꺽다리 어르신이 "용감하게 삽시다."라고 노래를 불렀다. 그리고 난 후 집단진행자가 한 명씩 인사를 해보자고 제안하였다.

황소 어르신은 "행복하게 삽시다.", 꺽다리 어르신은 "즐겁게 삽시다.", 벚꽃 어르신은 "행복하게 삽시다.", 닭 어르신은 "행복하게 삽시다.", 말 어르신은 "웃으면서 삽시다.", 느릅지기 어르신은 "사랑하며 삽시다.", 산토끼 어르신은 "신나게 삽시다.", 송아지 어르신은 "즐겁게 삽시다.", 정걸구 어르신은 "기쁘게 삽시다.", 사슴 어르신은 "노래하며 삽시다.", 까투리 어르신은 "고민 없이 삽시다.", 돼지 어르신은 "즐겁게 삽시다."라고 각자 노래를 부르셨고 닭 어르신을 제외하고는 모두 본인의 순서가 되었을 때 바로바로 자신 있고 큰 목소리로 테이블을 손으로 두드리며 노래를 부르는 적극적인 모습을 보이셨다.

닭 어르신의 경우 본인의 순서가 되었는데 말씀을 하시지 않자 다른 분들이 웃으시면서 테이블을 손으로 두드리며 빨리 말하라는 비언어적 메시지를 전달하는 모습을 보였다.

모두 앉은 순서대로 돌아가면서 "안녕하세요" 인사 노래를 마친 후 집단진행자는 고향의 노래에 맞춰서 가벼운 맨손운동을 시범으로 보이며 따라하도록 하였다.

모두 자리에 앉은 상태에서 노래를 부르며 동작을 보인 것이라 큰 동작은 아니지만 어깨, 목, 팔 등을 골고루 움직이도록 함으로써 몸의 긴장을 완화시키도록 하였다. 모두들 집단지도자를 집중적으로 쳐다보며 적극적으로 동작을 따라하셨다.

2) 본 주제

① 좋은 글 나누기

주제와 관련된 "더 좋은 것으로 받게 되는"이라는 제목의 글을 읽어 준 후 글에 대한 느낌을 서로 나누어 보았다. 사슴 어르신은 평소와 대조적으로 "내가 얘기 좀 해도 될까요?"라고 진행자에게 물어보신 후 아버지의 정직함에 대해 이야기하셨다. 까투리 어르신은 내용과 다소 상관없이 남편이 군인이었는데 경제적으로 무척 어려웠음에도 불구하고 남편에게 불평한적이 한 번도 없었다는 이야기를 하셨으며 이에 대해 꺽다리 어르신과 몇몇 어르신이 훌륭하다며 까투리 어르신을 칭찬하셨다.

② 인생그래프 그리기

본 주제인 "인생그래프 그리기"에 대한 간단한 소개와 목적을 설명하며 집단진행자는 미리 그려온 자신의 인생그래프를 보여 주면서 인생그래프를 그리는 방법과 자신의 인생그래프에 대해 설명함으로써 어르신들의 이해를 도모하였다.

주변에서는 보기에는 힘든 시기인데도 자신은 별로 힘들게 느끼지 않는 것처럼 인생의 곡선은 무척 주관적인 것임에 대해서도 설명하였다.

③ 인생 돌아보기

조용한 음악을 틀고 편안한 자세에서 눈을 감고 오늘까지 살아왔던 자신의 인생을 잠깐 생각해 보도록 하였다.

④ 인생그래프 그리기

A4 용지를 나누어 준 후 인생그래프를 그리도록 하였다.

인생그래프는 10에서 -10점까지로 나누며 가로로 연령대를 나타내게 하여 10년 간격으로 자신의 인생을 표현하도록 하였다. 특별히 인생 중 가장 행복했던 때와 가장 힘들었던 때를 그리게 하였다. 혼자 연필로 그리기 힘든 성원들에게 보조진행자가 함께 도와주며 진행하였다.

3) 모임정리

인생그래프를 그리면서 소감 및 느낌을 나누어 보자고 집단진행자가 이야기하자 까투리 어르신이 집단진행자의 인생그래프를 보면서 겉으로는 편하고 좋은 일만 있게 살아왔을 거라고 생각했는데 선생님 역시 바닥까지 떨어지는 인생의 어려움이 있었다는 이야기를 들으면서 많이 위로를 받았고 선생님 더 가깝게 느껴졌다라고 하셨다.

꺽다리 어르신은 인생그래프를 그리면서 "내가 참 열심히 살아왔구나. 내 인생이 헛되지 않았구나."라는 생각이 들어서 좋았다고 하셨다.

산토끼 어르신은 꺽다리 어르신처럼 "나 역시 그런 생각이 들었다. 특히 내 인생에서 가장 행복했던 시간을 생각해 보니까 지금도 행복한 감정이 생겨서 좋다."라고 하셨다.

느릅지기 어르신도 "내가 열심히 살아온 것에 대해 칭찬해 주고 싶은 마음이 생겼다."라고 하셨다.

송아지 어르신은 그리면서 참 좋았다고 짧게 말씀하셨으며 나머지 어르신도 어려웠지만 내가 살아온 인생을 돌아본다는 점에서 좋았다고 하셨다.

집단진행자는 인생그래프를 그리는 것에 대한 목적을 다시 한 번 언급한 후 다음 시간에 이 인생그래프에 대해 서로 나누는 시간을 더 갖겠노라며 프로그램을 정리했다.

다 함께 손을 잡고 Good-bye song을 부르며 프로그램을 마무리하였다.

3. 프로그램 평가

1) 평가내용

인생그래프 그리는 방법에 대해 집단진행자 자신의 그래프를 먼저 보여주고 그에 대한 구체적인 삶을 논했는데 이는 성원들로 하여금 집단진행자에 대한 신뢰와 이해에 많은 도움이 되었다고 생각되며 까투리 어르신이 이에 대해 긍정적인 피드백을 나눠 주셨다.

더불어 좀 더 시각화 도구를 이용하여 어르신들이 자신의 인생을 돌아볼 수 있도록 했어도 좋았을 것이라는 생각이 든다.

인생그래프를 그리기 전에 잠시 자신의 인생을 돌아보는 시간을 가졌었는데 이는 전개를 위해 자신의 인생을 정리하도록 하는데 도움이 되었다고 생각된다.

2) 제언사항

인생그래프를 충분히 이해하는데 다소 시간이 필요했다. 전체적인 인생을 돌아보는 것도 좋지만 뇌졸중 어르신들의 경우 인지적 기능 저하를 고려한다면 시기별로 나누어서 인생그래프를 그려보는 것도 좋을 것으로 생각된다.

◎ 스무 번째 모임(2006. 2. 15)

1. 프로그램 개요

주 제	인생 나누기 Ⅰ	참가 인원	참가자: 8명 참석
소요시간	90분	수행 인력	집단진행자, 보조진행자1, 보조진행자2, 보조진행자3
장 소	E노인복지관주간보호소 2층	준비물	출석부, 이름표, 인생그래프, 녹음기, 필기용구, 테이프, 음료
목 표	자신이 그린 인생그래프를 집단구성원들에게 나눠봄으로써 인생을 돌아보고 현재부터 미래를 생각해 봄으로써 자신감을 갖도록 함.		
세 부 내 용	·출생 당시 가족의 분위기 ·학창기 시절 ·결혼과 자녀 출생 이후 ·뇌졸중 발병 이후 ·현재와 미래 나의 인생		
진 행 과 정	도입 (20분)	· 인사 -'안녕하세요' 노래 부르며 인사하기	
	전개 (60분)	○ 지난 회기 내용 나누기 ○ 인생그래프 발표하기 ○ 좋은 글 "나를 아름답게 하는 기도" 읽으며 마무리	
	마무리 (10분)	○ 프로그램에 대한 느낌 및 소감 나누기 ○ 다음 모임의 주제 소개	
참 고	인생그래프를 발표하면서 자신의 인생에 대한 감정들이 나올 때는 집단 리더는 개입하지 않고 기다려 주는 것이 필요하다.		

2. 프로그램 진행 내용

1) 도입과정

집단진행자가 Hello-song "안녕하세요"을 부르면서 프로그램을 시작하였다. 대부분의 어르신들이 "행복하게 삽시다. 믿음으로 삽시다. 건강하게 삽시다. 용감하게 삽시다."라며 긍정적인 피드백을 나눠 주셨다.

집단진행자는 Hello-song에서 나온 것처럼 일주일을 살기 위해서 어떤 노력들을 하면 좋을지 물어보자, 꺽다리 어르신이 "모든 것을 감사해야죠."라고 하시고, 느릅지기 어르신은 "긍정적으로 생각해야지 그렇게 살 수 있을 것 같아요."라고 하셨다. 사슴 어르신은 "많이 웃어야지요, 자꾸 웃다 보면 기쁜 일이 많이 생기니까요."라고 하셨다.

집단진행자는 "행복은 행복한 생각을 했을 때 행복이 오는 것처럼, 항상 감사하고, 긍정적으로 생각해야지만 올 수 있는 것이다."라고 하며 그렇게 일주일을 살아갈 수 있도록 서로를 격려하자고 하여 모두 함께 박수를 치셨다.

2) 본 주제

① 지난 회기 내용 점검하기

지난 회기에 어떤 내용으로 서로 나누었는지 물어보자 까투리 어르신이 "살아온 인생을 종이 위에 그렸잖아요."라고 이야기하셨다.

집단진행자는 지난 회기에 진행되었던 인생그래프를 그린 이유에 대해 설명하고 본 회기에서 그것을 나누어 보는 시간을 갖겠다고 프로그램 진행 내용에 대해 설명하였다.

② 인생그래프 나누기

지난 시간 자신이 그렸던 인생그래프를 잠깐 들여다보는 시간을 갖고 정리할 수 있도록 하였다. 어르신들은 자신의 인생그래프를 매우 집중하여 쳐다보았다.

황소 어르신이 먼저 자신의 인생그래프를 발표하시겠다고 하셨는데, 목소리가 나오지 않아서 인생곡선을 그릴 때 집단진행자가 옆에서 도와주면서 종이에 글을 써가며 대화를 나눴기 때문에 집단진행자가 대신 발표하면서 그 이야기가 맞는지 눈으로 황소 어르신을 계속 쳐다보았고 황소 어르신은 고개를 끄떡이면서 자신의 의사를 표현하셨다.

황소 어르신은 자신의 인생에서 가장 행복했을 때는 10점으로 첫아들을 낳았던 32세 때이며 가장 힘들었을 때는 -10점으로 55세로 폐병으로 아팠을 때라고 말씀하셨다. 미래에 대한 인생그래프를 하강하는 모양을 그리고 있어 자신의 미래에 대해 다소 부정적인 생각을 가지고 있는 것을 알 수 있다.

껑다리 어르신은 차분하게 자신의 인생을 잘 설명하셨으며 가장 행복했을 때는 장가 가서 아들 낳았을 때라고 하셨으며 가장 힘들었을 때는 10세 때 어머니가 돌아가셨을 때로 점수는 5점이였으며 65세 병이 발병하여 점수는 2점으로 인생그래프 중 가장 낮은 점수를 나타내고 있었다. 앞으로 미래에 대한 의견도 현재의 점수인 2점을 유지할 것으로 생각한다고 말씀하셨다. 집단진행자는 껑다리 어르신의 인생그래프 중 -점수가 한 번도 없었던 것은 껑다리 어르신의 긍정적인 성격의 영향인 것 같다고 하시며 칭찬해주셨다.

산토끼 어르신은 50세에 일본부사 전기 대리점 운영할 때가 10점으로 가장 행복한 시기였으며 결혼했을 때가 8점으로 그 다음으로 행복한 시간이었다고 하셨다. 가장 힘들었던 시간은 58세에 회사 강제합병 되었을 때가 5점으로 가장 힘들었던 시간이었으며 그 충격으로 59세에 병이 나서 계속 힘든 시간을 보냈다고 하며, 미래는 8점으로 긍정적으로 될 것 같다고 생각한다.

까투리 어르신은 가장 행복했던 시기는 9점으로 결혼했을 때이고, 가장 힘들었던 시기는 -10점으로 뇌졸중으로 쓰러졌을 때라고 하셨다. 현재는 -9점이였으며, 미래에 대한 기대도 현재와 동일하게 -9점이라고 하셨다. 까투리 어르신은 뇌졸중이 오기 전에는 모든 사람들에게 모범적이라는 이야기를 듣고 배울 점이 많다고 이야기할 정도로 좋았으나, 몸이 아픈 이후에 망가졌다며 울음을 터트리셨다.

껵다리 어르신은 까투리 어르신에게 몸이 아픈 후 인생이 비극이라고 생각하면 본인만 힘들다. 잃은 것도 많지만 내 자신이 아픈 사람의 심정을 이해할 수 있고, 가족의 소중함을 새삼 느끼게 되었다는 것은 매우 긍정적인 것으로 바뀐 것이다. 긍정적으로 생각하라며 까투리 어르신을 격려하셨다.

사슴 어르신은 어려서는 인생이 모두 행복했었고 가장 행복했던 적이라고 생각되는 것은 31세에 결혼했을 때이다. 인생 가운데 가장 힘들었던 시절은 49세에 뇌졸중이 처음 왔을 때와 68세에 또 한 번 뇌졸중이 왔을 때로 -10만큼 힘들었다고 하셨다. 처음 뇌졸중 후 건강이 회복되었을 때의 행복감은 10점으로 결혼과 함께 가장 행복했던 시절로 기억되고 있었다.

프로그램을 마쳐야 할 시간이 되어서 나머지 어르신들은 다음 회기에 인생그래프를 나누기로 하였다.

④ 좋은 글 "나를 아름답게 하는 기도" 읽으며 마무리

3) 모임정리

본 회기에 대한 느낌 및 소감을 나누었는데 껵다리 어르신은 인생을 돌아보고 행복과 불행은 마음먹기에 따라서 완전히 다른 인생을 보낼 수 있게 된다고 하셨다. 사슴 어르신은 자신이 그린 인생 곡선이 마음에 들지 않는다고 하시며 다음 시간에 다시 그리고 싶다고 하셨다. 산토끼 어르신은 자신의 인생

중 가장 힘들었던 시절을 만든 사람들을 증오했었는데 이제 잊기로 했다고 하시며 우셨다.

4) 활동자료

나를 아름답게 하는 기도86)

날마다 하루 분량의 즐거움을 주시고
일생의 꿈은 그 과정에 기쁨을 주셔서
떠나야 할 곳에서는 빨리 떠나게 하시고
머물러야 할 자리에는 영원히 아름답게 머물게 하소서

누구 앞에서나 똑같이 겸손하게 하시고
어디서나 머리를 낮춤으로써
내 얼굴이 드러나지 않게 하소서

마음을 가난하게 하여 눈물이 많게 하시고
생각을 빛나게 하여 웃음이 많게 하소서

인내하게 하소서
인내는 잘못을 참고 그냥 지나가는 것이 아니라
사랑으로 깨닫게 하고
기다림이 기쁨이 되는 인내이게 하소서

용기를 주소서
부끄러움과 부족함을 드러내는 용기를 주시고
용서와 화해를 미루지 않는 용기를 주소서

---

86) 좋은 글 "삶의 기도" 중에서

음악을 듣게 하시고 햇빛을 좋아하게 하시고
꽃과 나뭇잎의 아름다움에 늘 감탄하게 하소서

누구의 말이나 귀 기울일 줄 알고
지켜야 할 비밀은 끝까지 지키게 하소서
사람을 외모로 평가하지 않게 하시고
그 사람의 참 가치와 모습을 빨리 알게 하소서

사람과의 헤어짐을 자연스럽게 받아들이되
그 사람의 좋은 점만 기억하게 하소서

나이가 들어 쇠약하여질 때도
삶을 허무나 후회나 고통으로 생각하지 않게 하시고
나이가 들면서 찾아오는 지혜와
너그러움과 부드러움을 좋아하게 하소서

삶을 잔잔하게 하소서
그러나 폭풍이 몰려와도 쓰러지지 않게 하시고
고난을 통해 성숙하게 하소서

건강을 주소서. 그러나 내 삶과 생각이
건강의 노예가 되지 않도록 하소서
질서를 지키고 원칙과 기준이 확실하며
균형과 조화를 잃지 않도록 하시고
성공한 사람보다 소중한 사람이 되게 하소서

언제 어디서나 사랑만큼 쉬운 길이 없고
사랑만큼 아름다운 길이 없다는 것을 알고
늘 그 길을 택하게 하소서
(좋은 글 "삶의 기도"중에서)

3. 프로그램 평가

1) 평가내용

지난 회기에 그렸던 인생그래프를 자유롭게 발표함으로써 깊은 대화를 할 수 있었다. 자신의 인생 중 가장 행복했던 시기와 가장 힘들었던 시기를 나누고 그에 대해 집단성원간 역동이 일어날 수 있도록 리더는 최소한의 개입만 실시하였다. 가장 힘들었던 시기가 뇌졸중이 처음 왔던 시기임에 대해 서로 공감하고 그 시기를 어떻게 극복했는지, 현재에 대한 점수가 낮은 어르신은 높은 어르신의 점수가 어떻게 높을 수 있었는지에 대해 서로 질문하고 피드백을 제시함으로써 서로에게 긍정적인 영향을 미칠 수 있었다.

2) 제언사항

전체적인 삶을 나누는 자리이기에 집단 내에서 오간 이야기에 대해서 절대적으로 비밀을 지켜야 함을 프로그램 시작 전과 마무리 때 집단리더가 언급하여 줌으로써 집단원들이 서로 신뢰하고 편안한 분위기에서 자신의 삶을 나눌 수 있도록 하는 것이 중요하다.

◎ 스물한 번째 모임(2006. 2. 22)

1. 프로그램 개요

주제	인생 나누기Ⅱ	참가 인원	참가자: 11명 전원참석
소요시간	90분	수행 인력	집단진행자, 보조진행자1, 보조진행자2, 보조진행자3
장소	E노인복지관주간보호소 2층	준비물	출석부, 이름표, 인생그래프, 녹음기, 필기용구, 테이프, 좋은 글, 음료
목표			

목표	자신이 그린 인생그래프를 집단구성원들에게 나눠 봄으로써 인생을 돌아보고 현재부터 미래를 생각해 봄으로써 자신감을 갖도록 함.
세부 내용	○ "'왜 사느냐?'고 '어떻게 살아가느냐?'고 굳이 묻지 마세요"라는 좋은 글을 한 분씩 돌아가면서 나누어 읽고 글에 대한 소감 나누기 ○ 지난 시간 그렸던 인생그래프를 발표하지 못하신 분들이 자신의 인생그래프를 발표함.

진행 과정	도입 (20분)	○ 인사하기 -'안녕하세요' 노래 부르며 인사하기 ○ Hello-song - "안녕하세요~하게 삽시다"노래 부르며 인사하기
	전개 (60분)	○ 인생그래프 발표하기 - 지난 시간에 발표하시지 못했던 분들 발표함 ○ 좋은 글 나누기 - 『왜 사느냐?'고 '어떻게 살아가느냐?'고 굳이 묻지 마시게』 라는 글을 한 명씩 돌아가면서 읽고 느낌 나누기
	마무리 (10분)	○ 소감 및 느낌 나누기 ○ 다음 모임의 주제 소개 ○ "당신은 사랑받기 위해 태어난 사람" 노래 부르며 마무리

참고	○ 좋은 글을 한 명씩 돌아가면서 읽는 경우 집단성원들이 모두 참여한다는 장점이 있는 반면 당뇨가 있거나 글을 읽을 수 없는 어르신들의 경우 어려움이 있었다. ○ 진행자는 집단 내에 글을 읽으실 수 없는 어르신들이 계신지 사전에 파악하여 글을 읽지 못하는 어르신들이 계신 경우 소외감을 느끼지 않게 옆에서 도와드릴 필요가 있다.

2. 프로그램 진행 내용

1) 도입과정

Hello-song "안녕하세요"를 부르며 프로그램을 시작하였다. 모두들 밝은 표정으로 노래를 부르시면서 "행복하게 삽시다. 긍정적으로 삽시다. 도우면서 삽시다. 더불어서 삽시다."라며 긍정적인 생각들을 이야기하셨다.

Hello-song을 마친 후 산토끼 어르신이 "우리가 이야기한 대로 모두 이루어졌으면 좋겠습니다."라고 하셔서 모두 "맞아요!"라며 박수를 치셨다.

지난 한 주 어떻게 지내셨는지 집단진행자가 물어보자 사슴 어르신이 "얼굴을 보니 다들 행복하게 잘 지내다 온 것 같네."라고 하시자, 까투리 어르신이 "점점 시간이 지날수록 모두 보고 싶어져서 큰일이네."라고 하셨다.

집단진행자는 모두들 건강하고 행복하게 지내시다 오셔서 너무 감사하다고 인사를 하며 "나처럼 해봐요 이렇게" 노래에 맞춰 한 분씩 동작을 만들어서 시범을 보이면, 나머지 분들은 따라해 볼까요?"라며 진행자가 시범을 보였다.

① 리듬 창작하기

다 함께 박수를 치면서 손으로 따라 하기 동작을 실시했다. 박수를 치거나, 책상을 두드리며 모두들 참여하셨다.

② 몸으로 음악 표현하기

손이나 몸을 이용해서 음악을 표현하도록 하였다. 모든 성원들이 고개를 이용하거나 눈을 깜빡이거나, 손을 흔들거나 적극적으로 자신의 감정을 표현하였다.

2) 본 주제

① 지난 회기 내용 점검하기

지난 회기 내용에 대해 집단진행자가 간단하게 정리한 후 돌아가셔서 어떻게 지냈는지 물어 보았다. 꺽다리 어르신은 "다른 사람들의 이야기를 들으면서 모두 힘들었지만 그런 과거가 있었기에 현재가 있는 것이고, 현재가 있기에 우리에게 미래가 있구나 하는 생각이 들었고 잘 살아야겠다는 생각이 들었다."라고 하셨다. 사슴 어르신은 "내가 그린 그래프를 집에서 보면서 내가 참 열심히 살았구나, 감사하면서 살아야겠다는 생각이 들었다."라고 하셨다. 집단진행자는 모두들 정말 열심히 시셨다는 부분에 대해 박수를 쳐드리고 싶다고 하자 집단성원들이 모두 박수를 쳤다.

② 인생그래프 나누기

지난 시간에 인생그래프를 발표하지 못하신 분들이 발표하였다.

㉠ 말 어르신이 가장 먼저 인생그래프를 발표하셨는데, 가장 행복했을 때는 13세 때 아버지 돌아가시기 전까지로 10점으로 그리셨다. 가장 힘들었던 시기는 아버지 돌아가시고 숙부네 집에서 지냈던 14세로 -3만큼, 중풍으로 쓰러졌을 때가 또한 -3으로 인생에서 가장 힘든 시기였다고 하셨다. 말 어르신은 마음의 중심이 행복의 가장 큰 요인이라고 하시면, 돈이 많다고 절대로 행복한 것이 아니라는 것을 삼성그룹 이건희 회장의 딸의 자살을 통해 알 수 있다고 하셨다.

자신의 미래에 대해서도 긍정적으로 평가하셨는데 다른 성원들이 어떻게 그렇게 생각할 수 있었는지 물어보자 현실에 만족해서 좋은 것만 생각하면서 살기로 했다라고 대답하셨다.

㉡ 송아지 어르신은 인생 중 가장 행복했던 시절은 결혼했을 때가 가장

행복했고, 가장 힘들었던 시절은 뇌졸중으로 쓰러졌던 시점으로 -10이였다고 하셨고, 현재도 힘들다고 하셨다. 집단성원들은 젊어서 어떤 일을 하셨는지 궁금해 하셨고 그에 대한 질문을 많이 하셨다. 평소 송아지 어르신이 말을 많이 하지 않아 인생그래프 나누기에서 많이 질문을 하신 것으로 생각된다.

ⓒ 정걸구 어르신은 인생에서 행복했던 시절은 결혼했을 때로 결혼 초에 외국에서 3년 6개월간 지냈는데 그 때 아내와 편지 주고받으면서 서로 그리워하던 시절이 가장 행복했던 시절로 9만큼 행복했다고 하셨다. 반면 가장 힘들었던 시기는 뇌졸중으로 쓰러졌던 2006년으로 -7만큼 힘들었다. 그 후 가족들이 많이 도와주고 지지해줘서 점점 그래프가 올라가다가 본 프로그램에 참여하던 10월부터 그래프가 상승곡선을 보이고 있다. 자신의 미래에 대해서도 긍정적으로 생각하고 계시면서 앞으로 복지관에서 하는 프로그램에는 모두 참여하려 한다고 하셨다.

ⓔ 돼지 어르신은 인생 중 가장 행복했던 시점은 처음 취직해서 결혼했던 시기로 10만큼 행복했다고 하셨고, 그 후 직장 내에서 업무를 하는 것이 힘들었고 가장 힘들었던 시점은 65세에 뇌졸중으로 쓰러졌던 때이며 -6만큼 힘들었다고 하셨다. 가족들의 도움으로 현재는 5만큼 행복하다고 하셨고, 미래에는 더 나아질 것 같다고 하셨다.

ⓜ 벚꽃 어르신은 인생 중 가장 행복했던 시기가 9살 때 학교 다니던 시절, 40세에 결혼했을 때, 60세에 가장 행복했던 시절로 6만큼 행복한 시절이었다고 하셨고, 가장 힘들었던 시절은 뇌졸중으로 쓰러져졌던 때로 -9만큼 힘들었다고 하셨다. 6.25 전쟁 때에도 -8만큼 힘들었지만 뇌졸중으로 쓰러졌던 때가 더 많이 힘들고 어려웠다고 하셨다. 현재는 -8에서 -9 사이로 뇌졸중으로 쓰러졌던 시기보다는 상승하였으나 그 정도는 매우 미비하였다.

ⓗ 느릅지기 어르신은 부모님과 함께 살았던 어린 시절이 10으로 가장 행복했고, 가장 힘들었던 시기는 큰집에서 생활하던 시기로 배고프고 추워서

가장 힘든 시기로 기억되고(-6), 뇌졸중으로 쓰러졌던 때에도 -2만큼 힘들었다. 아마 이 시기는 나보다 가족들이 경제적으로 심리적으로 많이 힘들었을 거라고 생각된다고 하시며 눈시울이 붉어졌다.

3) 모임정리

오늘 회기에 대한 느낌 및 소감을 나누자고 집단진행자가 제안하였다.

집단성원들은 몇 달 동안 같이 했는데도 어떻게 살아왔는지 어떤 어려움이 있었는지 잘 알지 못했는데 오늘 다 나누니까 더 가까워진 것 같고 상대방을 더 잘 이해하게 된 것 같다고 하셨다. 특히 오늘 나눈 성원들은 평소 말을 많이 하지 않던 성원들이라 더욱 가까워진 느낌이 든다고 하셨다.

모두 뇌졸중으로 힘들었던 시기가 인생에서 가장 힘들었던 시기였다는 것이 모두 똑같아서 더 가깝게 느껴지고, 그 힘든 시간을 잘 견디어 왔는데 앞으로 인생은 더 잘 보낼 수 있다고 긍정적으로 생각하자고 껙다리 어르신이 말씀에 모두들 경청하시며 공감한다는 표시를 나타내 주셨다.

까투리 어르신은 오늘 읽어 준 좋은 글이 너무 마음에 남고, 마지막 부분인 고요하게 살다가 조용히 떠나나 부분이 기억에 남는다고 하셨다.

집단진행자는 집단성원들의 이야기를 정리하며 서로의 손을 잡고 손의 느낌을 나눠 보자고 하며, 이 잡은 손을 살면서 힘든 순간에 꼭 기억하며 힘을 내시기 바란다고 정리했다.

다 함께 손을 잡은 채 Good-bye song "당신은 사랑받기 위해 태어난 사람"을 부르며 프로그램을 마무리했다.

4) 활동자료

왜 사느냐고 굳이 묻지 마시게

'왜. 사느냐?'고 '어떻게 살아가느냐?'고 굳이 묻지 마시게
사람 사는 일에 무슨 법칙이 있고
삶에 무슨 공식이라도 있다던가?
그냥, 세상이 좋으니 순응하며 사는 것이지.
보이시는가.
저기, 푸른 하늘에 두둥실 떠 있는 한 조각 흰 구름
그저, 바람 부는 대로 흘러가지만 그 얼마나 여유롭고 아름다운가.
진정, 여유 있는 삶이란
나, 가진 만큼으로 만족하고
남의 것 탐내지도 보지도 아니하고
누구 하나 마음 아프게 아니하고
누구 눈에 슬픈 눈물 흐르게 하지 아니하며
오직, 사랑하는 마음 하나 가슴에 담고
물 흐르듯 구름 가듯
그냥 그렇게, 살아가면 되는 것이라네.
'남들은 저리 사는데……' 하고 부러워하지 마시게
깊이 알고 보면
그 사람은 그 사람 나름대로 삶의 고통이 있고
근심 걱정 있는 법이라네.
옥에도 티가 있듯 이 세상엔 완벽이란 존재하지 않으니까?
한 가지, 살아가며 검은 돈은 탐하지 마시게
먹어서는 아니 되는 그놈의 '돈'받아 먹고
쇠고랑 차는 꼴, 한두 사람 보았는가?
받을 때는 좋지만 알고 보니 가시 방석이요.
뜨거운 불구덩이 속이요.
그 곳을 박차고 벗어나지 못하는 선량들
오히려 측은하고 가련하지 않던가.

그저, 비우고 고요히 살으시게

캄캄한 밤하늘의 별을 헤며

반딧불 벗 삼아 마시는 막걸리 한 잔.

소쩍새 울음소리 자장가 삼아

잠이 들어도 마음 편하면 그만이지

휘황찬란한 불 빛 아래

값비싼 술과 멋진 풍류에 취해 흥청거리며

기회만 있으면 더 가지려 눈 부릅뜨고

그렇게 아웅다웅하고 살면 무얼 하겠나.

가진 것 없는 사람이나

가진 것 많은 사람이나

옷 입고 잠자고 깨고 술 마시고

하루 세 끼 먹는 것도 마찬가지고

늙고 병들어 북망산 갈 때

빈손 쥐고 가는 것도 똑 같지 않던가.

우리가 100년을 살겠나

1000년을 살겠나?

한 푼이라도 더 가지려 발버둥쳐 가져 본들

한 치라도 더 높이 오르려 안간힘을 써서 올라 본들

인생은 일장춘몽.

들여 마신 숨마저도

다 내 뱉지도 못하고 눈감고 가는 길

마지막 입고 갈 수의에는 주머니도 없는데

그렇게... 모두 버리고 갈 수밖에 없는데

이름은 남지 않더라도

가는 길 뒤편에서

손가락질하는 사람이나 없도록

허망한 욕심 모두 버리고
베풀고 비우고 양보하고 덕을 쌓으며
그저, 고요하게 살다가 조용히 떠나게나
(평강 대사)

3. 프로그램 평가

1) 평가내용

본 회기에는 평소 자신에 대해 많이 노출하지 않는 분들이 인생그래프를
발표하셨는데 그래서 다른 성원들이 더 많이 경청하고 궁금한 부분들을 질문
하였다. 이 때 집단진행자는 적절하게 개입함으로써 집단이 원활하게 운영되는
역할을 수행하였다.

2) 제언사항

한 사람이 많은 질문을 하거나 주도적으로 이야기할 경우 집단진행자는
적절하게 개입함으로써 집단을 이끌어가는 것이 필요하다.

인생그래프를 나눌 때 한 사람이 많은 시간을 차지하는 것을 막기 위해
나누기 전에 정해진 시간에 대해 한 번 더 언급하는 것이 좋다.

◎ 스물두 번째 모임(2006. 3. 8)

1. 프로그램 개요

주제	결혼 이야기	참가 인원	참가자: 11명 전원참석
소요시간	90분	수행 인력	집단진행자, 보조진행자1, 보조진행자2, 보조진행자3
장소	E노인복지관주간보호소 2층	준비물	출석부, 이름표, 녹음기, 필기용구, 테이프, 음료
목표	○ 결혼에 관련된 즐거운 기억 나눔으로써 행복감을 느끼도록 함. ○ 결혼에 관련된 이야기를 함으로써 가족과의 관계를 알아보도록 함.		
세부 내용	○ 지나간 사랑과 현재에 사랑에 대해 이야기 나눔. ○ 결혼생활에 대한 이야기를 나눔으로써 결혼생활에 대한 보다 긍정적인 면을 발견하도록 함.		
진행 과정	도입 (20분)	○ Hello-song - "안녕하세요~ 하게 삽시다" 노래에 맞추어 한명씩 돌아가면서 노래 부르심. ○ 나의 애창곡 - 자신이 좋아하는 애창곡을 소개하고 좋아하는 이유를 나눈 후 노래를 부름.	
	전개 (60분)	○ "갑돌이와 갑순이"를 율동하면서 노래 부르기 ○ 지나간 첫사랑과 현재 사랑에 대해 나눠봄. ○ 나의 결혼생활에 대한 이야기 나누기 ○ 「나에게 하루만 주어진다면」 좋은 글 나누기	
	마무리 (10분)	○ 느낌 나누기 ○ Good-bye song - "당신은 사랑받기 위해 태어난 사람" 노래 부르며 마무리	
참고	○ 결혼에 대한 이야기를 나누다 구성원이 감정을 주체할 수 없게 되면 집단진행자가 감정을 표현하는 것이 바람직함을 지지해 주고 다른 구성원들간 역동이 자연스럽게 일어나 서로 격려하고 긍정적인 피드백을 줄 수 있도록 리더는 주도적인 개입을 삼가는 것이 좋다.		

2. 프로그램 진행 내용

1) 도입과정

집단진행자는 지난 시간에 같이했던 몸으로 음악표현법을 이용해서 "Hello-song"을 부르는 것을 제안하였고, 집단성원들은 각자 자신이 하고 싶은 방법(책상 두드리기, 박수치기, 손 흔들기, 고개 끄떡이기 등) 으로 "Hello-song"을 불렀다.

말 어르신은 "건강하게 삽시다!"라고 이야기할 때에는 옆에 앉아계시던 벚꽃 어르신의 손을 잡으며 말씀하셨다.

집단진행자는 "오늘은 몇 분만 자신이 좋아하는 애창곡을 하나씩 불러봤으면 좋겠다. 그리고 왜 그 노래를 좋아하시는지도 소개해주셨으면 좋겠다."

집단성원들은 모두 돼지 어르신이 노래를 잘 한다고 하시며 돼지 어르신을 추천하자 "내가 노래를 좀 잘하기는 하지."라고 하시며 웃으셨다. 집단진행자가 어떤 노래를 잘 하시는지 여쭤보자 "돌아와요 부산항에"를 좋아한다고 하시면서, "내가 부산에서 옛 애인을 떠나보냈어, 그래서 내가 이 노래를 부르는 거야."라고 하시며 바로 노래를 부르셨다.

벚꽃 어르신은 눈을 감고 책상을 두드리시면서 노래를 따라 부르셨다. 벚꽃 어르신은 어떤 노래를 좋아하시는 집단진행자가 물어보자 "난, 타향살이 좋아해요" 하시면서 왜 그 노래가 좋으신지 물어보자 "내 신세 같잖아요, 우리 모두 이 세상에 잠깐 왔다가 가는 타향살이 신세잖아요."라고 하셨다.

정걸구 어르신이 "박수쳐 줘야지 부르죠."라고 하자 모두들 박수를 치셨고, 벚꽃 어르신이 타향살이를 부르셨다.

2) 본 주제

① 지난 회기 내용 점검하기

집단진행자는 지난 회기 내용에 대해 집단성원들에게 물어 보았다. 까투리 어르신은 "지난 시간에 인생그래프 그렸던 것을 발표했다고 이야기하며 자신의 인생을 돌아보는 귀중한 시간이었다."고 이야기하셨다.

집단진행자는 인생은 곡선처럼 올라가기도 하고 내려가기도 하는 것이라고 이야기하면서 우리 인생 중 중요하고 행복했던 시점이 언제였었는가 물어보자, 황소 어르신이 "결혼했을 때"라고 하셨고, 꺽다리 어르신은 "결혼해서 첫날밤이 가장 행복했었다."고 하셨다. 집단진행자는 오늘은 결혼에 대한 이야기를 나눠 보겠다고 하였다.

② "갑돌이와 갑순이"

집단진행자는 결혼하면 생각나는 노래가 어떤 것이 있을지 물어보자 "새색시 시집가네", "웨딩드레스"라고 까투리 어르신이 말씀하셨다. 사슴 어르신은 "'갑돌이와 갑순이'도 결혼하는 노래잖아요." 하시자, 집단진행자는 "맞습니다. 사슴 어르신께 감사드립니다."는 인사를 드리고 다 같이 노래를 불러보자고 하며 다 함께 "갑돌이와 갑순이" 노래를 불렀다.

③ 지나간 첫사랑

집단진행자는 "갑돌이와 갑순이" 노래 부르시면서 어떤 마음이 드셨는지, 사랑과 관련된 즐거운 기억, 행복한 기억이 있는지 물어보았다.

정걸구 어르신은 밝은 얼굴로 즐겁고 기쁘다고 하셨고, 산토끼 어르신은 기분이 너무 좋아서 노래를 부르고 싶다고 하시자, 다른 성원들이 노래 불러도 좋다고 하시며 박수를 쳐주셨다. 산토끼 어르신은 눈을 감고 "You're my sunshine"을 불렀다.

사슴 어르신은 "옛날에 좋아했던 옆집 누나가 생각납니다."고 하시면서 "고등학교 때 좋다고 하는 여자들이 많았는데 집이 이사를 오게 되면서 다 헤어졌습니다. 고향을 떠난 지 10여년 후에 고향에 내려갔다가 옛날 옆집 누나를 길에서 우연히 봤는데 아내랑 함께 내려갔었기 때문에 인사만 하고 헤어졌습니다. '갑돌이와 갑순이' 노래 들으니까 그 때 기억이 나네요."라고 하셨다.

꺽다리 어르신에게 다른 성원들이 "키도 크고 잘 생겨서 좋다고 하던 여자들이 많았을 것 같은데 생각나는 추억 있으면 이야기 해 봐요"라고 하시자 꺽다리 어르신이 "난 일편단심 우리 마누라밖에 없어요."하시자 모두 환호성을 치셨다.

④ 나의 결혼생활에 대한 이야기 나누기

집단진행자는 현재 결혼생활에 대한 이야기를 나눴으면 좋겠다고 말하며,

㉠ 송아지 어르신에게 언제 결혼하셨는지 여쭤보자, "18살에 결혼해서 23살에 큰 아들을 낳았는데 지금도 아내에게 감사하다."고 하셨다.

㉡ 까투리 어르신이 "부인 자랑 좀 해 보세요."라고 말하자 얼굴이 붉어지시면서 "없어요."라고 말씀하셨다.

㉢ 느릅지기 어르신은 "30세 늦은 나이에 결혼했는데 결혼당시 아내가 너무너무 좋았고 지금도 만족한다."라고 하시자 까투리 어르신이 "결혼 잘 하신 거다."라고 하자 느릅지기 어르신이 "잘한 거예요?"라고 묻자 까투리 어르신이 "만족이라는 말이 나온 거면 잘 한 거다."라고 하시자 느릅지기 어르신이 환하게 웃으시며 "감사합니다."라고 말씀하셨다.

㉣ 정걸구 어르신은 "집사람이 잘 해줘요. 이해심도 많구요, 바가지 긁는 것이 없다. 내가 못하고 부족한 것이 많은데도 이해해 주고 용서해 준다. 내가 집사람 고생 많이 시켰다."라며 갑자기 흐느껴 우셨다. 꺽다리 어르신은

"현재 상황에서 부인에 대해 저렇게 이야기하는 것은 정말이고 진심이다."라고 하시면서 "참 보기 좋네요."라고 하셨다. 집단지도자는 꺽다리 어르신에게 하시고 싶은 말씀이 있으시면 나눠 주자고 하자,

ⓜ 벚꽃 어르신이 "참 행복한 고민을 한다는 생각이 든다. 부럽네요."라고 하셨다. 느릅지기 어르신도 "참 좋아 보이네요. 감사한 마음을 잘 표현하시면 좋을 것 같아요."라고 하셨다.

ⓗ 사슴 어르신은 "울지만 저 울음은 행복의 눈물이에요. 행복해보여요."라고 하셨다. 집단진행자는 꺽다리 어르신에게 집단성원들의 이야기를 요약해 주자 흐느낌이 잦아들었다. 잠시 꺽다리 어르신의 반응을 쳐다보다 까투리 어르신께서 "남편은 착했는데, 내가 환자가 되고 자기에게 잘못해 주니까 함부로 합니다. 그럴 때마다 속으로 '참자 참자' 생각하면서 참고 삽니다."라고 하셨다. "내가 참으면 집이 조용해집니다. 내가 벙어리가 되니까 집안이 조용합니다."라고 하시며 흐느끼며 말씀하셨다. 집단진행자는 "결혼하신 후에 행복했던 때는 전혀 없으셨는지?" 물어보자 까투리 어르신은 남편이 월남전에서 돌아오던 때를 회상하면서 전쟁터에서 돌아온 남편을 기다리고 재회했을 때의 이야기를 상세하게 설명하면서 얼굴이 밝아지셨다.

ⓢ 사슴 어르신은 "그러게, 좋았던 때를 생각하면 힘들어도 이길 수 있는 힘이 생기게 된다니까."라고 하시자 황소 어르신이 "바른 말도 할 줄 아네."하셔서 모두 웃으셨다. 집단진행자는 뇌졸중 이후 관계가 변화되었다고 하시는데 남편도 그렇게 생각할 것 같냐고 물어보자 남편은 아마 별로 달라지지 않았다고 할 것 같다. 그래도 내가 느끼기에는 남편이 나를 대하는 태도가 달라졌다는 생각이 든다고 하셨다.

ⓞ 말 어르신은 무미건조한 생활이 결혼이라고 하시며, 둘이 있으면 하루 종일 서로 말이 없다고 하셨다. 자식 이야기가 아니면 할 말이 없다, 속으로는 안타까운 인생이라는 생각과 왜 이렇게 살았을까? 하는 생각이 든다고

하셨다.

ⓐ 까투리어르신은 "덤덤하지 않고 별나게 관계가 있으면 그건 불륜입니다. 그냥 부부는 정으로 살게 되는 것 같습니다."라고 하시자, 껑다리 어르신이 "부부는 서로 믿음이 있어야 합니다, 50년 동안 부부로 살았지만 서로 믿어주는 것 외에 없는 것 같습니다."라고 하셨다.

혹시 더 나누고 싶은 이야기가 있는지 집단성원들에게 물어 본 후 결혼은 우리 모두의 인생에서 행복하고 좋은 추억으로 남아 있고 힘들고 어려울 때 기억의 사진첩에서 행복하고 즐거웠던 때의 사진을 꺼내어 보면 힘든 상황을 이길 수 있는 힘이 될 것이라고 하였다.

3) 모임정리

집단진행자는 오늘 프로그램에 대한 소감을 나눠 보자고 하였다. 말 어르신은 "내가 올 곳이 있고, 내 이야기를 잘 들어 주는 사람들이 있어서 너무 행복하다. 젊어서 친구들은 이제 모두 죽고 집에 있으면 하루 종일 TV만 보고, 집사람이 있어도 함께 이야기를 나누지 못한다."라고 하자, 사슴 어르신은 "그럼 오늘 집에 가서 할머니랑 이야기 좀 나눠 보세요."라고 하시자 말 어르신은 웃으면서 "쑥스러워서 못한다."라고 하시면서 "하루 종일 밖에서 일하고 들어오는 집사람을 보면 미안하기도 하고 고맙기도 한다. 오늘은 그냥 고맙다는 말만 해보도록 노력해야겠다."고 하시자 집단진행자는 말 어르신이 잘 할 수 있도록 응원의 박수를 쳐주자고 하셔서 모두 박수를 쳐 드렸다.

느릅지기 어르신은 "내가 집사람을 만난 것이 내 인생에서 가장 감사해야 할 일인 것 같다. 내가 몸이 아프고 혼자 그 짐을 다 지고도 밝은 얼굴로 씩씩하게 살고 있는 아내가 있어서 너무너무 감사하다."라고 하시며 눈시울을 적시셨다.

까투리 어르신은 "결혼 잘 했다니까."라고 하시자, 사슴 어르신은 "까투리 할머니도 전쟁터에 나간 할아버지를 오매불망 기다리고 돌아보자 그렇게 달려가서 안긴 걸 보니 정말로 할아버지를 사랑하나보네."라고 하시며 "남편에게 따뜻하게 대해 주고 참지 말고 말도 좀 해요, 남자는 말을 시켜 줘야지 말을 한다니까."하시며 남편과의 대화를 권면하셨다.

송아지 어르신과 돼지 어르신은 결혼에 대해 생각해 볼 수 있는 시간이여서 너무 좋았다고 하셨다.

집단진행자는 전체 프로그램을 정리한 후 옆에 있는 사람의 손을 잡고 " 당신은 사랑받기 위해 태어난 사람"을 부르며 프로그램을 정리하였다.

3. 프로그램 평가

1) 평가내용

인생그래프를 그린 후 가장 행복했던 시기라고 생각하고 있는 결혼시기를 다시 다루어 줌으로써 행복했던 시절의 기억을 회상함으로써 부부간의 관계를 향상시키기에 좋은 프로그램 내용이었다. 주제를 제시하는 방법으로 노래뿐 아니라 결혼식 사진을 미리 준비하거나 자신의 결혼사진을 가져와 함께 그 때의 기억을 회상하는 것도 좋을 것 같다.

2) 제언사항

뇌졸중 어르신들은 뇌졸중으로 인해 가족 내에서 역할이 감소되거나 경제적 부분에서는 전혀 역할을 하지 못하기 때문에 가족 특히 배우자에 대한 미안한 마음이 크며, 이에 대한 죄책감이나 자괴감과 같은 심리적으로 자존감이 많이 낮아져 있는 상태이다. 따라서 집단상담, 가족상담 등의 프로그램이 절실히 필요함을 경험할 수 있었다.

◎ 스물세 번째 모임(2006. 3. 15)

1. 프로그램 개요

주제	내가 가고 싶은 곳	참가 인원	참가자: 10명 참석
소요시간	90분	수행 인력	집단진행자, 보조진행자1, 보조진행자2 보조진행자3
장소	E노인복지관주간보호소 2층	준비물	출석부, 이름표, 녹음기, 필기용구, 테이 프, 음료
목표	○ 미래에 대한 기대감을 갖도록 함		
세부 내용	○ 미래에 가고 싶은 곳을 생각함 ○ 그곳에 가고 싶은 이유를 구체적으로 나눠봄으로써 미래에 대한 소망과 기대감을 갖 도록 함.		
진행 과정	도입 (20분)	○ Hello-song - "안녕하세요~ 하게 삽시다" 노래에 맞추어 한 명씩 돌아가면서 노래 부르심. ○ 마음을 열어요. - "고추 먹고 맴맴 노래 부르기 - '고자 빼고 노래 부르기 - '고'자를 넣고 노래 부른 사람-벌칙으로 노래 부르기	
	전개 (60분)	○ 지난 회기 정리하기 ○ 내가 가고 싶은 곳 - 잠깐 눈을 감고 내가 가고 싶은 곳을 생각해보기 - 내가 가고 싶은 곳, 왜 그곳에 가고 싶은지를 나눔	
	마무리 (10분)	○ 느낌 나누기 ○ Good-bye song - 두 손을 자기 가슴에 얹고 "나는 사랑받기 위해 태어난 사람" 부름	
참고	가보고 싶은 곳과 관련된 이미지 사진을 준비하여 보여주면서 프로그램을 진행하는 것 이 이해하는데 더 도움이 된다.		

2. 프로그램 진행 내용

1) 도입과정

"안녕하세요~하게 삽시다"를 부르며 집단 프로그램을 시작하였다.

벚꽃 어르신은 "말하면서 삽시다."라고 인사를 하셔서 집단진행자는 어떤 말을 하고 싶은지 여쭤보자 집에서 며느리랑 아들이랑 대화가 없어서 많이 답답하고 서로 말을 하면서 살았으면 하는 바램으로 이야기했다고 하셨다.

Hello-song을 부른 후 집단진행자는 "고추 먹고 맴맴" 노래를 다 함께 불러 보았다. 집단성원들은 박수를 치면서, 책상을 치면서 다 함께 노래를 불렀고 그 후에 집단진행자는 노래 가사 중 '고'자를 빼고 노래를 부르고 '고'자를 넣어서 노래를 부른 사람은 벌칙으로 노래를 부른다고 제시하였다.

꺽다리 어르신과 사슴 어르신이 '고'자를 빼지 않고 불러서 벌칙으로 노래를 불렀다.

2) 본 주제

① 지난 회기 내용 점검하기

지난 회기에 어떤 이야기를 나눴는지 집단진행자가 물어보자 느릅지기 어르신이 "결혼에 대해서 이야기했어요."라고 하셔서 집단진행자는 대답해 주셔서 감사하다고 인사 후 지난 시간에 나눴던 이야기를 정리해 보면서 오늘 프로그램 내용에 대해 소개하였다.

② 내가 가고 싶은 곳

집단진행자는 우리의 인생에는 과거-현재-미래가 있다고 이야기하면서 눈을 감고 자신이 그렸던 인생 곡선을 잠시 떠올려 보자고 제안하였다.

인생그래프에서 과거와 현재의 내 인생의 점수를 살펴보고 미래의 나의 인생이 어떨 것인지 그래프로 그려보았는데 내가 미래에 하고 싶은 일이 어떤 것이 있는지? 물어 보자 사슴 어르신이 "여행이요"라고 말씀하셨다.

집단진행자는 우리가 가보고 싶은 곳이 어디가 있는지 서로 나눠 보자고 제안하였다.

㉠ 말 어르신은 내가 살던 곳 평양에 꼭 한 번 가보고 싶다고 하시면서 눈물을 흘리셨다.

㉡ 닭 어르신은 일본 동경에 꼭 한 번 가고 싶은데 성원들이 왜 가고 싶은지 물어보자 그곳에서 태어난 고향이여서 죽기 전에 꼭 한 번 다시 가보고 싶다고 하셨다. 말 어르신은 4.3 사건 대 제주도에서 일본으로 사람들이 많이 건너갔고 하시면서 역사적 배경과 4.3 사건에 대한 자세한 설명을 하셨으며 집단 리더의 개입이 필요하다고 생각되었다.

㉢ 까투리 어르신은 청진에 꼭 한 번 가보고 싶다고 하시면서 어린 시절 아버지가 기생을 첩으로 얻어 기생을 따라 청진으로 가셨는데 가족을 전혀 돌보지 않고 한 번 편지가 왔는데 아버지의 재산을 정리해서 돈으로 보내달라는 편지가 왔었다. 그 때 기억으로 그 편지 겉에 청진이라고 적혀 있었던 것 같다. 아버지 생각하면 청진 생각나고 몸이 성하고 젊다면 청진이라는 곳에 꼭 한 번 가보고 싶다고 하셨다. 말 어르신은 까투리 어르신의 이야기를 들으신 후 "지겨운데 뭘 보고 싶어" 하시며 해방되기 전 청진에 갔다가 해방 후 나왔노라고 이야기하셨다.

㉣ 송아지 어르신은 나주에서 9살까지 살았었는데 그 후에 고향에 한 번도 가보지 않아서 나주로 가고 싶다고 하셨다. 송아지 어르신의 이야기에 말 어르신은 반색을 하시며 "나주 어디야? 나 나주 사람인데, 지금도 나주에 집이 있다."고 하시며 프로그램 후에 더 이야기하자고 하셨다.

㉤ 산토끼 어르신은 킬리만자로에 가고 싶은데 책에서도 보니까 좋다고

쓰여 있고, 얼마나 TV에서도 장애인들이 킬리만자로에 올라가는 모습이 보였다. 그 장면을 보면서 몸이 건강해도 산에 올라가는 것이 힘든데 건강하지 않은 몸으로 산에 오르려 노력하는 모습을 보면서 참 많은 도전이 되었고 나도 죽기 전에 꼭 한 번 가보고 싶다는 생각을 했다고 하시며 웃으셨다.

ⓑ 벚꽃 어르신은 금강산에 가보고 싶다고 하시면서 일본 갔다 와서 가고 싶은 곳이 없어졌다고 하시며 부인이 죽은 후 아들이 자신을 데리고 일본에 다녀왔다고 하시며 현재 아들, 며느리와의 갈등 상황에 대해 이야기를 하셨다.

ⓐ 정걸구 어르신은 특별히 가고 싶은 곳이 없다고 하시며 2004년도에 다녀온 방콕이 인상적이었다고 하자, 까투리 어르신이 "저 양반 관광 많이 했더라고요."하시며 반응해 주셨다. 정걸구 어르신은 전에는 관광 많이 하고 이곳저곳 많이 다녔는데 지금은 전혀 움직일 수가 없고, 당뇨가 심해서 현재 눈도 거의 실명하다시피 한 상태로 가까운 곳에 있는 것만 보인다고 하며 당뇨병으로 인한 어려움 등에 대해 이야기하셨다. 당뇨에 대한 정걸구 어르신의 이야기에 집단성원들은 경청하는 모습을 보이셨으며, 당뇨관리에 대해서도 많은 관심을 보이셨다.

ⓞ 돼지 어르신은 웬만한 곳은 많이 다녀봤고 그 중 음식은 홍콩 음식이 가장 맛있었다라고 하셨다.

ⓩ 사슴 어르신은 "몽골"에 가려고 한다고 하시며 TV에서 보이는 몽골이 참 멋있게 보였다라고 하셨다.

3) 모임정리

집단진행자는 오늘 프로그램에 대한 내용을 요약한 후 소감과 느낌을 집단성원들에게 물어 보았다.

말 어르신은 "더 건강해져서 죽기 전에 우리 모두 가고 싶은 곳을 꼭 한 번씩 다녀왔으면 좋겠다."라고 하셨다. 느릅지기 어르신은 말 어르신이 이야기에 공감하시며 내가 걸어서 킬리만자로에 올라갈 수 있었으면 좋겠다고 하시며 건강을 더 잘 관리해야겠다는 생각이 들었다. 느릅지기 어르신의 이야기에 모두들 공감하시며 건강관리의 소중함과 자신만의 건강관리법에 대해 서로 이야기를 나눴다.

집단진행자는 건강하기 위한 여러 가지 요인 중 긍정적인 사고의 중요성에 대해 언급하며, 긍정적인 사고도 중요한 건강관리법임을 언급하였다. 다 같이 손을 잡고 "나는 사랑받기 위해 태어난 사람"을 부르며 프로그램을 정리하였다.

3. 프로그램 평가

1) 평가내용

내가 가고 싶은 곳은 미래에 대한 계획과 희망을 가질 수 있도록 함으로써 이를 이루기 위한 적극적이고 긍정적인 사고를 갖도록 하는데 많은 도움이 되었다. 또한 집단성원간 역동을 통해 희망을 이루기 위한 방법으로 건강관리법에 대한 이야기가 나와 서로의 건강관리법에 대한 정보를 얻을 수 있는 시간이었다.

2) 제언사항

집단성원들은 여행하는데 자신의 건강상태가 저해요인으로 뽑았다. 따라서 신체적 장애를 극복하고 여행을 하는 사람들의 사진이나 이야기를 마무리 부분에서 나눠 줌으로써 집단성원들로 하여금 신체적인 어려움은 극복할 수 있다는 동기화를 부여하는 것이 더 좋을 것 같다.

◎ 스물네 번째 모임(2006. 3. 22)

1. 프로그램 개요

주제	칭찬은 나를 춤추게 한다	참가 인원	참가자: 11명 전원참석
소요시간	90분	수행 인력	집단진행자, 보조진행자1, 보조진행자2 보조진행자3
장소	E노인복지관주간보호소 2층	준비물	출석부, 이름표, 녹음기, 필기용구, 테이 프, 음료
목표	○ 칭찬의 강점을 인식함. ○ 칭찬기법을 이용한 원만한 대인관계를 형성하도록 함.		
세부 내용	○ 어려서 받았던 칭찬경험을 나눔. ○ 칭찬기법 소개 및 대인관계에 있어서 칭찬의 유용성에 대해 이야기함. ○ 자기자신에 칭찬해보기		
진행 과정	도입 (20분)	○ 인사하기 - 날씨에 대한 인사 나누며 프로그램 시작 ○ Hello-song - '안녕하세요~하게 삽시다' 노래 부르며 인사하기	
	전개 (60분)	○ 어렸을 때 받은 칭찬 - 두 명씩 짝을 이루어서 서로 마주보고 앉음. - 어려서 받은 칭찬경험 나누기 (언제, 누구한테, 어떤 내용으로 칭찬을 받았는지, 그 때 기분이 어떠했는지) ○ 칭찬의 유용성에 대해 나눠보기 ○ 칭찬기법소개 및 대인관계에서의 중요성에 대한 소개 ○ 자기자신 칭찬해보기	
	마무리 (10분)	○ 느낌 및 소감 나누기 ○ Good-bye song - "나는 사랑받기 위해 태어난 사람"을 다 함께 부르며 정리함.	
과제	구성원들 한 명씩 생각하면서 칭찬할 것 한 가지씩 찾아오기.		
참고	◦어르신들은 자신을 칭찬하는 것에 익숙하지 않으셔서 자신을 칭찬하는 것을 많이 어색해하심. 자기자신 칭찬하기를 가장 잘 하실 수 있는 분을 먼저 하시도록 하는 것이 좋을 것 같음.		

2. 프로그램 진행 내용

1) 도입과정

날씨에 비추어서 자신의 감정 상태로 서로 인사를 나눠 보도록 하였다. 대부분의 성원들이 맑음이라고 이야기하였는데 벚꽃 어르신만 오늘은 흐림이라고 하셨다. 왜 날씨가 흐림인지 집단진행자가 물어 보자, 아직도 집에 들어가면서 아들내외랑 이야기하는 것이 힘들고 불편해서라고 말씀하셨다. 집단진행자는 1주일 전에 기분을 날씨로 표현하면 어떤 내용인지 물어 보자, 그때는 비도 오고 눈도 오는 날씨였다고 하셨다. 집단성원들은 그래도 오늘은 비, 눈은 오지 않아서 다행이라고 하시며, 점점 날씨가 좋아질 거라고 지지해 주셨고 벚꽃 어르신의 얼굴이 밝아지셨다. 집단진행자는 집단성원들간의 지지에 대해 피드백 해 주고 "Hello-song"을 부르며 집단 프로그램을 시작하였다.

2) 본 주제

① 지난 회기 내용 점검하기

집단진행자는 지난 회기 내용에 대해 요약한 후 혹시 지난 회기 이후 변화된 분이 계신지 여쭤 보았다.

느릅지기 어르신은 킬리만자로 사진을 벽에다 붙여 놓고 내가 그곳에 올라가는 생각을 해보는데 그러면 행복해지고 건강관리를 잘 해야겠다는 생각이 든다.

꺽다리 어르신은 건강관리법 중 긍정적인 생각이 중요한 건강관리라는 이야기가 일주일 내내 마음에 많이 남아 있었다라고 하시자 다른 성원들이 공감하시며 긍정적인 생각을 하려고 노력했다고 하셨다.

벚꽃 어르신은 나도 아들과의 관계를 긍정적으로 생각하려고 많이 애썼고 그래서 기분도 좋아진 것 같다고 말씀하셨다.

집단진행자는 긍정적인 생각이 우리에게 미치는 영향에 대해 이야기하며, 긍정적인 생각과 동일하게 우리 모두에게는 긍정적인 부분이 있으며 그 부분을 발견하는 시간을 오늘 가져보도록 하겠노라며 프로그램의 내용에 대해 설명하였다.

② 어렸을 때 받은 칭찬 경험 나누기

2명씩 짝을 이루어서 어렸을 때 칭찬받은 경험을 나누어 보고 서로 발표하도록 한다.

㉠ 산토끼 어르신은 개구쟁이처럼 사랑스럽다는 이야기를 가족이나 이웃 어른들로부터 들었고 똑똑하다는 이야기도 들었던 기억이 난다. 그 칭찬을 들을 때마다 기분이 좋았고 자신감이 생겼던 것 같다.

㉡ 까투리 어르신은 야무지다는 이야기를 어려서부터 부모님으로부터 많이 들었다. "우리 ○○이는 야무져서 뭐든지 잘할 거야."라는 이야기를 자주 해 주셔서 어른이 되었을 때 어떤 일을 할 때 마무리까지 확실하게 되는 사람이 되었노라고 하셨다.

㉢ 꺽다리 어르신은 착하다는 이야기를 가족들로부터 많이 들었는데 나중에 어려운 상황에 처한 사람을 보면 내 일을 뒤로 미뤄놓고 그 사람을 도우려고 많이 노력하게 되었노라고 말씀하셨다.

㉣ 정걸구 어르신은 식구들이 걸구라는 이야기를 많이 들었는데 생선국을 끓이면 다른 사람들이 먹지 않는 것까지 다 먹어서 그렇게 불렸던 것 같다. 걸구라는 이야기를 들으면 내가 뭐든지 잘 먹는 사람이구나라는 생각이 들었고 가족들이 애칭처럼 불러서 기분 나쁘지 않았다. 나중에도 뭐든지 잘 먹는 식성 좋은 사람으로 친구들 사이에서 불렸던 것 같다.

㉤ 사슴 어르신은 효자라는 이야기를 많이 들었다. 어려서 아버지가 어

떤 심부름을 시키든지 싫다는 이야기를 한 번도 하지 않고 모든 심부름을 했는데 그래서 마을 어른들이 효자라고 불렀다. 나중에도 부모님과 사이에서 뜻이 맞지 않아도 일단 부모님의 이야기에 순종했는데 어려서 효자라는 칭찬을 들었던 것이 자신을 그렇게 행동하도록 만들었던 것 같다고 하셨다.

ⓑ 벚꽃 어르신은 성실하다는 칭찬을 주변 사람들로부터 많이 들었고, 나중에 직장에서도 동료들에게 성실하다는 이야기를 많이 들었다고 하셨다.

ⓢ 송아지 어르신은 식구들이 착하다고 이야기를 많이 해 줬고 평생 착하다는 이야기를 들었다.

ⓞ 말 어르신은 책임감이 강하다는 칭찬을 식구들에게 많이 들었고 나중에 직장에서도 어떤 일이 주어지면 책임감 있게 처리하려고 했고 주변사람들로부터 책임감 있다는 이야기를 들었다.

ⓩ 돼지 어르신은 착하라는 칭찬을 어른들이 어려서부터 많이 해 주셨고 커서도 착하다는 이야기를 친구나 직장 동료들에게서 많이 들었다라고 하셨다.

ⓒ 산토끼 어르신은 책임감이 강하다는 칭찬을 마을 어른들에게 많이 들었고, 그 칭찬은 커서도 사회에서 지금 가족들에게 많이 들었다.

ⓚ 황소 어르신은 책임감이 강하다는 칭찬을 가족들에게 많이 들었고, 나중에 사업할 때도 사람들에게 많이 들었고, 결혼 후 부인과 아이들에게도 많이 들었다. 집단지도자는 어려서 받은 칭찬이 성인이 되어서도 동일하게 같은 칭찬을 받는 사람으로 성장하게끔 하는 힘이 있노라고 말씀하시면서 칭찬의 힘에 대해 서로 나눠 보자고 하였다.

집단성원들은 칭찬을 들으면 기분도 좋아지고 칭찬을 들은 대로 행동해야 할 것 같은 생각이 들어서 더 바르게 행동하게 된다고 하셨다. 아이들을 키울 때 야단치면 아이들이 기죽고, 부모에 대한 반감이 생기지만 칭찬을 해 주면 더 잘 하려고 하고, 자신감도 생기는 것 같다고 하시며 까투리 어르신이 아이들을 칭찬해 줬던 경험에 대해 말씀하셨다. 황소 어르신은 까투리 어르신의 이야기에 맞는다고 하며 전에 가게 할 때 함께 일하던 아랫사람을 잘한다! 잘한다! 격려하면 신나서 더 열심히 일을 하는 경우가 많았다. 칭찬은 사람을 더 열심히 하게 하고 자신감을 갖게 하는 힘이 있는 것 같다고 하였다. 집단진행자는 까투리 어르신과 황소 어르신의 이야기를 지지하며 칭찬은 사람을 긍정적으로 만드는 힘이 있다고 이야기를 했다.

③ 칭찬 기법 소개 및 대인관계에서 칭찬의 중요성

칭찬은 다양한 긍정적인 효과를 내고 있으며, 이에 대해 여러 학자는 다음과 같은 이야기를 하였다. 집단진행자의 이야기에 집단성원들은 정말 맞는 것 같다고 하시며 아이들을 키워 봐도 또 내가 살아 봐도 칭찬은 많은 좋은 영향을 미치는 것 같다고 하시며 앞으로 칭찬을 더 잘 해야겠노라고 하셨다.

④ 자기자신 칭찬해보기

집단진행자는 칭찬은 사랑의 표현이며 자기자신에 대해서도 사랑을 표현해 주는 것이 중요하다고 하며 자기자신을 칭찬해 보는 시간을 가져 보자고 하였다.

껙다리 어르신은 "내가 나를 칭찬하려니까 무척 쑥스럽다."고 하자, 까투리 어르신이 "내가 나를 칭찬하는 것은 교만한 것 같아서 좀 어려울 것 같다." 하시며 공감하셨다.

집단진행자는 모든 성원들이 어렵게 느껴지시는지 물어 보자, 사슴 어르신이 "유머감각이 있는 걸 칭찬하고 싶다. 나의 유머감각은 다른 사람들을 웃게 만들고 기분 좋게 만드는 것 같다."고 하시자 돼지 어르신이 "맞아 맞아."하시며 공감해 주셨고, 다른 어르신도 사슴 어르신의 유머감각을 칭찬하셨다.

말 어르신은 "난 쑥스럽지만 내가 약속을 잘 지키는 것을 칭찬해주고 싶네요." 하셨다. 까투리 어르신은 "난 음식을 잘하는 걸 칭찬할 수 있을 것 같아요."라고 하시며 쑥스러워 하셨다.

정걸구 어르신은 "나는 만들어 놓은 음식을 맛있게 먹어 주는 것을 칭찬하고 싶어요. 집사람이 그래서 맛있게 먹는다고 칭찬해 줘요."라고 하시며 환하게 웃으셨다.

황소 어르신은 "난 칭찬할 것이 없는 것 같은데, 계산을 잘 하는 것이 나는 칭찬 받을 만한 것 같아요. 전에 장사할 때도 계산기 두들기는 것보다 내가 계산하는 것이 더 빠르고 정확해서 거래하는 사람들로부터 칭찬 많이 들었다."고 하셨다. 껑다리 어르신은 "칭찬받을 만하네요."라며 지지해 주셨다.

다른 성원들은 어떠신지 여쭤보자 잘 모르겠노라고 하셨고 발표하지 않으신 분들은 집에서 생각해 보셔서 다음 시간에 함께 나눠 보자고 집단진행자가 제안하였다.

3) 모임정리

집단진행자는 오늘 내용을 정리하면서 느낌 및 소감을 집단성원들에게 물어 보았다.

껑다리 어르신은 칭찬에도 기술이 필요하다는 것이 기억에 많이 남았고 내가 나를 칭찬하려니 많이 쑥스러웠노라 하셨다. 까투리 어르신은 내가 아이들을 키울 때에도 또 남편에게도 참 칭찬에 인색한 사람이라는 생각이 들어서 많이 반성되는 시간이었다.

벚꽃 어르신은 좋은 이야기를 많이 들었노라 하시면서 긍정적인 관점으로 바라보면 칭찬할 일이 보인다는 내용이 많이 마음에 와 닿는 내용이라고 하시며, 아들내외도 긍정적으로 바라보려고 노력해야겠다는 생각을 했다.

말 어르신은 "내가 나를 칭찬했다는 사실이 놀랍다."라고 하시며 내가 참많이 바뀐 것을 느낀다고 하셨고 다른 성원들이 프로그램이 처음 시작될 때보다 훨씬 더 많이 편안해지고 좋아 보인다고 공감해 주셨다.

산토끼 어르신은 어려서 받았던 칭찬경험을 생각하니까 나 자신의 긍정적인 부분을 발견할 수 있어서 좋았노라고 하셨다.

나머지 성원들도 모두 좋았노라고 하시며 칭찬을 많이 해야겠다는 생각이 들었다고 하셨다.

4) 활동자료

『칭찬의 10계명』
켄 블랜차드

① 칭찬할 일이 생겼을 때 즉시 칭찬해라.
② 잘한 점을 구체적으로 칭찬해라.
③ 가능한 한 공개적으로 칭찬해라.
④ 결과보다는 과정을 칭찬해라.
⑤ 사랑하는 사람을 대하듯 칭찬해라.
⑥ 거짓 없이 진실한 마음으로 칭찬해라.
⑦ 긍정적으로 관점을 전환하면 칭찬할 일이 보인다.
⑧ 일의 진척사항이 여의치 않을 때 더욱 격려해라.
⑨ 잘못된 일이 생기면 관심을 다른 방향으로 유도해라.
⑩ 가끔씩 자기자신을 스스로 칭찬해라.

칭찬이 주는 효과

① 자신감을 준다.
② 잘 성장하도록 해 준다.

③ 모든 일에 의욕을 만들어 준다.

④ 삶의 방향을 새롭게 해 준다.

⑤ 우리 주변을 밝게 만들어 준다.

⑥ 마음이 따뜻하게 해 준다.

⑦ 마음이 넓어지게 해 준다.

⑧ 긍정적인 삶을 살게 해 준다.

⑨ 적극적인 삶을 살게 해 준다.

⑩ 인간관계를 잘 이루어가게 해 준다.

3. 프로그램 평가

1) 평가내용

도입부분에 오늘의 기분을 날씨에 비유하여 이야기하였는데 이는 1회기로 끝나는 것이 아니라 매 회기마다 자신의 감정이나 일주일의 삶을 감정카드를 이용하여 도입부분에 사용하는 것도 좋을 것으로 생각된다.

어려서 받은 칭찬경험을 회상해 봄으로써 자신에 대한 긍정적인 부분을 발견하고, 자존감을 향상시키기 위한 프로그램으로 적절한 내용이었으며, 자기자신 칭찬하기는 어려워하셨지만 몇 분은 자기자신을 칭찬하고 집단성원들로부터 공감 받음으로써 더 자신감을 얻는 모습을 볼 수 있었다.

2) 제언

자기자신 칭찬하기는 과제로 제시하여서 다음 회기에 점검하도록 하는 것도 좋을 것으로 생각된다.

◎ 스물다섯 번째 모임(2006. 3. 29)

1. 프로그램 개요

주제	칭찬은 우리를 춤추게 한다	참가 인원	참가자: 10명 참석
소요시간	90분	수행 인력	집단진행자, 보조진행자1, 보조진행자2 보조진행자3
장소	E노인복지관주간보호소 2층	준비물	출석부, 이름표, 녹음기, 필기용구, 테이프, 음료
목표	○ 칭찬의 강점을 인식함. ○ 칭찬기법을 이용한 원만한 대인관계를 형성하도록 함.		
세부 내용	○ 지난 시간 "나 칭찬하기"에 대한 회상. ○ 칭찬기법 소개 및 대인관계에 있어서 칭찬의 유용성에 대해 이야기함. ○ 구성원 한 명씩 칭찬하기.		
진행 과정	도입 (20분)	○ Hello-song - "안녕하세요~하게 삽시다" 노래 부르며 프로그램 시작 ○ 과일바구니 노래 부르기 - 4/4박자 박수연습을 함(쿵쿵 짝짝) 책상 두 번 손뼉 두 번치기 - 박자에 맞춰서 과일가게에 가면 있는 과일, 물건 등을 하나씩 이야기함 ○ 스트레칭 - '고향의 봄'에 맞춰 가벼운 맨손 스트레칭 실시.	
	전개 (60분)	○ 지난 시간 "나 칭찬하기"에 대한 회상 - 칭찬받았을 때 기분이 어떠했는지 나눔. ○ 칭찬기법 소개 및 대인관계에 있어서 칭찬의 유용성에 대해 나눔. ○ 구성원 한 명씩 칭찬하기 - 지난주에 과제로 내준 것에 대해 언급 - 구성원 한명에 대해 나머지 구성원들이 모두 한 마디씩 칭찬해 줌. - 구성원들이 나눈 내용 중 공통되게 나온 내용을 집단진행자가 한 마디로 정리하여 모두 한 목소리로 외쳐 주고 크게 박수쳐 줌으로써 자존감을 향상시키도록 함.	
	마무리 (10분)	○ 느낌 및 소감 나누기 - 내가 다른 사람으로부터 칭찬을 받았을 때 느낌, 기분 - 내가 다른 사람을 칭찬해 주었을 때 느낌. 기분 ○ 다음 시간(2주 후)이 마지막 시간임을 알린다. ○ Good-bye song - "당신은 사랑받기 위해 태어난 사람" 노래 부르며 마무리	

2. 프로그램 진행 내용

1) 도입과정

집단진행자는 "Hello-song"을 부르며 프로그램을 시작하였다.

집단성원들은 "감사하며 삽시다. 행복하게 삽시다. 긍정적으로 삽시다. 웃으면서 삽시다. 건강하게 삽시다, 기쁘게 삽시다, 사랑하며 삽시다." 등의 이야기를 하였으며, 맨 마지막으로 Hello-song을 부르신 꺽다리 어르신은 "나를 사랑하며 삽시다."라고 노래를 마치셨다.

집단진행자는 이 인사처럼 그렇게 한 주를 보내셨는지 물어보자, 모두 잘 지냈다고 하시면서 활짝 웃으셨다.

집단진행자는 4/4 박자 연습을 하면서 책상 두 번치고 손뼉 두 번 치기를 집단진행자의 구령에 맞추어서 하였다. 어느 정도 익숙해 진 후 집단진행자는 과일가게에 가면 어떤 과일들이 있는지 박자에 맞추어서 게임을 진행함으로 기억력을 향상시키도록 하였으며 게임에서 과일이름을 말하지 못한 성원은 자리에서 일어나 지난 일주일 동안 가장 감사했던 일을 나누도록 하였다.

2) 본 주제

① 지난 회기 내용 점검하기

지난 시간에 나눴던 내용에 대해 집단진행자가 기억에 남는 것이 있는지 물어 보자 까투리 어르신은 나를 칭찬했던 경험이 기억에 남는다고 하셨다. 산토끼 어르신은 어렸을 때 받았던 칭찬이 아직도 세월이 많이 흘렀는데도 내 기억 속에 남아 있다는 사실이 너무 놀랍고 신기하다고 하셨다. 칭찬이 사람에게 긍정적인 영향을 미친다는 것을 알았고, 집에서 가족들에게도 칭찬을 한 가지씩 해주려고 노력하며 일주일을 보냈다고 하셨다.

사슴 어르신도 칭찬은 다른 사람과의 관계를 좋게 해 주는 중요한 요소라고 하시면서 나는 칭찬 받는 것은 좋아하면서 다른 사람을 칭찬하는 데에는 많이 인색한 편이라고 하시자, 다른 성원들이 모두 공감하며 자신들도 칭찬을 하는 것이 너무 쑥스럽고 어렵다고 하셨다. 집단진행자는 다른 성원들은 자신을 스스로가 칭찬하면서 어떤 기분이었는지 물어보았다.

까투리 어르신은 쑥스럽지만 내가 나 자신을 스스로 칭찬하니까 내가 정말 소중한 존재라는 사실을 새삼스럽게 느끼게 되었다고 하셨다. 대부분의 어르신이 어색하고 쑥스러운 경험이었지만 내 자신이 귀하게 느껴지는 마음이었다고 하셨다.

② 칭찬기법 소개 및 대인관계에서 칭찬의 유용성에 대해 나누기

집단진행자는 칭찬해서 관계가 좋아졌던 경험이 있는지 물어 보았다. 벚꽃 어르신은 지난주에 집에 가서 아들 내외와 밥상에서 밥을 먹으면서 며느리에게 "찌게가 참 맛있다."고 이야기하자 며느리가 그 다음부터는 어떤 반찬을 드시고 싶은지 물어 보더라. 한동안 아들 내외와 말도 하지 않고 밥상에서도 전혀 말 한 마디 하지 않았었는데 지난 시간 칭찬을 며느리에게 해서 관계가 좋아졌다고 하시며 환하게 웃으셨다.

정걸구 어르신은 정말 박수를 쳐야 할 일이라고 하시며 다 같이 박수를 쳐 주자고 하셨다.

까투리 어르신은 남편이 무뚝뚝해서 웬만하면 칭찬하지 않는데 한 번은 저녁 밥상에서 당신은 음식 솜씨가 참 좋아라고 칭찬해 줘서 그 말 한 마디에 그 동안 서운했던 마음이 다 사라지고 더 맛있는 반찬 만들어 주려고 노력하게 되었다. 남편의 칭찬으로 관계가 정말 많이 좋아졌다고 하셨다.

집단진행자는 지난 회기에 나눴던 칭찬 기법과 칭찬의 유용성에 대해 다시 한 번 언급하며 칭찬의 긍정성에 대해 이야기하였다.

③ 칭찬하기

집단진행자는 『칭찬은 고래도 춤추게 한다』[87]는 책을 소개하며 '칭찬을 받은 고래는 칭찬받지 않은 고래보다 더 쇼를 잘 하고 조련사의 말을 더 잘 듣게 되는데 이것은 칭찬을 통해 고래가 조련사의 사랑과 관심을 알기 때문'이라고 하였다며 이번 회기에서 집단성원간 서로 칭찬함으로써 우리 모두를 춤추게 만들어 보자고 하였다.

집단지도자는 프로그램 6개월 동안 지켜 보면서 칭찬하고 싶었던 것 칭찬하기로 하고 황소 어르신부터 칭찬하기를 하였다.

㉠ 황소 어르신에 대해서는 어르신은 말을 할 수 없지만 책임감이 강하고 포기하지 않고 무언가를 하려고 하는 신념과 의지에 대한 부분들을 많이 칭찬하셨다. 돌아가면서 이야기를 마치고 다 같이 "짝짝 짝짝짝" 박수에 맞춰서 "멋있습니다."라고 이야기하자 황소 어르신께서 얼굴을 붉히시면서 쑥스러워하셨다.

㉡ 꺽다리 어르신에 대해서는 배울 점이 많다, 친절하다. 성실하다. 마음이 넓다. 남을 배려하는 마음이 많다 등 긍정적인 말씀들을 많이 하였다. 정걸구 어르신은 꺽다리 어르신에게 "다정하게 대해 주고 관심 가져 줘서 고맙다."며 눈물 흘리시는 모습을 보이셨다.

㉢ 말 어르신에 대해서는 "조리 있게 이야기하신다. 순수하시다. 착실하다. 성실하시다. 인자하고 여자를 대하시는 것이 점잖다." 등의 이야기를 하시자 쑥스러워 하시는 한편 환하게 웃으시며 좋다고 하셨다.

㉣ 벚꽃 어르신에 대해서는 송곳으로 찔러도 피 안 날 아쌀한 성격이다. 착하다. 몸이 힘들고 어려워도 걸어가시는 굳센 마음이 있다. 젊었을 땐 패기가 넘치는 분이였을 것 같은데 지금은 인생철학을 많이 공부하신 분 같다 등 다양한 칭찬들을 하였다. 사슴 어르신은 인정이 많으신 분 같고 성실하다고

---

87) 켄 블랜차드·타드 라시나크·척 톰킨스·짐 발라드, 「칭찬은 고래도 춤추게 한다」 조천제 역, (서울: 21세기북스, 2002).

하면서 어제 벚꽃 어르신이 머리를 때렸는데 나도 모르게 화가 올라왔다. 꺽다리 어르신 같았다면 생각하고 행동 했을 텐데 내가 곰곰이 생각해 보니까 장난하려고 친 것을 내가 오해했다. 어제 사과를 했는데 오늘 이 자리를 빌어서 다시 한 번 사과하겠다고 하자 모두들 좋아하시며 박수를 치셨다. 말 어르신은 벚꽃 어르신의 손을 잡으시면서 같은 6.25 참전용사여서 너무 좋다고 하셨다.

　　ⓜ 느릅지기 어르신에 대해서는 "성실하고 착하다. 굳세게 산다. 빈말하지 않는 사람이다. 남을 배려하는 마음이 많다. 점잖고 인격이 괜찮다. 무난한 사람이다."라는 칭찬들을 하셨으며 느릅지기 어르신은 자신에 대한 칭찬을 듣는 내내 고개를 숙이고 계속 웃으셨다.

　　ⓗ 송아지 어르신에 대해서 "젊은 사람이 예쁘게 생겼다. 인상이 무난하다. 인상이 좋다, 성실하다. 새색시가 연상된다. 매력적이다."라는 등 대부분 외모와 관련된 칭찬들을 하셨다.

　　ⓢ 산토끼 어르신은 똑똑하고 열심히 운동하는 모습이 존경스럽다. 목적이 뚜렷하고 근신하시다. 배워야겠다. 연세가 많으신데 아직까지 기술을 배우려는 의욕이 대단하다. 몸이 불편하니까 그것이 흠이지 의욕이 대단히 많다. 뭘 해도 멋있게 잘 할 수 있을 것 같다고 하시자 칭찬을 하시는 분들을 똑바로 응시하시면서 경청하시는 모습을 보이셨으며 코끝이 빨개지시며 때때로 울먹이기도 하셨다.

　　ⓞ 정걸구 어르신은 "인정이 많다. 부지런하시다. 맡은 일을 열심히 하신다. 눈물이 많다. 백날이 가도 변함없는 분이다."라고 모두들 이야기하셨으며 다른 분들의 칭찬을 듣는 동안 감정이 복받혀서 울먹이시자 사슴 어르신께서 또 운다고 하셔서 모두들 한바탕 웃음바다가 되었다.

　　ⓩ 사슴 어르신에 대하여 "인정이 많다. 노래 잘 하고 아는 것이 많다. 글씨 잘 쓰고 재미있다. 희망적이다. 웃음으로 스스로 이겨나가는 분이다. 의지가 확고하다. 대화를 잘한다. 성격이 좋다. 유머가 많다."라고 이야기하셨다. 까

투리 어르신은 사슴 어르신에게 "맨날 허허 웃으시는데 난 그것이 닮고 싶다."
고 하셨다. 사슴 어르신에 대해서 칭찬하는 동안 모두들 얼굴에 미소 만연한
얼굴로 이야기하셨다.

ⓒ 돼지 어르신에 대해서는 "법 없이 살 사람이다, 착하다, 재미있는 분
이다, 화낼 줄도 모르고 태평한 사람이다."라고 하셨다.

ⓒ 까투리 어르신은 자신의 차례가 다가오자 계속해서 자신은 칭찬받을
것이 없다고 하지 말자고 여러 차례 이야기하셨다. 까투리 어르신에 대해서는
무엇이든지 할 수 있는 분이다. 부지런하다. 무난하시다. 열심이고 대화를 나누
면 본받을 만하다. 정걸구 어르신은 울먹이시면서 누님 같고(울먹이시며 말씀
하심) 본받을 것이 많다고 하셨으며, 사슴 어르신은 참 좋은 분인데 마음을 안
좋게 생각하는 것은 고쳐야 한다고 하셨다. 돼지 어르신은 이웃에 같이 사니까
잘 안다고 하시며 구체적인 칭찬을 하지는 않으셨다.

3) 모임정리

집단진행자는 오늘 프로그램 속에서 어떻게 느끼셨는지 나눠 보자고 하였
으며, 집단성원들은 자신의 칭찬경험을 통해 내가 미처 알지 못하고 있던 나의
긍정적인 부분을 알 수 있었다고 하시며 기분이 좋다고 하셨다.

말 어르신은 '칭찬은 고래도 춤추게 하고 우리도 춤추게 하는 힘이 있다
고 하며, 참 대단한 힘을 가지고 있다고 칭찬을 칭찬해야겠다.'고 하였다.

집단진행자는 내가 다른 사람을 칭찬해 줄 때 느낌이나 기분이 어떠했는
지 물어보자 칭찬을 받을 때만큼은 기분이 좋았고 내가 그 사람을 더 관심 있
게 보게 되고, 더 관심을 갖게 되었다라고 하였다.

집단진행자는 오늘 다른 성원들이 나에게 들려 준 칭찬을 잘 기억하여서
힘들고 외로울 때 그 칭찬을 기억하고 다시 춤을 추게 만드는 원동력으로, 그
리고 칭찬으로 다른 사람을 춤추게 만드는 우리가 모두가 되었으면 좋겠다며

프로그램을 정리하였다.

모든 집단성원들이 손을 잡고 "당신은 사랑받기 위해 태어난 사람"을 부르며 프로그램을 마쳤다.

3. 프로그램 평가

1) 평가내용

내가 나를 칭찬했던 지난 회기와 달리 집단성원들을 서로 칭찬해 줌으로써 칭찬의 긍정적인 면을 모두 경험해 보도록 하는데 좋은 프로그램 내용이었다. 마무리 부분에서 내가 칭찬을 받았을 때의 느낌과 다른 사람을 칭찬해 줬을 때의 느낌을 서로 나눠 봄으로써 칭찬의 긍정적인 부분을 인식하여 대인관계가 제한적인 집단성원들이 가족 내에서 칭찬의 기술을 발달시키도록 하였다.

2) 제언사항

칭찬을 하는 상황을 제시해 주고 역할극을 시연해 봄으로써 보다 구체적인 칭찬기술을 학습하는 것도 좋았을 것이라고 생각된다.

◎ 스물여섯 번째 모임(2006. 4. 12)

1. 프로그램 개요

주제	아름다운 마무리	참가 인원	참가자: 11명 전원참석
소요시간	90분	수행 인력	집단진행자, 보조진행자1, 보조진행자2, 보조진행자3
장소	E노인복지관주간보호소 2층	준비 물	출석부, 이름표, 녹음기, 필기용구, 테이프, 사후검사지, 나이 들어 대접 받는 7가지 요건 글, 케이크, 음료 등
목표	\ 사후검사를 통해 프로그램 효과성을 측정함. \ 프로그램을 정리함으로써 추후에 만날 것을 기대함.		
세부 내용	○ 사후검사 실시 ○ 프로그램 종결시간임을 알림. ○ 케이크에 촛불을 켜고 촛불과 인생을 비교하여 죽음에 대해 생각해 보도록 함. ○ 나이 들어서 대접받는 7가지 요건이라는 글을 나눔으로써 좀 더 나은 노년을 보내기 위한 방법들을 이야기함.		
진행 과정	도입 (20분)	○ Hello-song - "안녕하세요~하게 삽시다" 노래 부르기 ○ "스트레칭" - 다 함께 노래 부르면서 손, 어깨, 팔 두들기는 가벼운 스트레칭 실시	
	전개 (60분)	○ 사후검사 실시- 삶의 질, 한국형 노인 우울감 척도, 자존감 척도 검사 실시를 통해 프로그램 효과성 파악하기 ○ 촛불을 통해 본 죽음의 의미 - 케이크 위에 놓인 촛불을 봄으로써 죽음에 대해 생각하기. ○ "나이 들어서 대접받는 7가지 요건" 좋은 글 나누기. ○ 프로그램에 대한 소감 나누기 - 프로그램 기간 동안 한 번도 결석하지 않은 분들 칭찬해 주기. - 프로그램 동안 가장 기억에 남는 내용, 좋았던 점, 섭섭했던 점, 좀 더 이렇게 했으면 좋았을 걸 하는 이야기 나누기	
	마무리(10분)	○ Good-bye song - 다함께 손잡고 "당신은 사랑받기 위해 태어난 사람"을 부르며 종료.	
참고	○ 어르신들의 경우 죽음 대비 프로그램이 반드시 필요하다. 건강한 노인보다 몸이 불편하신 어르신들의 경우 죽음에 대한 준비가 더 필요하며 1-2회기 정도 죽음에 대한 내용을 프로그램에 넣으면 좋을 것 같음. ○ 6개월 과정을 잘 마치신 것에 대해 보상으로 수료증, 개근상, 열심상 등을 주었으면 더 좋았을 것 같다는 생각이 든다. ○ 마지막 회기에 가족을 초청해서 함께 소감을 나눈다면 더 효과적일 것 같다.		

2. 프로그램 진행 내용

1) 도입과정

집단진행자는 이번 시간이 마지막 시간임을 알리고 아쉬움을 표현함으로써 프로그램을 진행하였다. 다 함께 "Hello-song"을 부르며 프로그램을 시작하였다.

가벼운 손 운동 시작하면서 "손바닥을 비비시면서 잘못한 것이 무엇이 있나 생각해 보세요." 이야기하자 사슴 어르신이 "남 헐뜯는 것"이라고 하자 껑다리 어르신이 웃으시면서 "남 못됐다고 하고."라고 이야기하자 모두 웃음바다가 되었다. 정걸구 어르신도 "못되기는 자기 혼자 못됐다."라고 하시자 한차례 웃음바다가 되었다.

"산토끼"와 "고향의 봄"을 다 함께 부르면서 노래에 맞추어서 근육이완 운동을 실시하였다.

2) 본 주제

① 사후검사 실시
삶의 질, 노인형 우울감 척도, 자존감 척도 실시

② 촛불의 의미
마지막 모임을 위해 케이크를 준비하였기에 그 위에 놓인 촛불의 의미를 통해 "초는 내 몸을 태워 어둠을 밝히며, 내 몸이 태워지지 않으면 주위를 밝힐 수 없다."라고 산토끼 어르신이 말씀하시자 모두들 "맞다."라고 동의하였다. 집단지도자는 "초는 내 몸을 태워서 주위를 밝혀 주는데 내 몸이 타지 않으면 주위를 밝힐 수 없다. 우리도 내 몸이 희생이 되지 않고서는 주위를 밝힐 수

없다."라고 이야기하자 모두 숙연한 분위기가 되었다. 실제로 초에 불을 켜 놓은 상태에서 케이크 위에 켜져 있는 초는 오랫동안 켜 놓으면 촛농이 떨어져서 케이크를 먹을 수 없기 때문에 잠깐만 켜 놓았다가 꺼야 하는 것이다. 우리의 인생도 케이크 위의 초처럼 잠깐 의미를 주고 사라져야 하는 것이다. 잠깐인 인생을 어떻게 살 것인가 하는 것이 중요하다. 프로그램이 시작하던 6개월 전에는 과연 이 프로그램을 잘 진행할 수 있을까 했는데 벌써 시간이 많이 흘러갔고 사슴, 산토끼, 벚꽃 어르신만 한 번도 빠지지 않고 참석하셨는데 정말 대단하시다며 박수를 쳐 드리자 사슴 어르신이 개근상을 달라고 하셔서 모두 웃었다.

③ 나이 들어서 대접받는 7가지 비결

집단진행자는 좋은 글 "나이 들어서 대접 받는 7가지 비결"이라는 글을 어르신들과 함께 읽으면서 그 소감을 이야기를 하였다. 말하기보다는 듣기를 잘해야 한다는 항목을 읽어 주자 몇몇 어르신이 웃으시면서 "돼지가 말이 많아."라고 하셔서 모두 웃었다. 언제나 밝고 유쾌한 분위기를 만들라는 항목에서 집단진행자가 사슴 어르신을 칭찬해 드렸다. 집안일이든 감당할 몫을 감당하라는 항목을 집단진행자가 이야기하자 꺽다리 어르신께서 집안에서 무슨 일이든 하고 싶은데 몸이 불편해서 깨끗하게 못하니까 가족들이 그렇게 할 거면 그냥 두라고 해서 하지 못한다고 웃으시면서 말씀하였다. 이 항목에서 집단진행자가 '한국인 시각장애인으로 미국대통령 보좌관으로 있던 강영구 박사'에 대해 이야기를 하자 모두들 경청하며 긍정적인 반응(와~. 대단하네요, 그러게요)을 보였다. "포기할 것은 과감하게 포기하라."는 마지막 항목에 대해 집단지도자가 몸이 그전과 같지 않다는 것을 포기하고 과거에 얽매여 아쉬워하지 말라고 하자 까투리 어르신께서 소용없다고 하였다.

① 집과 환경을 깨끗해야 한다.

② 항상 용모를 단정히 해야 한다.

③ 말하기보다는 듣기를 잘 해야 한다.

④ 부지런히 모임에 참석하라.

⑤ 언제나 밝고 유쾌한 분위기를 만들어라.

⑥ 일이든 집안일이든 감당할 몫을 감당하라.

⑦ 포기할 것은 과감하게 포기하라.

일곱 가지가 모두 되지 않더라도 하루에 단 한 가지라도 실천하여 나로 인해 주변사람들이 밝아질 수 있는 그런 어르신들이 되었으면 좋겠습니다. 덧붙여서 하루에 한 가지씩 좋은 일, 좋은 말을 다른 사람들과 나누고, 열 사람을 만나서 이야기할 사람을 만들라는 집단진행자의 말에 말 어르신은 "어디 가지 않으니까 이야기할 사람을 만들기 힘들다."고 하시며 "노인들이 가장 쉽게 할 수 있는 것은 위치파악이다. 어른이라고 가족들에게 잔소리하면 안 된다. 포기할 것은 빨리 포기해야지만 가정이 화목해진다. 내가 행복하다고 느끼는 것이 행복이다."라고 말씀하셨다.

벚꽃 어르신은 복지관에 오니까 좋다고 하시며 집에 있으면 집 밖에 나오지 않게 되는데 왜냐하면 공원에 가도 아는 사람이 없다.

말 어르신은 "파고다 공원에 가면 사람들은 많이 있지만 긍정적이고 건설적인 이야기는 들어볼 수 없다. 그래서 가지 않는 것이 오히려 낫다."라고 하셨다.

④ 좋은 글 나누기

3) 모임정리

프로그램 마지막 회기임에 대한 아쉬움을 집단지도자가 먼저 인사를 하고 프로그램 회기 동안 느낌과 하고 싶은 말을 묻자 다음과 같이 소감을 나누었다.

㉠ 까투리 어르신은 사람 마음을 알게 되어서 참 좋았다고 하셨다.

㉡ 사슴 어르신은 계속 더 했으면 좋겠고 고맙고 좋았으며 이 시간이 늘 기다려졌다고 하셨다.

㉢ 정걸구 어르신은 유쾌하고 기분이 좋았다,

㉣ 산토끼 어르신은 누가 지시하지 않아도 긍정적으로 생각하게끔 유도가 되었다고 하였다.

㉤ 송아지 어르신도 똑같다고 하셨다.

㉥ 느릅지기 어르신은 앞으로 더 자주 만나고 싶다고 하셨다.

㉦ 벚꽃 어르신은 참 좋았다며 계속했으면 좋겠다고 하셨다.

㉧ 말 어르신도 계속했으면 좋겠다고 말씀하시면서 좋은 프로그램을 복지관에서 할 수 있게 해 주셔서 감사하다며 아쉬움을 표현하셨다.

㉨ 격다리 어르신은 고맙게 생각하고 감사하다고 하시며, 집단진행자는 수고 많이 하셨다며 다음에 또 할 수 있었으면 좋겠다고 하셨다.

㉩ 황소 어르신은 종이에 참 좋았다고 하였다.

㉪ 보조진행자들도 프로그램이 진행되는 동안 느낌과 아쉬움에 대해 나누고 인사를 나눴다.

4) 활동자료

「난 가치 있는 인간이다」

어느 대학교수가 강의 도중 갑자기 10만 원짜리 수표를 꺼내들었답니다.

그리고서는 "이거 가질 사람 손들어 보세요"라고 했대요.

그랬더니 모든 학생들이 손을 들었지요.

그걸 본 교수는 갑자기 10만 원짜리 수표를 주먹에 꽉 쥐어서 구기더니 다시 물었습니다.

"이거 가질 사람 손들어보세요." 그랬더니 이번에도 모두 손을 들었습니다.

교수는 또 그걸 다시 바닥에 내 팽개쳐서. 발로 밟았고,

수표는 더 구겨지고 신발자국이 묻어서 더러워졌습니다.

교수가 또다시 물었습니다.

"이거 가질 사람?"

학생들은 당연히 손들었겠지요.

그걸 본 교수가 학생들에게 말했답니다.

"여러분들은 구겨지고 더러워진 10만 원짜리 수표일지라도,

그 가치는 변하지 않는다는 것을 잘 알고 있는 것 같군요.

'나'라는 것의 가치도 마찬가지입니다.

비록 조금은 구겨지고 더러워진 '나'일지라도,

자신만의 고유한 가치는 조금도 변함없이 소중한 것이랍니다.

실패하고, 사회의 바닥으로 내 팽개쳐진다 할지라도 좌절하지 마십시오.

여러분의 가치는 어느 무엇보다 소중한 것이랍니다."

이 세상에 존재하는 모든 사람들이 '나'란 것의 가치를 소중히 해 줬으면 좋겠습니다.

소중히 하는 '나' 못지않게 내가 사랑하는 사람들,

내가 좋아하고 또는 싫어하는 사람일지라도

그 가치를 얕보거나 하지 않았으면 하는 간절한 바램입니다.

자신의 가치를 소중히 여길 줄 알아야 합니다.

당신의 가치가 세상에서 가장 소중하다는 사실!!

단 1초도 잊지 마십시오.

당신이 세상에서 가장 비쌉니다.

이 말은 최고의 진실입니다.

3. 프로그램 평가

1) 평가내용

이번 회기는 마지막 회기여서 모두들 다른 회기에 비해 모든 성원들이 말을 많이 하였으며 자신의 느낌이나 생각들을 솔직하게 표현하는 등 적극적으로 참석하는 모습을 보였다.

깊게 개입하지 않았지만 케이크 위에 있는 촛불을 가지고 프로그램의 종료와 죽음에 대해 생각해 보는 것은 아주 적절한 접근법이었다.

"나이 들어서 대접 받는 7가지 요건"이라는 좋은 글에서 예화로 들었던 미국 대통령보좌관인 시각장애인 강영구 박사에 대한 이야기는 몸이 불편한 장애인이지만 신체적 한계를 뛰어넘어 자신의 상황에서 할 수 있는 일들을 찾아 최선을 다하면 좋은 결과들이 온다는 예는 뇌졸중으로 인해 몸이 불편하고 삶의 희망이 없고 내가 무엇을 할 수 있을까 하는 생각을 갖고 있는 구성원들에게 희망과 용기를 주는 적절한 예였다고 생각한다.

특별히 7가지 요건은 노인자신뿐 아니라 가정 내에서 가족들과의 관계를 긍정적으로 바꿀 수 있는 구체적인 방법들을 제시함으로써 몸이 불편함으로 인해 아무것도 할 수 없다는 것이 아니라 내가 할 수 있는 일을 찾아서 하는 것의 중요성과 집에서만 있지 말고 공원이든 나와서 다른 사람들과 함께 어울리는 것이 중요함을 이야기함으로써 프로그램 종료 후 집에서만 지내지 말고 가까운 공원, 놀이터 등에서 산책, 가벼운 운동을 할 수 있도록 동기를 부여한 중요한 계기가 된 것 같다.

프로그램 종료와 관련하여 한 번도 빠짐없이 프로그램에 참여한 구성원들에게 대한 칭찬을 통해 본 프로그램 목적인 "칭찬하기"로 이어진 것은 자연스럽게 프로그램 목적을 달성할 수 있었던 방법이었으며 성원들간의 친목과 관계성들을 볼 수 있었다. 특별히 한 성원을 칭찬할 때 대부분 동일한 내용들의 칭찬을 하는 모습을 볼 수 있었으며, 한성원이 끝날 때마다 한 마디로 요약하여 모든 성원들이 한 성원을 칭찬해 줌으로써 자존감과 자신감이 회복됨이 얼굴로 환하게 나타났다.

제8장 결과 및 평가

1. 사전-중간-사후 검사 결과

뇌졸중노인을 위한 노래심리치료를 활용한 인간관계 프로그램은 3회에 걸쳐 프로그램 효과성을 검증하였다. 사전검사는 2005년 10월 19일, 중간검사는 2006년 1월 11일, 사후검사는 2006년 4월 12일에 실시하였다. 6개월간 진행된 프로그램은 구성원들의 자존감과 삶의 만족도를 향상시키고 우울감은 감소시킨 것으로 나타나 본 프로그램의 목표를 달성한 것으로 나타났다.

측정도구

- 자아존중감 척도(Self-Esteem Scale)

로젠버그(Rosnberg, 1973)의 자아존중감 척도를 전병세(1974)가 번역한 것을 사용하였다. 총 10문항 4점 리커트(.Likert) 척도이며, 점수가 높을수록 자아존중감이 높음을 의미한다.

- 우울증 척도

우울증 척도는 한국형 노인 우울척도(KGDS)를 사용하였다. 신뢰도 Cronbach's alpha = 0.88이며, 총 30문항 중 14 미만은 정상/ 14~18은 약간 우울/ 19~21은 중도의 우울/ 22이상은 심한 우울을 의미한다.

- 삶의 만족도 척도

삶의 만족도 척도는 크럼바우(Crumbaugh)와 마호리크(Maholick, 1964)이 고안한 Pil(Purpose in life, 삶의 의미척도)를 김경옥(1989)이 번역한 것으로 신뢰도는 Cronbach's a=.94인데 이를 간단하게 작성 사용하였다. 총 10문항 7점 리커트(Likert)로 점수가 높을수록 삶의 만족도가 높은 것을 의미한다.

사전-중간-사후 검사의 구체적인 변화를 살펴보면 다음과 같다.

1) 자아존중감

노인들의 자아존중감 향상을 살펴보면 사전검사로 실시되었던 1회 검사에서는 23.18이였으나 중간검사에서는 24.45점으로 1.27점 증가하였으며 중간검사 때보다 사후검사에서는 0.73점 증가한 25.18점이였다. 사전검사와 사후검사만 비교해 보면 2점 증가하였음을 알 수 있다. 이는 인간관계 프로그램이 뇌졸중 노인들의 자아존중감을 향상시키는데 긍정적인 영향을 미친 것을 알 수 있다.

〈표 3〉 인간관계 프로그램이 자아존중감에 미치는 영향

	사전검사	중간검사	사후검사
자아존중감	23.18	24.45	25.18

2) 우울감

인간관계 프로그램이 뇌졸중노인들의 우울감에 미치는 영향을 살펴보면 사전검사 시에는 15.82점이였으나 3개월 후인 중간검사 시에는 14.91점으로 0.91점 감소하였으며, 중간검사로부터 3개월 후 실시한 사후검사에서는 14.36점으로 중간검사에 비해 0.55점 감소하였다. 프로그램이 진행된 6개월 기간 동안 우울감이 1.46점 감소하여서 이 프로그램이 뇌졸중노인들의 우울감을 감소시키는데 영향을 미치는 것을 알 수 있다.

〈표 4〉 인간관계 프로그램이 우울감에 미치는 영향

	사전검사	중간검사	사후검사
우울감	15.82	14.91	14.36

3) 삶의 만족도

노인들의 삶의 만족도에 이 프로그램이 미치는 영향을 살펴보면 사전검사 시 74.47점이었는데 중간검사에서는 83.91점으로 9.44점만큼 증가하였으며, 중간검사 시보다 사후검사에서는 3.55점만큼 증가하였다. 프로그램 진행 기간 동안 삶의 만족도에 미친 영향을 살펴보면 13.01점만큼 향상되어 이 프로그램이 뇌졸중노인들의 삶의 만족도를 향상시키는 데 긍정적인 영향을 미치는 것을 알 수 있다.

〈표 5〉 인간관계 프로그램이 삶의 만족도에 미치는 영향

	사전검사	중간검사	사후검사
삶의 만족도	74.45	83.91	87.46

〈그림 1〉 인간관계 프로그램이
노인의 자아존중감, 우울감 및 삶의 만족도에 미치는 영향

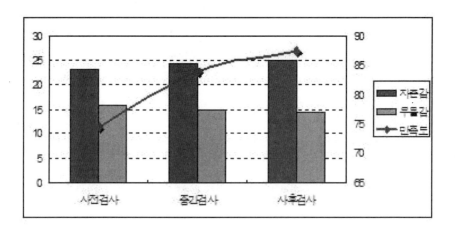

2. 평가

　본 프로그램은 노래심리치료 활용한 인간관계훈련 프로그램이다. 공동의
문제를 갖고 있는 뇌졸중노인들이 1 회기당 90분씩 6개월 동안 집단 내에서
적극적으로 자기를 노출하면서 삶을 수용하고 통합하며 집단원들과도 응집력
을 갖게 하고자 하였다. 그리하여 뇌졸중노인들에게 우울증을 감소시키고 자아
존중감을 향상시켜 삶의 만족도를 높이기 위한 목적을 달성코자 하였다.

　이 목적을 위하여 첫째, 자아존중감은 향상되었는지, 둘째, 우울감은 감소
되었는지, 셋째, 그리하여 삶의 만족도에는 차이가 있는지의 세 가지를 사전-
중간-사후 검사를 하였다.

　연구 결과에 따르면, 위 세 가지의 검사에서 모두 유의미한 차이를 보였
다. 결론적으로 노래심리치료를 활용한 인간관계훈련 프로그램이 뇌졸중노인들
의 삶의 만족도를 향상시키는데 유익한 프로그램이라고 평가할 수 있다.

집단원들의 평가에서도 알 수 있듯이 이 프로그램을 통하여 서로를 이해할 수 있게 되고 위로받으며 위로할 수 있는 좋은 인간관계를 맺을 수 있게 되었다고 하였다. 또한 집단원들이 다른 곳에서 느낄 수 없는 동질감과 유대관계가 형성이 되어 편안한 관계를 갖게 되었고 이 집단이 지속될 것을 기대하였다.

다음은 진행자로서의 아쉬운 점과 보완해야 할 점에 대한 평가이다.

첫째, 죽음교육을 따로 마련하여 죽음에 대해 생각해 보고 죽음을 준비할 수 있는 기회가 있었으면 좋을 것 같다. 죽음과 관련하여 집단 프로그램을 진행할 때에는 집단진행자는 집단원들의 종교를 파악하여 종교와 죽음과의 관계성에 대해 준비하는 것이 필요하다.

둘째, 집단원들이 6개월 동안 프로그램 참여한 것에 대한 성취감과 자긍심을 고취시키기 위한 수료식이 필요하다고 본다. 가족들도 수료식에 초청하여 가족들로부터 축하를 받는 장을 마련하는 것도 좋겠다. 또한 수료식에는 개근상, 노력상, 인기상 등과 같은 상장과 간단한 기념품을 준비하여 집단원들에게 보람과 기쁨을 선물하는 것도 좋겠다.

셋째, 집단 프로그램으로서는 7-8명 정도의 성원으로 집단을 구성하여 진행하는 것이 좋겠다. 구성원들이 총 12명에서 프로그램을 시작하였으며 20회기부터는 1명이 개인적인 사정으로 프로그램에 참여할 수 없게 되어 총 11명의 성원으로 진행하였으나, 집단성원이 너무 많아서 회기별 주제와 관련하여 깊이 있는 이야기를 하는 데 아쉬움이 있었다.

넷째, 노인들의 특성상 자신의 삶이나 생각들을 공개하는데 다른 집단보다 시간이 많이 걸린다. 본 프로그램은 6개월간에 걸쳐 진행되었는데 3개월이 지나자 성원들간의 관계형성이 완전하게 되었으며 자신의 힘듦이나 가족간의 관계, 문제점 등 개인적인 부분들에 대해 진솔하게 나누는 모습을 볼 수 있었다. 따라서 노인을 대상으로 집단 프로그램을 진행할 경우 3개월 이상의 기간으로 프로그램을 진행하는 것이 집단 프로그램의 목적을 달성하고 효과성을 최대화할 수 있을 것으로 생각된다.

다섯째, 뇌졸중노인들은 신체적 제약으로 인해 역할에 제한이 많다. 그로 인해 예전에는 쉽게 할 수 있었던 일들도 지금은 많이 제한받고 어려운 경우가 많다. 이로 인해 자존감이 많이 손상되는 경우가 많으며 가정 내에서 스스로 위축되는 경우가 많다. 따라서 작지만 노인들이 집단 내에서 감당할 수 있는 역할들(명찰 나눠 주기, 출석 부르기 등)을 주도록 하는 것이 좋을 것으로 생각된다.

여섯째, 집단구성원들의 관계형성을 위해 멘토 프로그램(Mentor program)을 함께 실시하면 프로그램 진행 기간과 종료 후에도 서로 좋은 관계들을 형성할 수 있을 것으로 생각된다. 노인들은 몸이 불편하기 때문에 집밖으로 외출하는 것이 불편하거나 제한을 받는다. 그리하여 프로그램 종료 후에는 대부분 집에서 지내는 경우가 많기 때문에 멘토 프로그램을 프로그램 내에 실시하게 되면 프로그램 종료 후에도 계속적인 연계가 이루어져서 삶의 질을 향상시킬 수 있을 것으로 기대된다.

일곱째, 집단 프로그램을 진행하면서 프로그램 내용 중 가족들이 함께 참여할 있는 내용들이 함께 포함된다면 좋겠다. 노인들은 나이가 들면서 가족 내에서의 역할 변화로 인해 많은 심리적 충격을 받게 되며 이로 인해 자존감이 낮아지고 자신의 역할과 자존감에 혼란을 겪는 경우가 많다. 본 프로그램을 진행하면서도 노인들은 가족 내에서 겪는 갈등과 가족성원들과의 대화가 단절된 경우도 있으며 말할 상대가 없어서 하루 종일 집에서 TV만 보는 경우도 있다고 호소하였다. 가족들과 대화단절이 대화기술에 문제가 있는 경우도 있으며 노인이 느끼는 심리적 상태 등을 가족이 모르는 경우가 있을 것으로 생각된다. 가령 "원래 우리 아버지는 TV보는 걸 좋아해."라고 생각하는 경우 노인이 대화하고 싶은 마음이 있음에도 불구하고 가족들은 필요성을 느끼지 못하기 때문에 대화가 이루어지지 않는 경우이다. 따라서 집단 프로그램을 통해 노인들과 가족들과의 관계성 정도를 알아보고 노인들의 욕구들을 파악하여 프로그램 내에 가족들의 참여할 수 있도록 함으로써 가족들과의 관계성이 회복되도록 해 주는 것이 필요하다.

3. 제언

본 프로그램은 한 노인복지관에서 뇌졸중노인 12명을 대상으로 6개월간 실시한 것이므로 모든 뇌졸중노인에게 실시하는 것은 무리가 있다고 본다. 본 연구의 평가에서 밝혀진 것을 중심으로 다음과 같이 제언을 하고자 한다.

첫째, 프로그램 참가자들이 자발적으로 참여하는 것이 무엇보다도 중요하다. 이 프로그램을 실시하면서 초기에 참가자 3명이 프로그램의 목적을 이해하지 못하고, 복지관에서 대상자들에게 무엇을 해줄 것인가에 관심이 집중되어 어려움이 있었다. 그리하여 대상자를 다시 선정하게 되었다.

둘째, 참가자와 개인 면담을 통하여 가계도 및 생태도 등을 알아 두면 더욱 효과적이라고 생각한다.

셋째, 적절한 물리적 환경이 조성되어야 한다. 참가자들이 편안하게 공간을 이용할 수 있는 공간 확보가 중요하다.

넷째, 집단 프로그램을 통하여 개인 상담이 필요할 시에는 개인 상담을 해야 한다고 본다. 이 프로그램을 실시하는 동안 특히 우울증이 심한 참가자에 대해서는 프로그램이 종료된 후에도 지속적인 개인 면담을 해야 할 필요성이 있었다. 집단 프로그램과 개인 상담을 겸해서 실시할 수 있다면 더욱 효과적이라고 생각한다.

다섯째, 프로그램 종료 후에도 후속 모임이 있다면 더욱 효과적이라고 본다. 그러나 후속 모임을 1회에 그친 것이 아쉬웠다.

여섯째, 6개월 동안 참가자들과 진행했던 이야기들과 변화들을 정리하여 '자서전' 형식의 소책자를 만들어 나누어 주는 것이 필요하다고 본다. 프로그램 시 나누었던 이야기를 통하여 삶을 다시 돌아 볼 수 있는 귀한 자료가 될 것이다.

부록

뇌졸중노인을 위한 노래심리치료를 활용한 인간관계 프로그램은 3회에 걸쳐 프로그램 효과성을 검증하였다. 그 결과, 6개월간 진행된 프로그램은 구성원들의 자존감과 삶의 만족도를 향상시키고 우울감은 감소시킨 것으로 나타나 본 프로그램의 목표를 달성한 것으로 나타났다.

부록1- 한국형 노인 우울척도

한국형 노인 우울척도(KGDS)

항목	내용	응답
1	쓸데없는 생각들이 자꾸 떠올라 괴롭다.	
2	아무것도 할 수 없을 것처럼 무기력하게 느껴진다.	
3	안절부절 못하고 초조할 때가 자주 있다.	
4	밖에 나가기보다는 자주 집에 있으려 한다.	
5	앞날에 대해 걱정할 때가 많다.	
6	지금 내가 살아 있다는 것이 참 기쁘다.	
7	인생은 즐거울 것이다.	
8	아침에 기분 좋게 일어난다.	
9	예전처럼 정신이 맑다.	
10	건강에 대해서 걱정하는 일이 별로 없다.	
11	내 판단력은 여전히 좋다.	
12	내 나이의 다른 사람들 못지않게 건강하다.	
13	사람들과 잘 어울린다.	
14	정말 자신이 없다.	
15	즐겁고 행복하다.	

항목	내용	응답
16	내 기억력은 괜찮은 것 같다.	
17	미쳐버리지나 않을까 걱정 된다.	
18	별일 없이 얼굴이 화끈거리고 진땀이 날 때가 많다.	
19	농담을 들어도 재미가 없다.	
20	예전에 좋았던 일들을 여전히 즐긴다.	
21	기분이 좋은 편이다.	
22	앞날에 대해 희망적으로 느낀다.	
23	사람들이 나를 싫어한다고 느낀다.	
24	나의 잘못에 대하여 항상 나 자신을 탓한다.	
25	전보다 화가 나고 짜증이 날 때가 많다.	
26	전 보다 내 모습(용모)이 추해졌다고 생각한다.	
27	어떤 일을 시작하려면 예전보다 힘이 많이 든다.	
28	무슨 일을 하든지 곧 피곤해진다.	
29	요즈음 몸무게가 많이 줄었다.	
30	이성에 대해 여전히 관심이 있다.	

전체점수 14점 이하: 정상/ 14~18: 약간우울/ 19~21: 중도의 우울/ 22이상: 심한 우울

부록2-자아존중감 척도

로젠버그(Rosnberg, 1965) 개발, 전병세(1974) 신뢰도 Cronbach'alpha = 0.62

※ 다음 문항들은 자아존중감에 관한 것을 알아보기 위한 것입니다. 해당
된다고 생각되는 난에 ∨표 하세요.

구 분	거의 그렇지 않다	약간 그렇다	대체로 그렇다	항상 그렇다
1. 나는 적어도 다른 사람과 같은 정도의 가치 있는 사람이다.				
2. 나는 좋은 성품을 많이 가졌다고 생각한다.				
3. 나는 대체로 실패한 사람이라는 느낌을 갖는다.				
4. 나는 다른 사람만큼 일을 잘 할 수 있다고 생각한다.				
5. 나는 자랑 할 것이 별로 없다.				
6. 나는 내 자신을 좋게 생각한다.				
7. 나는 내 자신에 대해 대체로 만족한다.				
8. 내가 좀 더 나은 사람이었으면 좋겠다				
9. 나는 가끔 쓸모없는 사람이라고 생각한다.				
10. 나는 대체로 내가 좋은 점이 없다고 생각한다.				

부록3 - 생활 만족도 척도

심리적 안정감 지표

나의 생활이

1. 지루한   1---2---3---4---5---6---7   즐거운

2. 괴로운   1---2---3---4---5---6---7   흥미로운

3. 쓸모없는   1---2---3---4---5---6---7   가치 있는

4. 외로운   1---2---3---4---5---6---7   친밀한

5. 공허한   1---2---3---4---5---6---7   충만한

6. 낙심되는   1---2---3---4---5---6---7   희망찬

7. 실망되는   1---2---3---4---5---6---7   보람있는

8. 불행한   1---2---3---4---5---6---7   행복한

9. 가회가 없는 1--2--3--4--5--6--7 내게 주어진 최상의 기회

10. 나의 삶이 대단히 불만족스럽다 1--2--3--4--5--6--7 나의 삶이 완전히 만족스럽다

부록4 - 인생 그래프 그림

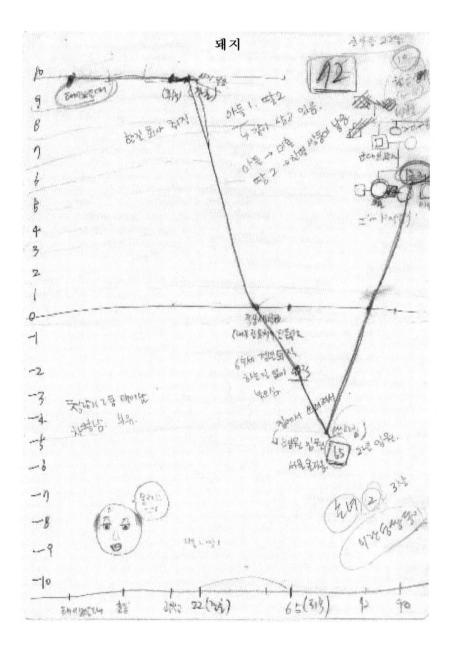

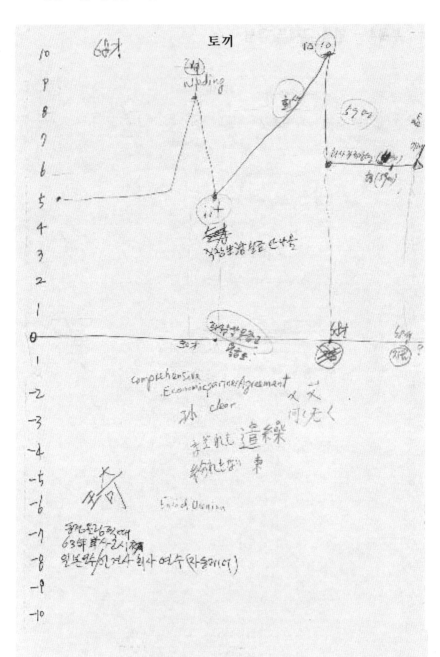

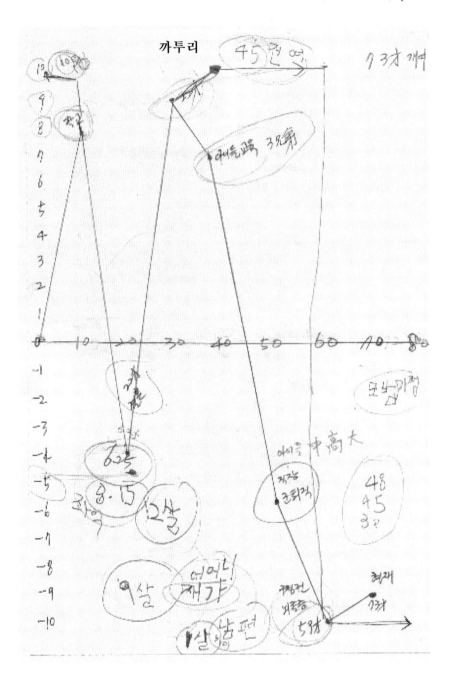

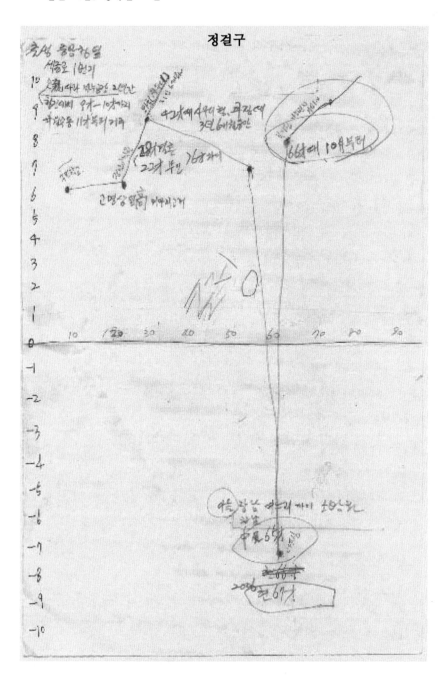

말

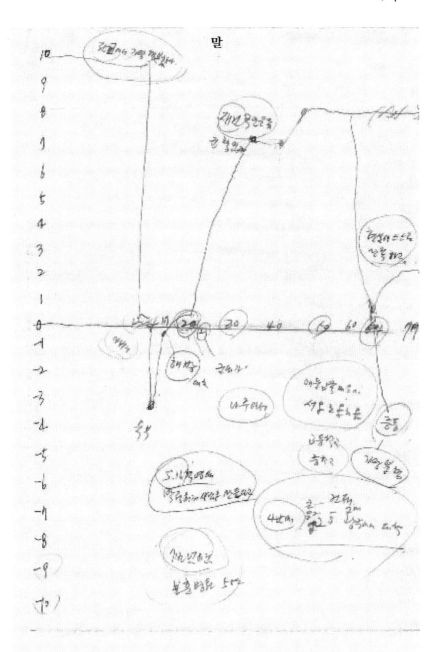

느릅지기

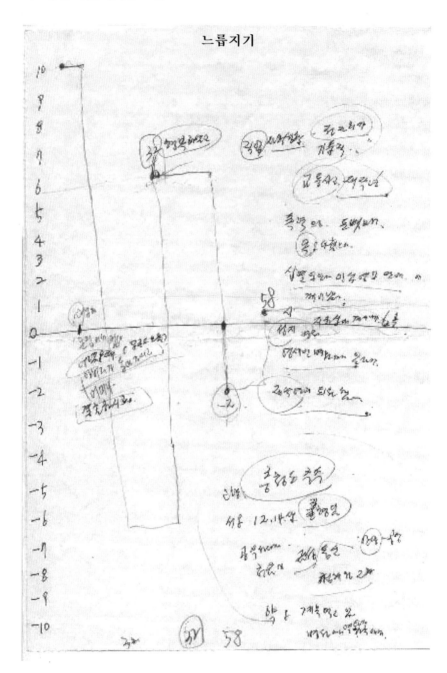

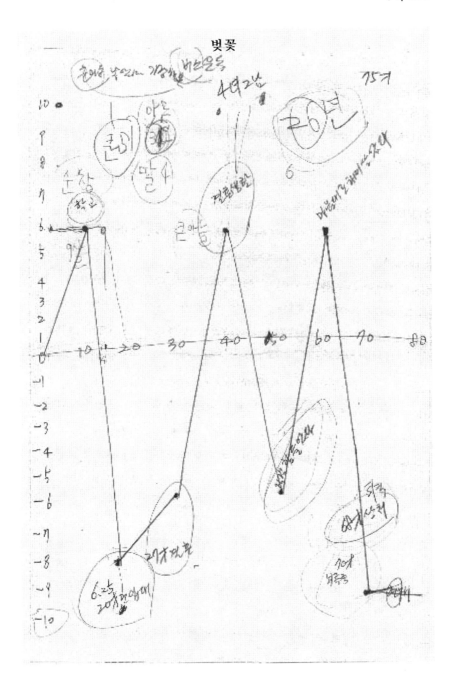

벚꽃

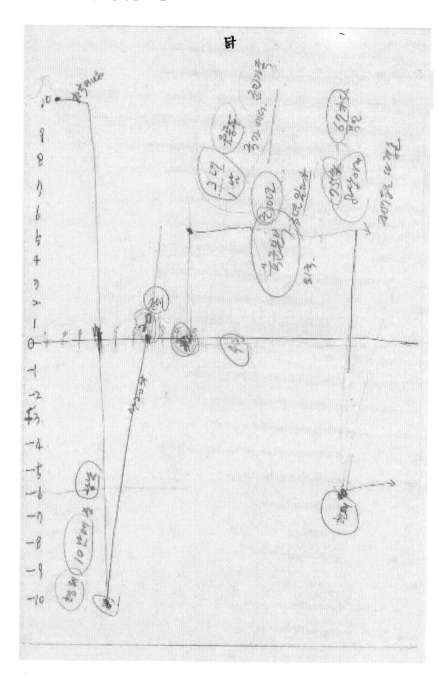

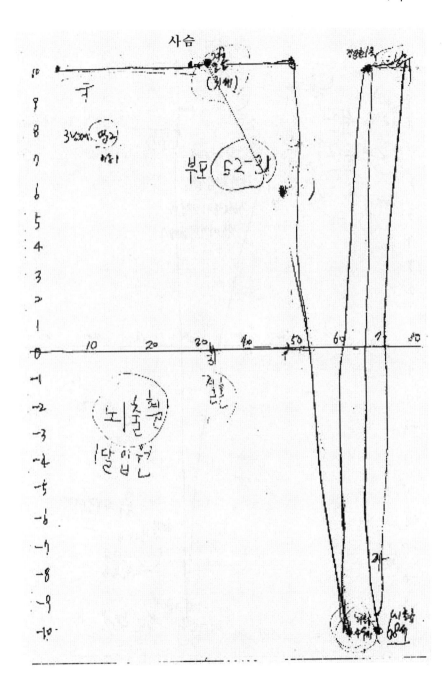

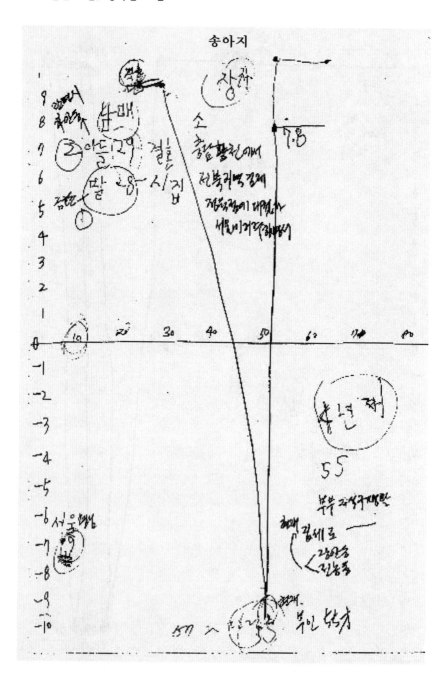

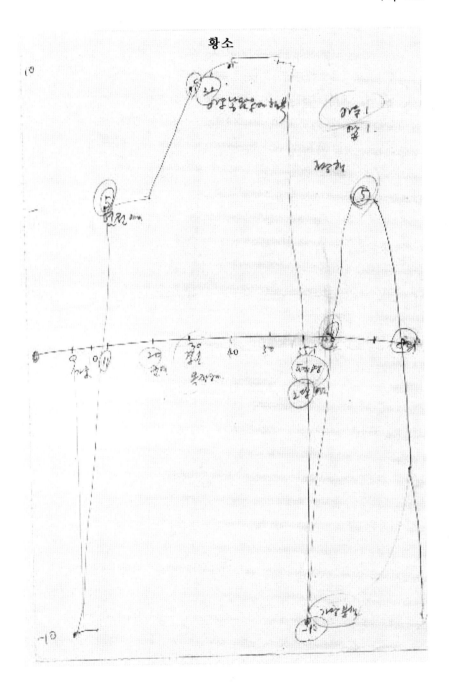

황소

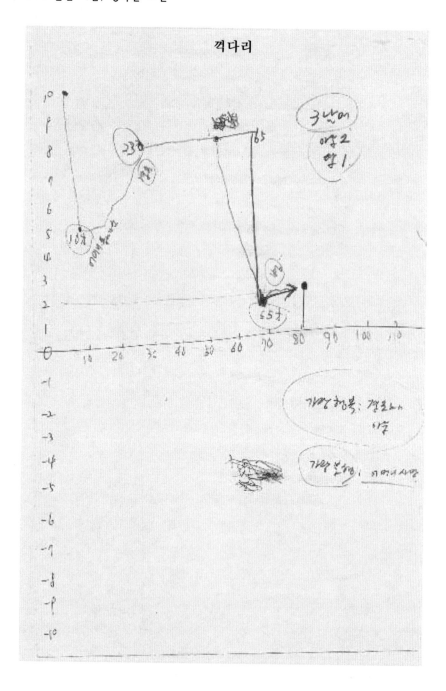

부록5-활동 사진

◈ 참고문헌

건강·생활과학연구소. 「현대 노년학」. 서울: 숙명여자대학교출판부. 1999.

김선숙. "한국교회 노인을 위한 죽음준비 교육과정 개발에 관한 연구". 2006학년도 서울기독대학교 신학전문대학원 박사학위 청구논문.

김영은. "한국인의 주요 사망원인에 대한 시계열 자료 분석". 2007학년도 성신여자 대학교 대학원 석사학위 청구논문.

김영준. "자존감 증진을 위한 기독교 상담 프로그램 연구". 2003학년도 서울신학대 학교 상담대학원 석사학위 청구논문.

김애순. "노년의 심리적 특서와 성공적 노화". 17기 노인복지상담원 전문교육 서울 한국노인의 전화, 2004.

김진식. 「울화와 용서」. 서울: 예루살렘, 2006.

김태수. 「인간관계 프로그램」. 서울: 기독교연합신문사. 2004.

김태현. 「노년학」. 서울: 교문사, 2001.

김태현·장희숙. 「발달 심리학」. 서울: 박영사, 1995.

김형방. "노인문제 해결을 위한 사회복지 정책론적 접근". 서울: 신학과 세계, 1986.

김효순. "노화의 개념과 특성" 2004년도 성신여자대학교 노인교육전문가 과정 강의

안.

나유미. "음악치료가 정신 분열증 환자의 과거 통제력에 미치는 영향". 2001학년도 이화여자대학교 교육대학원 석사학위 청구논문.

노원노인종합복지관. "의미를 찾아 떠나는 과거로의 여행". 2004년도 서울시립노원 노인종합복지관 강의안.

박상철. "건강, 장수, 그리고 지역 사회". 서울대학교 노화 거령사회연구소 과학재단 노화세포사멸연구센터. 2007년도 1학기 각당 복지재단 죽음강의자료집.

사미자. "노년의 심리". 「한국교회와 노인목회」. 서울: 한국장로교출판사, 1995.

서문자. "뇌졸중 환자를 위한 음악·운동치료 프로그램의 적용사례". 1993년도 강의안.

설은주. 「고령화시대의 노인목회」. 서울: 예영커뮤니케이션, 2005.

순진이. "노래심리치료를 위한 한국 대중가요의 내용 분석". 2002학년도 이화여자대학교 교육대학원 석사학위 청구논문.

유수옥. "집단 미술치료가 뇌졸중노인의 자기표현 및 대인 관계에 미치는 영향". 2002학년도 대구대학교 재활과학대학원 석사학위 청구논문.

이가옥·강희설·이지영. 「노인 집단 프로그램 개발」. 서울: 나눔의 집, 2005.

이남희. 「자기발견을 위한 자서전 쓰기」. 서울: 교보문고, 2000.

이화여자대학교 • 보건복지부. "청소년 우울증 및 정서장애에 대한 음악치료의 효과성 입증 및 프로그램 개발", 2004.

정중관. "심성계발 훈련이 실업계 고등학생들의 자아개념과 사회성 향상에 미치는 효과" 여수대학교 교육대학원 석사학위 청구논문.

조유향. 「노인 간호」. 서울: 도서출판 현문사, 2000.

주인호. "노인병 예방과 관리". 「노년학을 배웁시다」. 서울: 홍익사, 1995.

최성재. "국민의 노후생활에 대한 전망과 대책에 관한 연구". 서울: 한국노년학, 1992.

최수영. "노화에 따른 변화". 「노화와 죽음」. 춘천: 한림대학교, 2004.

최은경. "교회 여성노인들의 자존감 향상을 위한 노인미술치료 프로그램 효과성 연구". 2005학년도 평택대 사회개발대학원 석사학위 청구논문.

통계청. 한국표준질병·사인분류 제 2권 지침서, 2004.

한국청소년연맹 편. 「인간관계훈련의 이론과 실제」. 서울: 양서원, 2002.

한은주. 「교육 노년학」. 서울: 학지사, 2001.

한숙경·오인수. 「집단상담 프로그램」. 서울: 교육과학사, 2002.

한정란·조해경·이이정. 「노인자서전 쓰기」. 서울: 학지사, 2004.

빅터 프랭클. 「죽음 수용소」.김충성 옮김. 서울: 청아출판사. 2002.

Elizabeth Kübler-Ross and David Kessler. *Life Lessons.* N.Y.: Simon & Schuster. 2001. 류시화.「인생 수업」. 서울: 이레, 2006.

Ira Byock. *The Four Things That Matter Most.* (N.Y.: Simon & Schuster, 2004)「세상에서 가장 중요한 4가지 말」. 곽명단 역. 서울: 도서출판 물푸레. 2006.

크리스틴 롱가커. *Facing Death and Finding Hope.* 「죽음 앞에서 만나는 새로운 삶」.조원현 옮김. 대구: 계명대학교출판부, 2006.

매일경제 2007. 10. 01 김규식 기자 http://bolg.naver.com/yawoo21 /900228395 26

http://healthguide.kihasa.re.kr/health-life/

http://nso.go.kr/ 2007. 09. 20. 통계청(2006). 「2006년 사망 및 사망원인통계」.